ハンドボールスキルアップシリーズ

# 目からウロコのポジション別上達術

## 〈ゴールキーパー編〉

# はじめに

ゴールキーパー（GK）は、ハンドボールプレーヤーの中でもひときわ特殊なポジションです。

コートに立つ7人のうち唯一、6mライン内（ゴールエリア）にいて、ボールを脚で触ることが許されています。1試合で30点前後の得点が入りますが、GKの攻撃参加は限られています。

GKはハンドボールの醍醐味の1つである「シュート」をほとんど打たず、ひたすら相手のシュートを受けるポジションです。しかし、相手が得点できたはずのシュートを1本止めることは、味方がシュートを1本決めること以上の意味を持ちます。実力が拮抗した相手との対戦ではなおさらです。終盤のセーブが勝利につながることで、一躍、ヒーローになれる可能性も秘めています。

近年の国際大会では上位に進むチームにはかならずいいGKがおり、彼ら、彼女らが勝利のカギを握ります。1試合をとおしてのセーブ率は30%を超えれば優秀と言われた時代は終わり、40%近いセーブ率が求められる時代になってきてもいます。それほど重要なポジションなのですが、日本国内ではまだまだほかのポジションに比べて指導者が足りず、専門的なトレーニングも充分に浸透していません。

とくに指導者が不在のチームなどでは、先輩から聞いたト

レーニングを繰り返す、ということが多いのではないのでしょうか。なかなかレベルアップできず、シュートが止められなくてチームも負ける。GKとしてのおもしろさ、楽しさを味わえないまま、競技生活を終えてしまうのはとてももったいないことです。

この本は、そうしたGK専門のトレーニングを知らないチーム、もっと成長したい選手に向けて、GKスキルのレベルアップに絞ってまとめました。「セービング」「キーピング」のほかに状況別のセーブ方法、考え方、GKスローが上達するためのトレーニングなどが詰まっています。

解説者には、東海大女子部を強豪に押し上げた栗山雅倫さんを迎えています。自身もGK出身で、2012年から16年までは日本女子代表監督も務めた経歴があり、国内のみならず世界のGK事情にも精通している指導者です。以前、月刊誌『スポーツイベント・ハンドボール』の連載で掲載したものに大きく加筆修正しており、昨今のGK事情にも合った内容になっています。

『ハンドボールスキルアップシリーズ』の第5弾となった、この『目からウロコのポジション別上達術〈GK編〉』。チームを勝利に導くGKになるために活用していただければ幸いです。

〈スポーツイベント・ハンドボール編集部〉

この本では、ゴールキーパー（GK）の役割や技術、トレーニング方法を紹介しています。国内の一流解説者がトレーニングのポイントを解説します。写真や動画を追いながら理解を深めましょう。

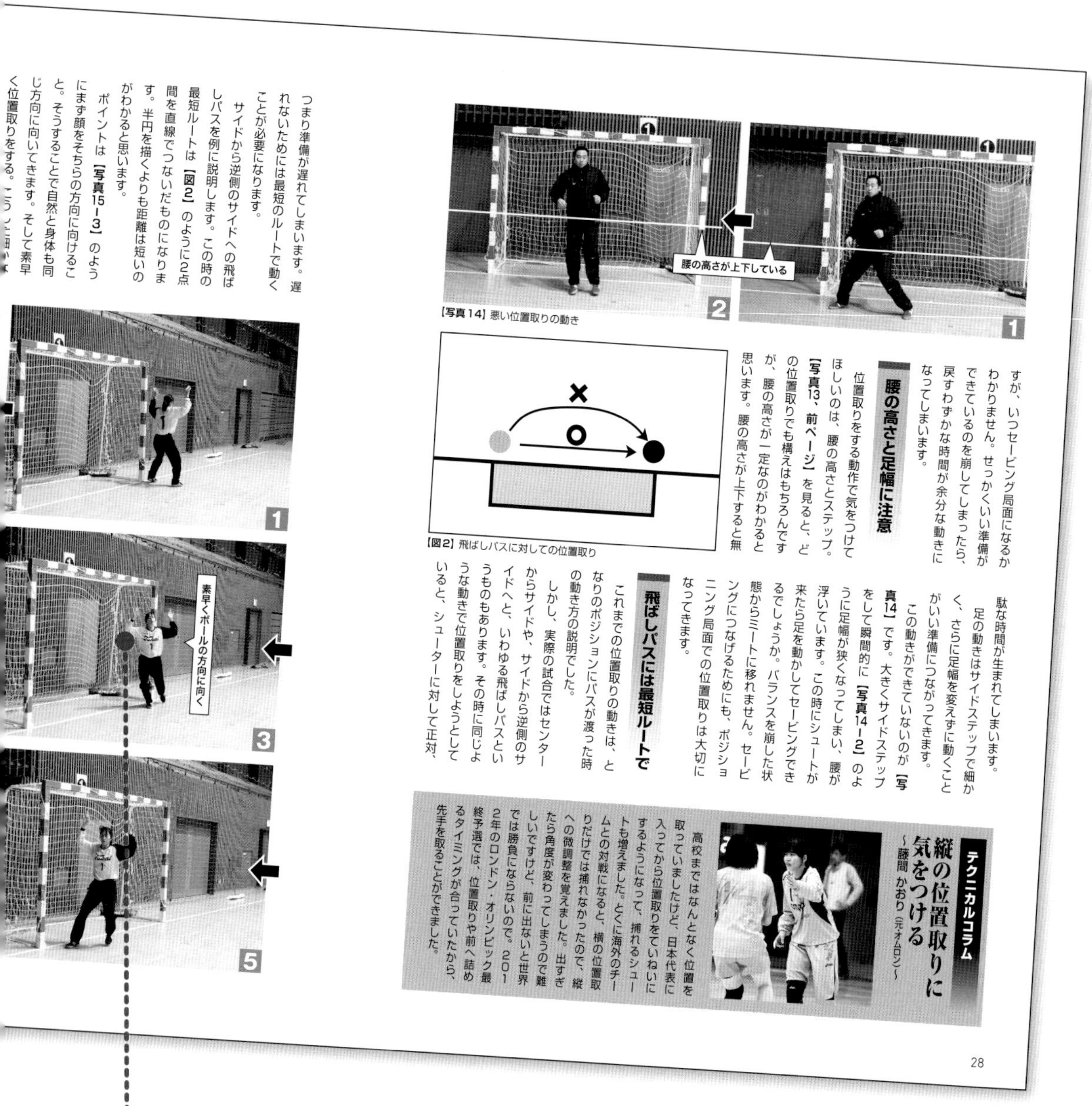

すが、いつセービング局面になるかわかりません。せっかくいい準備ができているのを崩してしまったら、戻すわずかな時間が余分な動きになってしまいます。

**腰の高さと足幅に注意**

位置取りをする動作で気をつけてほしいのは、腰の高さとステップ。【写真13、前ページ】を見ると、どの位置取りでも構えはもちろんですが、腰の高さが一定なのがわかると思います。腰の高さが上下すると無駄な時間が生まれてしまいます。

足の動きはサイドステップで細かく、さらに足幅を変えずに動くことがいい準備につながってきます。

この動きができていないのが【写真14】です。大きくサイドステップをして瞬間的に【写真14－2】のように足幅が狭くなってしまい、腰が浮いています。この時にシュートが来たら足を動かしてセービングできるでしょうか。バランスを崩した状態からミートに移れません。セービングにつなげるためにも、ポジショニング局面での位置取りは大切になってきます。

**飛ばしパスには最短ルートで**

これまでの位置取りの動きは、となりのポジションにパスが渡った時の動き方の説明でした。

しかし、実際の試合ではセンターからサイドや、サイドから逆側のサイドへと、いわゆる飛ばしパスというものもあります。その時に同じような動きで位置取りをしようとしていると、シューターに対して正対、つまり準備が遅れてしまいます。遅れないためには最短のルートで動くことが必要になります。

サイドから逆側のサイドへの飛ばしパスを例に説明します。この時の最短ルートは【図2】のように2点間を直線でつないだものになります。半円を描くよりも距離は短いのがわかると思います。

ポイントは【写真15－3】のようにまず顔をそちらの方向に向けること。そうすることで自然と身体も同じ方向に向いてきます。そして素早く位置取りをする。

腰の高さが上下している
素早くボールの方向に向く

【写真14】悪い位置取りの動き

【図2】飛ばしパスに対しての位置取り

テクニカルコラム
**縦の位置取りに気をつける**
～藤間かおり（元オムロン）～

高校まではなんとなく位置を取っていましたけど、日本代表に入ってから位置取りをていねいにするようになって、捕れるシュートも増えました。とくに海外のチームとの対戦になると、横の位置取りだけでは捕れなかったので、縦への微調整を覚えました。出すぎたら角度が変わってしまうので難しいですけど、前に出ないと世界では勝負にならないので。2012年のロンドン・オリンピック最終予選では、位置取りや前へ詰めるタイミングが合っていたから、先手を取ることができました。

28

## 連続写真と動画

各プレーを連続写真で細かく解説しています。一瞬のできごとの中でも大切なポイントはあります。写真と解説をよく見ながらプレーを向上させてください。また、よりプレーをわかりやすくするため、QRコードからのアクセスによる動画も公開しています。解説、写真、動画を組み合わせながら読み進めてください。

# この本を読むには

## 実績豊富な指導者による解説

各トレーニングの意味やそのための動き、コツを、豊富な経験を持つ指導者が解説します。エキスパートならではの視点に注目してください。まずはどんなことが基本となるのかよく読んで理解しましょう。

# 1 GKスロー

GKが正確なスローができると、DFからOFへスムーズに移れます。
そんなスローができるようになるためのポイントを解説します。

GKの一番の仕事は、相手のシュートを止めて失点を防ぐことですが、セーブ以外にもさまざまな働きが求められています。

その1つが「スロー」です。シュートを止めたあと、またはマイボールになったあと、GKが素早く、そして正確なスローをすることで、チームの1点につながります。つまり、GKは守備の要であり、攻撃の起点になるのです。

強いチームはGKが止めたあと、1つのパスで速攻につなげるシーンが多く見られます。いわゆるワンマン速攻ですね。こうしたシーンが続くと、必然的に点差がついていきます。いいDFから得点につなげることで、チーム全体にリズムが生まれます。

このように、GKのスローは、個人にとってもチームにとっても重要なスキルと言えるでしょう。

ここからは、おもにゴールエリア内（6mラインの内側）でのスローを解説していきます。

ゴールエリア内にボールがある場合、GKだけがボールを触ることができます。例えば、相手がポストパスをとおそうとして、ミスをしてゴールエリアに転がってきた場合、GKしかスローできません。そしてこの際、スローはエリア内で行なう必要があります。逆に言えば、エリア内であれば、どこからでもスローできるということです。

アウターゴールラインを越えたボールをスローする時、わざわざエリアの前方に行く必要はなく、片足だけエリア内に入っていればそのスローは有効になります。トップレベルのGKをよく見てください。アウターゴールラインを越えた際、軸足だけエリア内に入った状態でスローをしています。これも素早くゲームを再開するテクニックの1つです。

ですので、なにがマイボールなのか、なにが相手ボールなのかをしっかりと判断するためにも、ルールを理解、把握しておく必要があります。

ターンオーバーになった時も素早くポイントに立ってスローできると、得点のチャンスが増えます。

先ほどもお伝えしたように、GK

関口勝志（トヨタ自動車東日本）

【写真1】GKスロー

104

ハンドボールスキルアップシリーズ
第2章『ポジショニング局面

飛ばしパスに対する位置取りの動画をQRコードから見てみよう!!

【写真15】飛ばしパスに対しての位置取り

29

# CONTENTS

## 第3章　セービング局面



## 第4章　状況別セービング

CONTENTS

# 第１章
# 『GKに求められる仕事と役割』

## 信頼されるゴールキーパーになろう

ゴールを守るにはＤＦの力が必要だが、やはり最後の砦はＧＫ。身体が大きいだけでは務まらないポジションなだけに、確かな技術、豊富な経験が求められる。第１章では、ＧＫに求められる仕事と役割について説明していく。

**守備の要ゴールキーパー（GK）。**
**相手のゴールを阻止する点において**
**重要な役割を占める。**
**まずはGKというポジションの**
**特性や役割をしっかり理解し、**
**そのためのトレーニングを**
**行なうことで**
**上達につなげていこう。**

**栗山 雅倫**

くりやま・まさみち。1971年6月21日、東京都江戸川区生まれ。東海大教授。千葉・東邦大東邦中1年からGKを始め、東邦大東邦高から筑波大へ進み、大学卒業後はオーストラリア留学を経て筑波大大学院へ。留学で培った英語力を活かし、オレ・オルソン元日本男子代表監督の通訳として重要な役目を担った。その後、イズミ（現・イズミメイプルレッズ）やブラザー工業（現・HC名古屋）のコーチとして活躍し、日本女子代表コーチ（2000〜04年、09〜12年）や女子ジュニア代表監督（10年）を歴任。12年10月から16年3月まで日本女子代表監督を務めた。05年から東海大女子部監督。

# いいGKの条件

## 壁を作る

いいGKは、シュートとゴールの間に、壁のように身体を滑り込ませることができます。この「壁を作る」感覚がGKの原点だと思います。

例えば「誘い込む」とは、わざと壁に穴があいた状態にしておいて、相手が打ってきた瞬間に穴を補修する作業です。「外させる」とは、相手が打とうと思った時に壁があって、壁の外をとおすしかない状況です。もちろん反応で捕ることも大事ですが、反応だけでは限界があります。とくにヨーロッパの選手は「だいたいこの辺を打ち抜く」感じで打ってきます。角度も球速もあるので、反応や細かい動きだけでは止め切れません。ピンポイントで捕りにいくのではなく、大きな壁で捕らえにいく必要があります。

「壁を作る」というのは「身体の中心で捕りにいく」とも言えます。身体の中心からダイナミックに動けて、なおかつ細やかな駆け引きができるGKをめざしてください。

## 局面を2つに分ける

ＧＫノックでは止めまくっているのに、いざ試合になると当たらないＧＫが時々います。ＧＫノックではバンバン身体に当てて、本人も充実感がありますが、試合には役立っていません。その理由は、ポジショニング局面とセービング局面を分けて考えていないからです。

ＧＫのプレーはポジショニングとセービングの２つの局面に分かれています。しかしＧＫ練習のほとんどがセービング局面を取り上げたものです。ＧＫに関する質問も「サイドシュートを止めるには、どうすればいいですか?」といったセービング局面に関するものばかりです。シュートが来てからの対応ばかりを練習しても、その前の準備ができていなければ、立ち遅れてしまいます。ＧＫノックにしても、最初から来るとわかっているシュートを練習しているだけですから、準備をしなくても捕れてしまいます。

ポジショニングはＧＫの基本で

**ポジショニング局面**

- セーブまでの準備をする場面
- シューターに対して正対する

## GKのプレーの要素

**ポジショニング局面** ⇄ **セービング局面**

試合中、局面が何度も入れ替わる

**セービング局面**

- シュートを捕りにいく場面
- 少ない動作で大きな動きを出す

す。位置取りや身体の角度が間違っているのに、そこから爆発的な動きをしたところで、シュートは止められません。ボールに対してつねに位置を取り、なおかつ相手と正対する。そういう「準備」があって初めてセービング局面で力を発揮できるのです。

　正しい位置取りをするためには、相手の展開を予測する力が必要になります。展開を考えずに、ただパス回しについていくだけでは、構え遅れてしまいます。そして位置取りを完了させる時には、前後、左右、上下、どこにでも動ける姿勢を作ります。位置取りが正しくても、姿勢が傾いていたら、反対側に打たれてしまいます。バランスの取れた姿勢で、なおかつシューターと正対しておくことが重要です。

　こういったポジショニング局面の準備があるから、セービング局面で身体全体を壁のように使って、爆発的にシュートを捕りにいけるのです。

　GKのトレーニングでは、2つの局面を連結させたものを取り入れてください。

木村昌文（大崎電気）

勝利を引き寄せるキーピングをめざそう

## 残り手、残り足とは

**【写真1】**のようにGKが逆をつかれた時に、反対側の手足でシュートを止めることがあります。いわゆる「残り手」「残り足」です。「いいGKは残り手、残り足が使える」と言われますが、その理由を説明します。

　残り手、残り足が使えるのは、シューターに対して身体が正対していて、なおかつ身体の中心部からシュートを捕りにいけているからです。最初から残り手を意識すると、身体が残ってしまい、身体ごとシュートに飛び込めなくなります。GKはシューターに正対することだけを意識しましょう。藤間かおり選手（元・オムロン）が残り手で止められるようになったのも、シューターに正対できるようになったから。身体が正対すれば、結果として残り手、残り足が使えて、イレギュラーなシュートにも対応できます。

**【写真1】**残り手で止める

# GKに向いているのはどんな選手？

**GKに向いている選手にはある傾向があります。
シュートを止める際の身体の使い方に注目してください。**

その選手がGKに向いているかどうかを判断する際、指導者のみなさんはどこを見て判断していますか。私は身体の軸がしっかりしているのかを1つの材料にしています。

**【写真2】**と**【写真3】**を見てください。2つの写真の違いがわかりますか。

**【写真2】**はシュートに正対したまま、面を崩していません。しかし**【写真3】**は腰が曲がってしまい、面が崩れています。

自分の身体の軸をコントロールできる選手は、作った面を崩すことなくセーブに移れます。これができている選手はGKに向いています。身体の軸がしっかりしていないとブレてしまい、いいキーピングにつながりません。

実戦のシーンでも見比べてみましょう。14ページの**【写真4】**と**【写真5】**は上段のシュートに対して、15ページの**【写真6】**と**【写真7】**は下段のシュートに対してのキーピングです。それぞれの写真を見比べてみてください。

**【写真4】**は腕だけではなく、身体ごと大きく動いています。これにより、空いている右側のスペース（GKから見て）をカバーしています。しっかりと面を使えていますね。

しかし、**【写真5】**は手だけで止めようとしていて、動いたあとも身体の横などにまだまだスペースがあります。面で取るのではなく、点で取りにいっているため、ピンポイントでのセーブが求められます。身体もかなり横に向いて、ボールから目を離しています。結果的にシュートを止めるかもしれませんが、いいキーピングとは言えません。

下側へのシュートも同様で、**【写真6】**は面を保ったままセーブしています。シュートがどこでバウンドしても対応しやすいでしょう。

一方、**【写真7】**は端まで届かせようと身体を伸ばし切って、面がつぶれています。身体の面が崩れている分、カバーできるエリアが小さくなっているのがわかります。

このように、身体の軸を自然にコントロールできることが、いいGKの1つの要素です。

**【写真2】**シュートに対して（いい例）

**【写真3】**シュートに対して（悪い例）

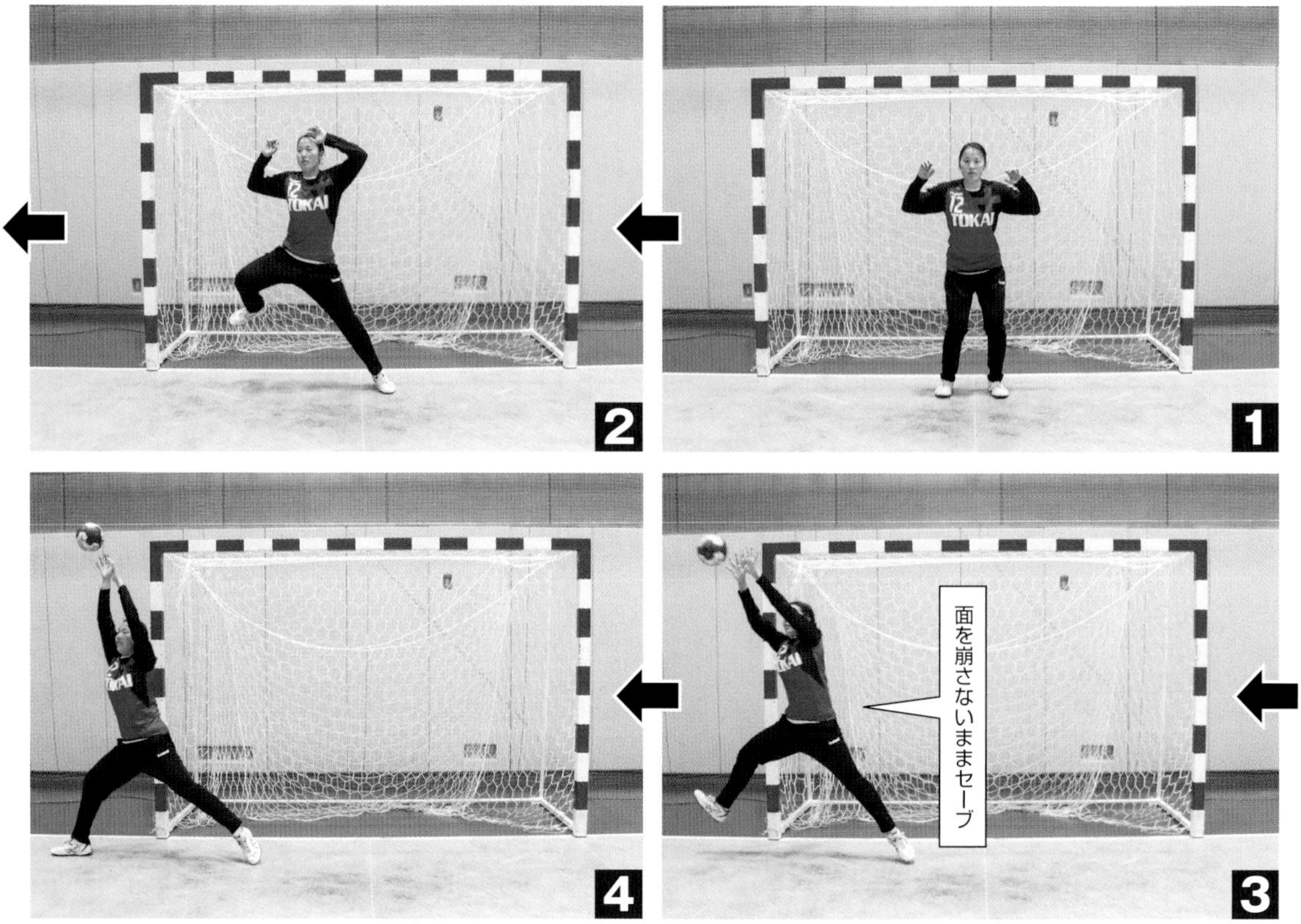

【**写真4**】面を崩さないキーピング（上段）

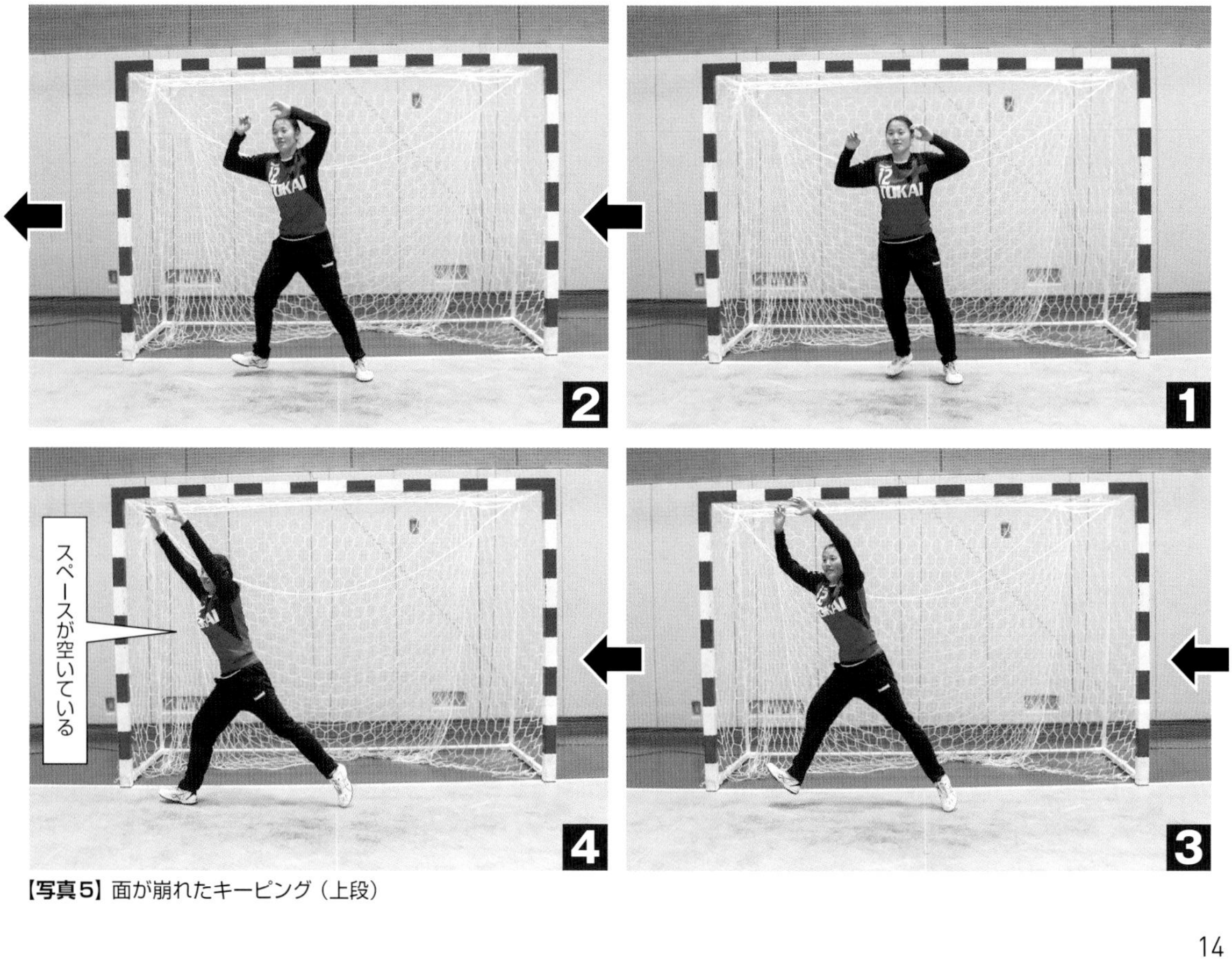

【**写真5**】面が崩れたキーピング（上段）

【写真６】面を崩さないキーピング（下段）

【写真７】面が崩れたキーピング（下段）

# 自分のタイプを知ろう

**自分がどのような動きが得意かを知ることは、
成長するための第一歩と言っていいでしょう。
専門的なトレーニングに入る前に、自分のタイプを知り、
強みを確認しておきましょう。**

ロングシュートが得意な選手、カットインが得意な選手、パスが得意な選手とコートプレーヤー（CP）にいろいろなタイプがあるように、GKもいくつかのタイプに分けられます。自分がどれに当てはまるのかを知ることはとても大切です。

今回、おおまかに「動き方」、「戦術性」の2つの要素でタイプを分けました。ここでお伝えしたいのは、自分のベースになるのはどのスタイルで、どこに強みがあるかを知ってほしい、ということです。自分の一番の武器を把握することがレベルアップにつながります。

そして、自分はこのタイプだから別のタイプのことは考えなくてもいい、ということではありません。むしろ複数を使い分けるくらいの気持ちを持ってください。自分のスタイルにだけに固執することなく、柔軟に対応する姿勢をつねに持っていてください。

世界トップレベルのGKは、試合中でもタイプを変えてきます。レベルが高い選手ほど、こうした使い分けができます。

テス・ヴェスター（オランダ代表）

自分の強みを知ることが大切

また、指導者もこのタイプ分けを理解してほしいです。

GKに対する知識が少なく、同じようなトレーニングばかりで、同じようなタイプのGKを育てていませんか。もしかしたら、その選手が別のタイプなのに、苦手なことばかり練習していたかもしれません。

その選手がどのような選手なのかを見極めて、どの特徴を伸ばすべきなのかを理解して指導する必要があります。そうすればGK育成方法にも幅が出てくるでしょう。ぜひこのタイプ分けを参考にしてください。

## 4つのタイプに分ける

まずは「動き方」についてです。大きく分けると「静的」、「動的」の2つに分けられます。

「静的」は、セービングへの予備動作が少なく、そこから鋭く、シャープに動くタイプです。シューターからすると、あまり動かないので、不気味に見えるでしょう。反対に「動的」は、簡単に言うと自分から仕掛けるタイプです。積極的な動きをべ

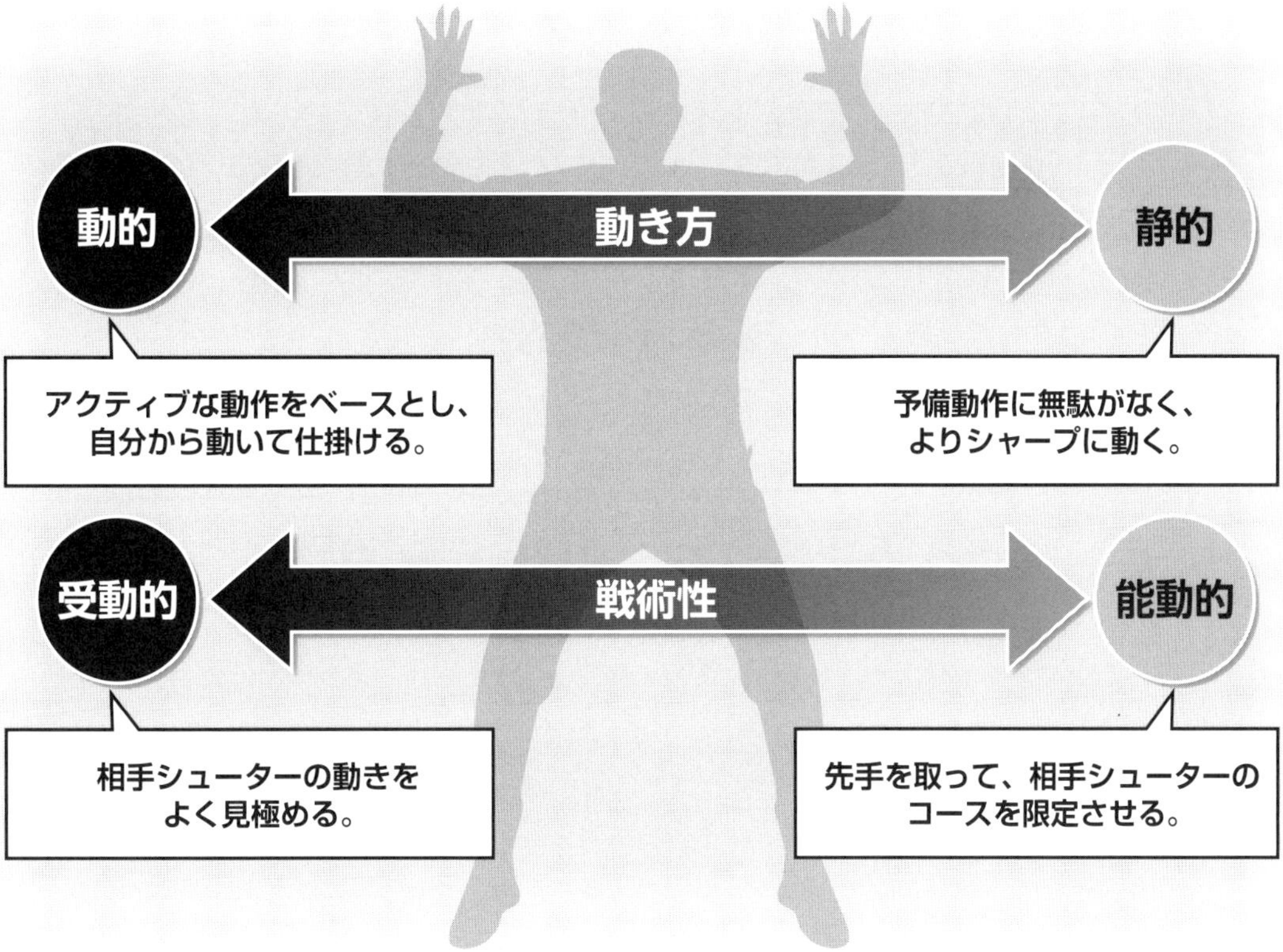
動的
動き方
静的
アクティブな動作をベースとし、
自分から動いて仕掛ける。
予備動作に無駄がなく、
よりシャープに動く。
受動的
戦術性
能動的
相手シューターの動きを
よく見極める。
先手を取って、相手シューターの
コースを限定させる。

ースとしています。

次は「戦術性」についてです。これはGKがどのようにシュートを止めにいくのか、ということです。「受動的」は相手の動きを見極めるタイプで、言葉からネガティブなイメージを受けるかもしれませんが、けっしてそうではありません。相手のシュートに反応してから動くことを得意とすると言えばいいでしょう。「能動的」は自分が先手を取って動き、相手のシュートコースを限定させるようなタイプです。

実際の試合のシーンで考えてみましょう。相手シューターが追い込まれてアウト側に流れながらカットインに来た場合です。相手の体勢などから考え、ここしかないという穴を埋めるようにセーブするのが「受動的」、自分から仕掛けて壁を作るなどして相手をより厳しい状態にしてからシュートを止めるのが「能動的」となります。

「動き方」、「戦術性」の2つの要素を組み合わせると、４つのタイプに分類することができます。

「動的、能動的」（18ページのA群）は、積極的な仕掛けから相手のシュートを限定させるのが特徴です。日本女子代表の亀谷さくら選手がこのタイプの代表的な選手で、爆発力のあるキーピングは積極的なDFに合っています。

これの対極にあるのが「静的、受動的」（18ページのD群）のタイプです。よりシャープな動きで相手のシュートに対応します。低い6：0DFなどに合っています。このタイプはとても高いフィジカル（身体能力）が必要になります。元・日本男子代表の坪根敏宏さん（元・トヨタ車体など）が代表的な選手でしょう。

「動的、受動的」（18ページのB群）は、よく動いて仕掛けますが、相手の動きを見極め、先に位置を取ってセーブにつなげます。クレバーなタイプと言っていいでしょう。ベテランの飛田季実子選手（ソニーセミコンダクタマニュファクチャリング）はこのタイプです。

「静的、能動的」（18ページのC群）は、ムダな予備動作が少なく、タイミングよく前に詰めることができるなど、戦略的に仕掛けることができ

**A群**

| | |
|---|---|
| 動き方 | 動的 |
| 戦術性 | 能動的 |
| 特　徴 | 自分の動きによって相手のシュートを限定させる。積極的なＤＦに合っている。 |

**B群**

| | |
|---|---|
| 動き方 | 動的 |
| 戦術性 | 受動的 |
| 特　徴 | 相手をよく見極めて自分が先に位置を取るクレバーなタイプ。 |

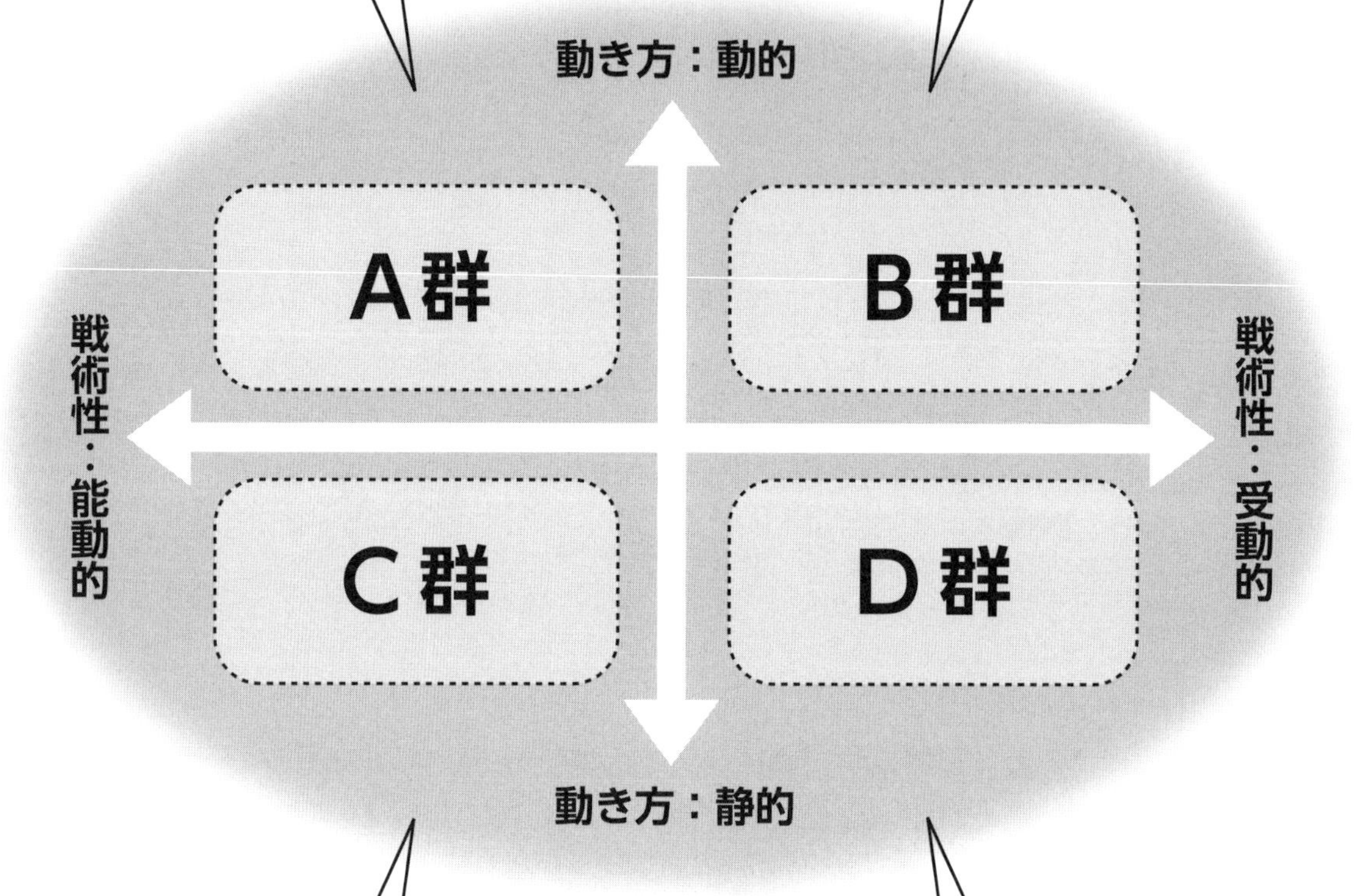


**C群**

| | |
|---|---|
| 動き方 | 静的 |
| 戦術性 | 能動的 |
| 特　徴 | 余計な動きが少なく、うまく前に詰めたりと戦術的に仕掛けられる。 |

**D群**

| | |
|---|---|
| 動き方 | 静的 |
| 戦術性 | 受動的 |
| 特　徴 | 相手シューターをよく見て、鋭い動きで止める。低いＤＦに合っている。 |

るタイプです。日本女子代表の板野陽選手（イズミメイプルレッズ）が当てはまるでしょう。

上の表にそれぞれのタイプの特徴を載せていますので、そちらでも確認してください。選手自身が自分はこのタイプと思っていても、ほかの人から見たら別のタイプ、ということはよくあります。表などを用いながら、自分がどのタイプになるのかを調べてください。

ＧＫのタイプ、スタイルは国によっても違いがよく表れます。

例えば、ハンガリー、バルカン諸国などのヨーロッパ東側諸国では伝統的に最後まで相手のシュートを見極めるタイプが多いです。２０１９年の世界女子選手権（熊本）で来日したＧＫもこのタイプでした。ですが、デンマーク、ノルウェーなどの北欧の国々では、積極的に動くタイプが重宝されます。チームを世界一に導いたオランダ女子代表のヴェスター選手もこのタイプです。

海外の試合を観る時、この選手はどういうタイプなのかという視点を持って観るのもおもしろいでしょう。

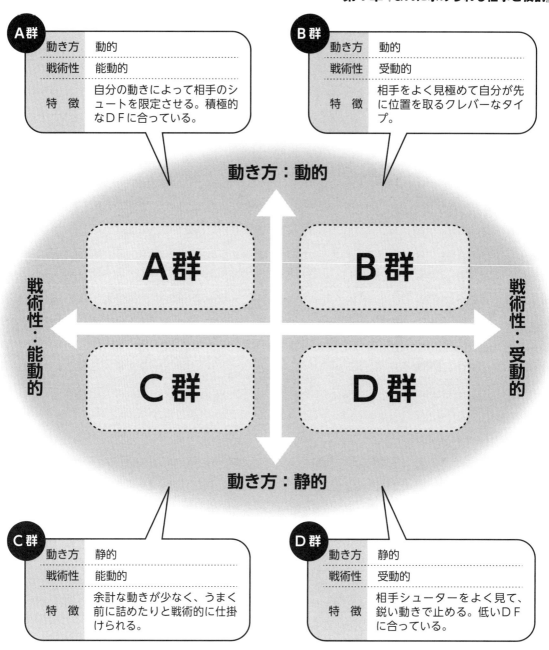

# 第2章
# 『ポジショニング局面』

## 構え、位置取りを理解しよう

相手のシュートに対して、準備する局面をポジショニング局面と言う。構え、位置取りがよくないとシュートを止めることができず、いい準備がいいセーブにつながることは間違いない。すべての基本となるGKの構えについて説明したあと、ポジショニング局面の解説に入っていこう。

# 1
# GKの構え

**いいセーブをするにはいい準備が必要になってきます。
位置取りをする時などの構えについて解説していきます。**

GKの構えは選手それぞれに微妙な違いがあります。ここでは基本となる構えについて説明します。

まずは【写真1、2】を見てください。これが私が考える「いいGKの構え」です。【写真1】が正面から見たもの、【写真2】が真横から見たものになります。

上半身で大切なのは、ヒジが肩より前に出ていること。下半身については股関節、ヒザ関節、足関節に余裕があることになります。

正確な構えができないと、無駄な予備動作が多くなり、セービング局面に移行するまでに時間が多くかかってしまいます。

また、その構えがキープできないと、いい準備ができていないということになり、いいセーブにつながりません。

次に上半身、下半身についてそれぞれ細かな説明をしていきます。

## 肩甲骨を使えるように

GKの構えにおいて、上半身は肩甲骨の使い方が重要なポイントの1

ヒジを肩より前に出す

【写真1】いい構え（正面）

股関節、ヒザ関節、
足関節に余裕を持たせる

【写真2】いい構え（横）

【写真3】肩甲骨を寄せた悪い構え（正面）

【写真4】肩甲骨を寄せた悪い構え（横）

【写真5】上半身が反った悪い構え（正面）

【写真6】上半身が反った悪い構え（横）

つです。ヒジを肩より前に出すのがいいと話したのは、肩甲骨が関係しているからです。ヒジを前に出すことによって、肩甲骨を内側に寄せることなく、余裕を持った動きが可能になります。

逆にヒジが肩と一直線になっていると、肩甲骨が中央に寄ってしまい、窮屈な構えになってしまいます。**【写真3、4】**のように構えた時は大きく見えるかもしれませんが、身体が小さい選手は腕を出した時に届かないエリアが生まれてしまいます。腕を出した時にもうひと伸びできるためにも、意識してヒジを前に出し、肩甲骨に余裕を持たせましょう。

また、**【写真5、6】**のように上半身がうしろに反ってしまうのもよくない構えです。この場合だと、重心がうしろになっています。これも気をつけてほしいポイントです。

上半身だけでなく、アゴも上に向いているのはよくないでしょう。アゴを引いて、しっかりとコート全体、ボールを視界から離さないように見られることも大切です。

**テクニカルコラム**

## 手を前に出して動きやすくする

～久保 侑生（大同特殊鋼）～

GKを始めたころから、あまり構えは変わっていません。股関節にためを作って、足を動かすことを意識しています。

意識してフォームを変えたところは手を出す位置ですね。以前は肩が詰まっているような感覚があったので、余裕を持たせることにしました。手を前に出すことによって、腕を動きやすくし、ハイコーナーへも届くようになりました。だいたい、自分の視野に入るぐらい手を前に出しています。手が視野に入っていても、シュートを最後まで見ることは忘れません。

## 下半身は股関節が重要

股関節をうまく使えるということは、GKにおいて外せない要素の1つ。股関節に余裕があると、【写真8】の連続写真のように、下段のシュートに対してポジショニング局面からセービング局面へスムーズに移ることができます。

悪い例としては、【写真7】のように股関節とヒザ関節が伸び切っている構えです。この状態からだと、ポジショニング局面からセービング局面に移行した時、左右へ大きく動くためには、一度沈み込む無駄な予備動作が必要になります。

相手がシュートを放つ時に、この無駄な動作があると、反応はできても動けないままシュートが決まってしまいます。股関節に余裕を持って、つねに軽快に動ける準備をしておきましょう。

【写真7】股関節、ヒザ関節が伸び切った構え

【写真8】股関節を使ったセービング

### テクニカルコラム

## 動きたければ、一度止まる

～坪根 敏宏（元トヨタ車体）～

位置取りが完了したら、一度止まる意識を持つといいでしょう。動きっぱなしだと目線がぶれて、フワフワした動きになります。動きっぱなしでシューターと正対していないGKが、高校生には多いですね。一度止まってからだと目線も一定になるし、次の動きがスムーズになります。僕のイメージでは、止まる時にお腹を内側に絞り込むようにすると、構えが安定します。安定した状態なら、どこにでも動けるし、逆をつかれた場合でも残り手、残り足で対応しやすくなります。

## つま先の向きにも注意

上半身から下半身にかけて説明してきましたが、足のつま先もセーブにかかわってきます。日本リーグの選手でも、つま先が外側に開いていたり、内側に絞っていたりと微妙に違っています。

外側に向いている場合は、床を蹴る時に素早く蹴ることができます。しかし、反動が少ないため、大きな動きにはなりにくいでしょう。

逆に内側に向いている場合は強く床を蹴れるため、パワーのあるセーブ、大きな動きができますが、速さという部分では、やや劣るものがあります。

ですから、私はなるべくつま先を正面に向けることを勧めています。この場合だと、蹴る速さと強さのバランスがよくなります。

もちろん、正面にするのが絶対にいいというわけではありません。正面から微妙に向きを調整して、自分が最も動きやすい角度を探してみてください。

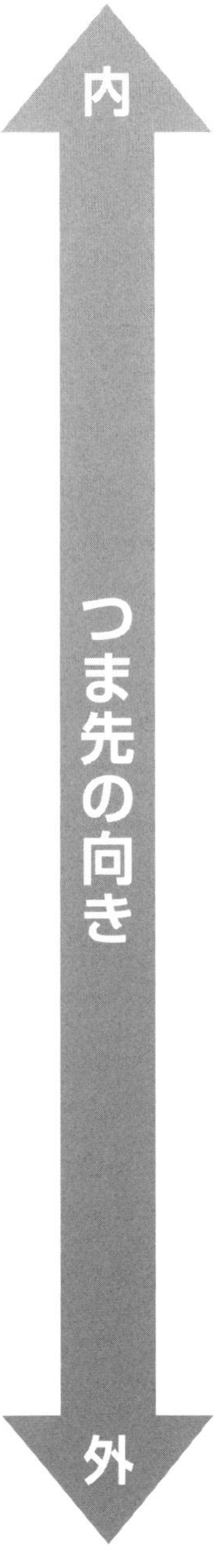


- 床を蹴る力が大きいので、ダイナミックなセービングができる
- 素早く動くことが難しい

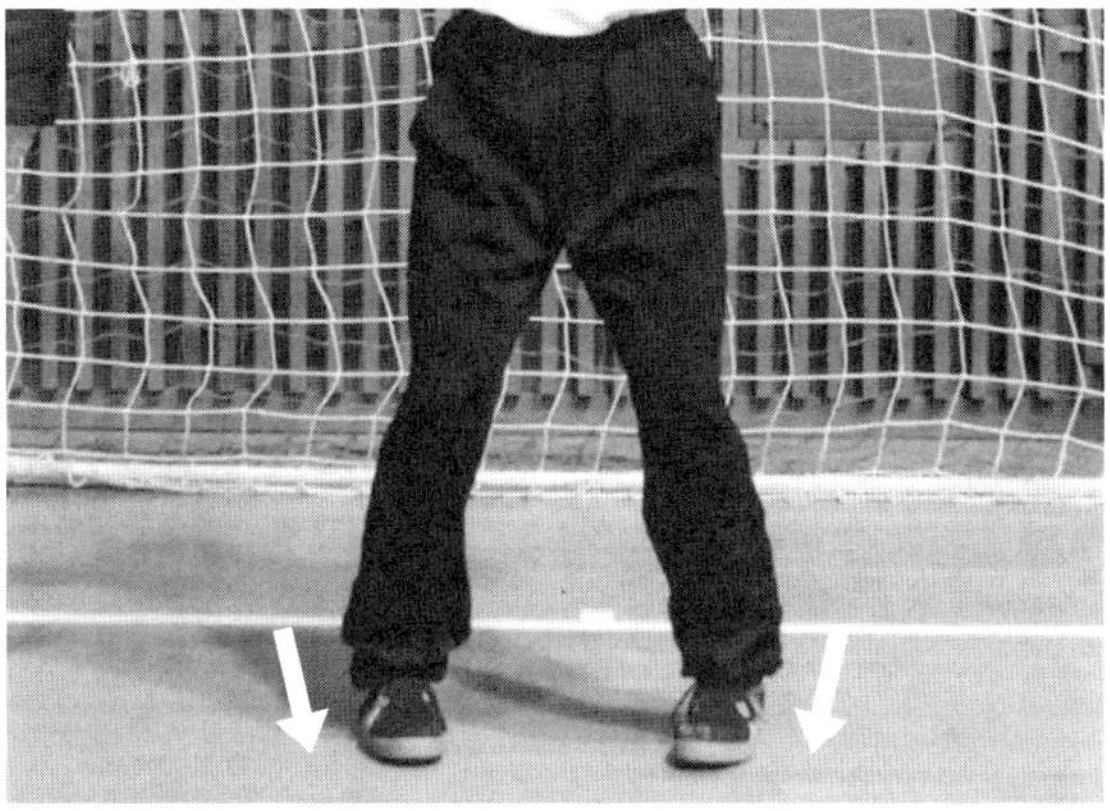

- 床を蹴る力の大きさ、跳ぶスピードのバランスが取れている

- ヒザが外を向いているので、素早く跳ぶことができる
- 跳ぶまでのスピードが速い分、床を蹴る力は大きくはない

# 2
## 身体の中心で動くイメージを作るトレーニング

**体幹がぶれるといいセーブにつながりません。
身体の中心で動く感覚が大切です。**

「身体の中心で動く」イメージを作るための練習方法を紹介します。**【写真9】**のように3人1組になり、真ん中にいるGKは横にいる補助者に身体を預けます**【写真9－2】**。自分の身体が振り子になったイメージで、重力に任せて倒れます。倒れたあとは、補助者に押してもらって、元の位置に戻ります。

身体を重力に任せる感覚がつかめたら、今度は足の動きをプラスします。補助者に向かって倒れるイメージ**【写真10－1】**の延長で、1人で横に倒れます。そのままだとバランスを崩しますから、足を出して身体を支えます**【写真10－3】**。この形が、身体の中心部からボールを捕りにいく動きです**【写真10－4】**。

一連の動きは、手のひらの上に棒を乗せて、バランスを取る感じに似ています**【写真11】**。棒（上体）が重力で倒れそうになるのを、手のひら（骨盤）がスッと移動してバランスを保つ。そういうイメージがつかめると、ダイナミックなキーピング動作になります**【写真12】**。

**【写真9】**振り子のトレーニング１

1
片足だけクロスさせる
2
2〜3回繰り返したら補助を外す
3
クロスしていた足を出す
4
倒れる勢いを利用する

【写真10】振り子のトレーニング2

【写真12】身体の中心で動く

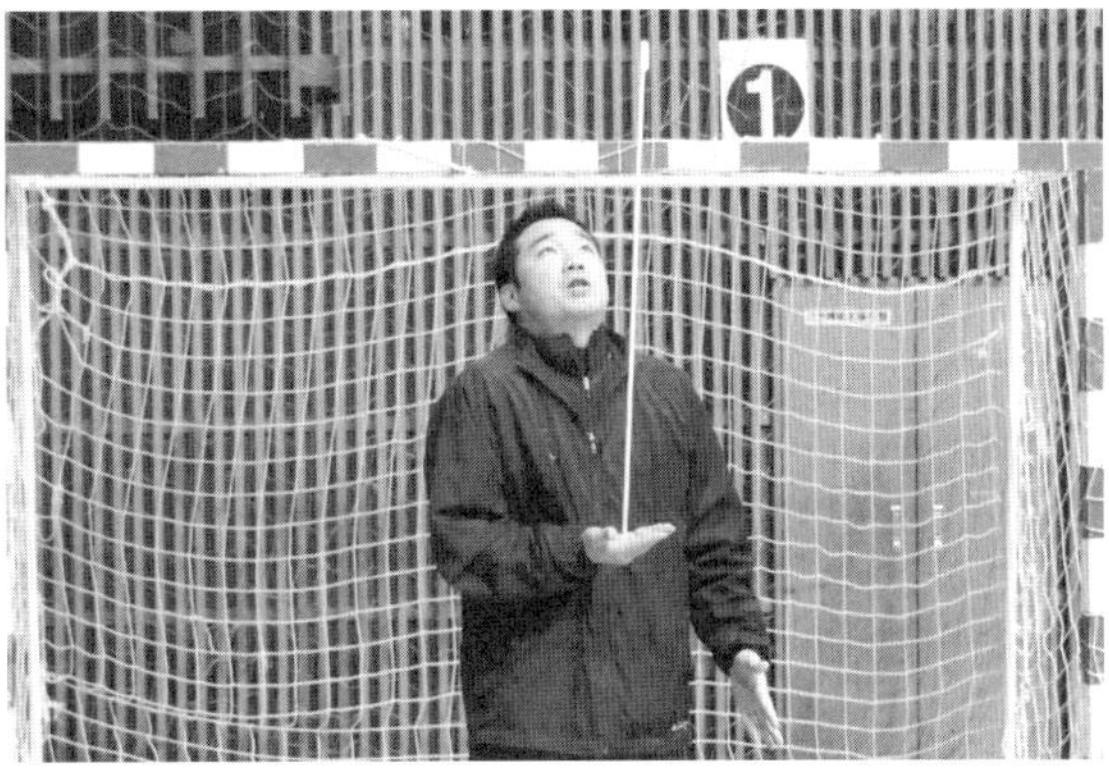

【写真11】棒でバランスを取る

## テクニカルコラム

### 動きやすい構えを作る
～戸塚 絢子（元・HC名古屋）～

動きのコツは東海大時代に、栗山監督から教わりました。下半身だけで動くと、頭が残ります。頭だけ動かすと、腰が残ります。骨盤で上体を運ぶイメージがつかめてから、動きが変わりました。腹筋と背筋と大殿筋を意識して、姿勢を維持しながら、爆発的に動き出すイメージです。

動きやすい構えはスクワットの姿勢と同じです。スクワットとクリーン（※）は数多くやりましたね。腰を入れて、胸を張って、繰り返していくうちに、GKの構えも決まるようになりました。

※バーベルを床から持ち上げるトレーニング

# 3

# ポジショニング局面とは

**GKの動きを大きく2つに分けていきます。
まずはポジショニング局面について。**

## ポジショニング局面

- セーブまでの準備をする場面
- シューターに対して正対する

11ページで解説したように、GKのプレーはポジショニング局面とセービング局面に分けることができます。

ポジショニング局面とは、おもにセーブするまでの準備をする局面になります。前や横に動いていい形で止まれるなど四方八方どの方向にも動ける。なおかつ、ボールを持っている選手に対して正対する準備、予備動作がどれだけできているかで、シューターとの勝負が決まってきます。

届かない位置から爆発的に動いてもセーブはできません。ですから、私はGKに対して、セーブしたかどうかよりも正しいポジションを取れているかを見ます。

ではポジショニングとはどのようにするものなのか。**【図1】**と**【写真13】**が基本的な位置取り、動きを示したものになります。ゴールポストの間を半円を描くように動き、ボールに対して正対する位置を取っていきます。この時、基本的な構えは変えないことが大切です。位置取り中はポジショニング局面の連続で

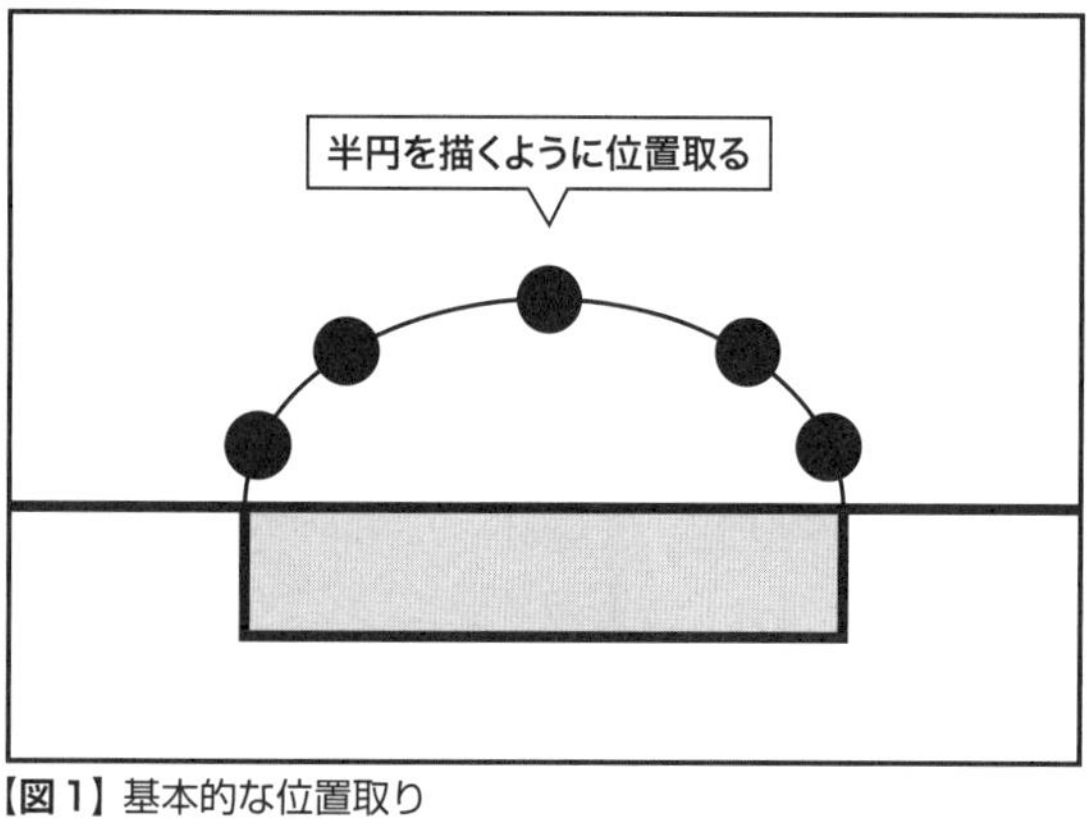


【図1】基本的な位置取り

**大 ← 予備動作 → 小**

- 力をためられるため、大きな動作になる。
- 動作が大きい分、動く時間も必要になるので、動いている時にシュートを決められてしまう。

- 余分な動作が少ないので、セービング局面への移行が早い。
- 素早くセービング局面に移れるものの、パワーは劣る。

【写真13】位置取り

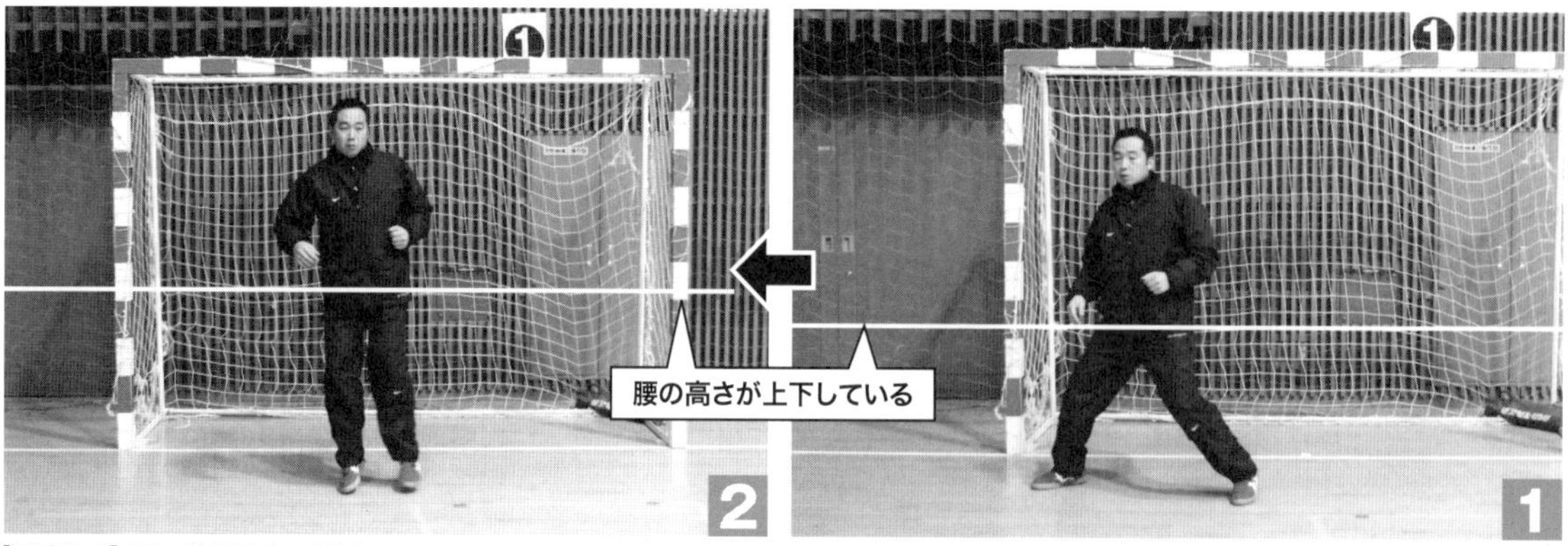


【写真14】悪い位置取りの動き

すが、いつセービング局面になるかわかりません。せっかくいい準備ができているのを崩してしまったら、戻すわずかな時間が余分な動きになってしまいます。

## 腰の高さと足幅に注意

位置取りをする動作で気をつけてほしいのは、腰の高さとステップ。【写真13、前ページ】を見ると、どの位置取りでも構えはもちろんですが、腰の高さが一定なのがわかると思います。腰の高さが上下すると無駄な時間が生まれてしまいます。

足の動きはサイドステップで細かく、さらに足幅を変えずに動くことがいい準備につながってきます。

この動きができていないのが【写真14】です。大きくサイドステップをして瞬間的に【写真14－2】のように足幅が狭くなってしまい、腰が浮いています。この時にシュートが来たら足を動かしてセービングできるでしょうか。バランスを崩した状態からミートに移れません。セービングにつなげるためにも、ポジショニング局面での位置取りは大切になってきます。

## 飛ばしパスには最短ルートで

これまでの位置取りの動きは、となりのポジションにパスが渡った時の動き方の説明でした。

しかし、実際の試合ではセンターからサイドや、サイドから逆側のサイドへと、いわゆる飛ばしパスというものもあります。その時に同じような動きで位置取りをしようとしていると、シューターに対して正対、

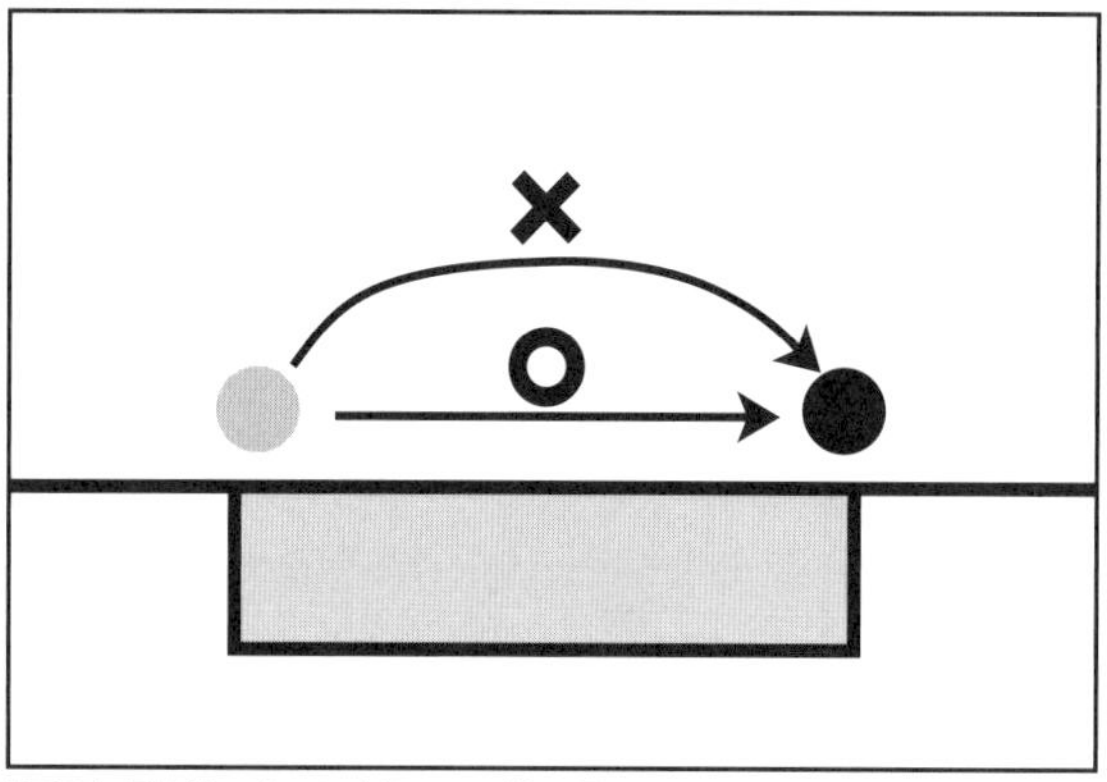

【図2】飛ばしパスに対しての位置取り

### テクニカルコラム

## 縦の位置取りに気をつける

～藤間 かおり（元・オムロン）～

高校まではなんとなく位置を取っていましたけど、日本代表に入ってから位置取りをていねいにするようになって、捕れるシュートも増えました。とくに海外のチームとの対戦になると、横の位置取りだけでは捕れなかったので、縦への微調整を覚えました。出すぎたら角度が変わってしまうので難しいですけど、前に出ないと世界では勝負にならないので。2012年のロンドン・オリンピック最終予選では、位置取りや前へ詰めるタイミングが合っていたから、先手を取ることができました。

つまり準備が遅れてしまいます。遅れないためには最短のルートで動くことが必要になります。

サイドから逆側のサイドへの飛ばしパスを例に説明します。この時の最短ルートは【図2】のように2点間を直線でつないだものになります。半円を描くよりも距離は短いのがわかると思います。

ポイントは【写真15－3】のようにまず顔をそちらの方向に向けること。そうすることで自然と身体も同じ方向に向いてきます。そして素早く位置取りをする。こうした細かな動きを正確にできることが、いい準備につながってきます。

**飛ばしパスに対する位置取りの動画をQRコードから見てみよう!!**

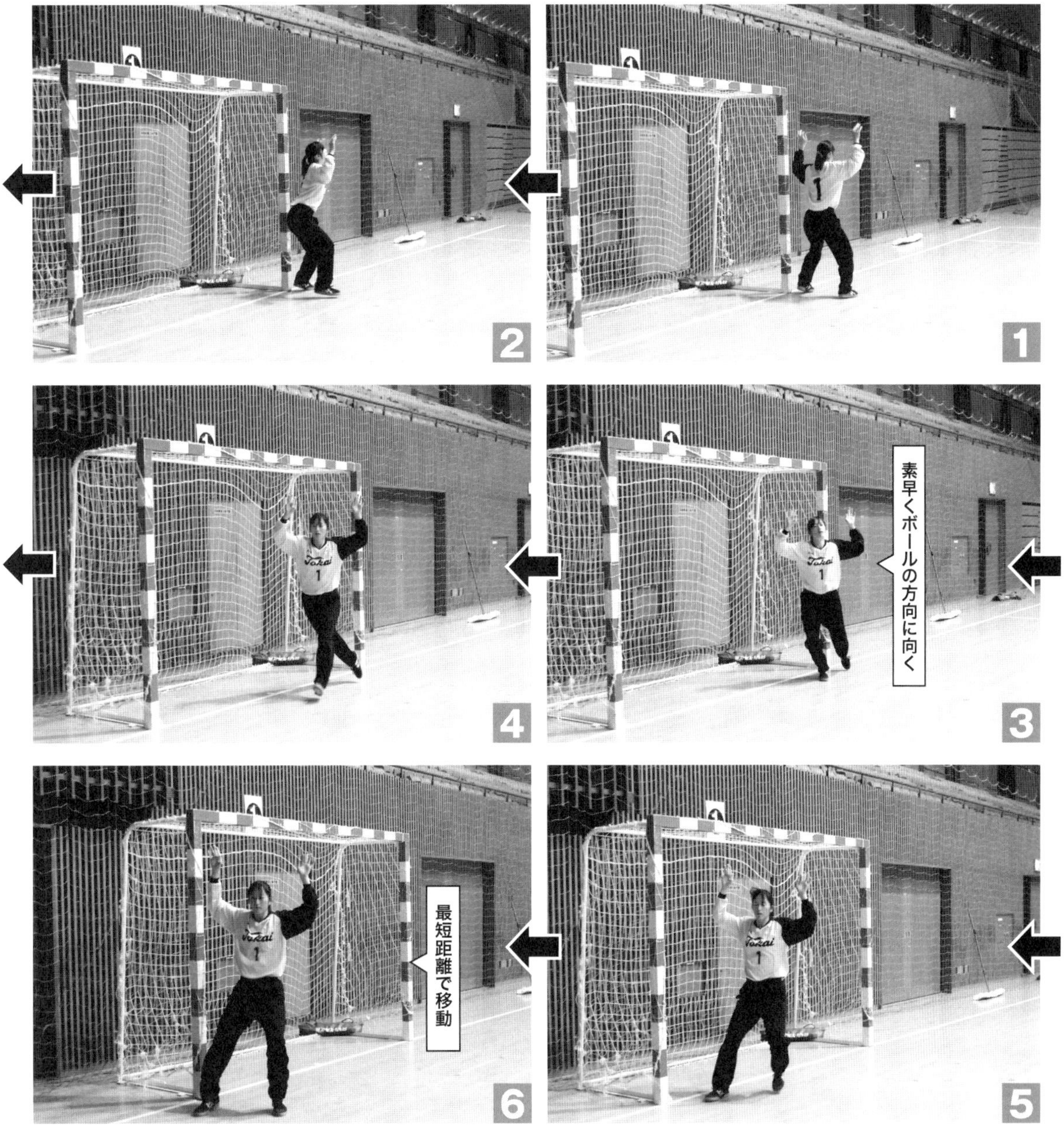


**【写真15】** 飛ばしパスに対しての位置取り

## 位置取りはボールと頭の中間点に立つ

ポジショニングの話で忘れてはならないのは、シューターに対してどこに位置を取るかということ。【図3】のように、頭に位置を合わせたり、ボールに位置を合わせたりと、さまざまな理論があります。その中で私がいい位置取りとしてお伝えしたいのは、ボールと頭の中間点です【図4】。

シューターが構えた時、ボールと頭を線でつなぎ、その中間に自分の身体を合わせます。【写真16】を見ると中間の位置がどこなのかわかりやすいでしょう。この状態でGK、シューターのうしろから見てみると、GKの顔が相手シューターの顔とボールの間にあることがわかると思います【写真17、18】。

この位置取りのメリットは、左右の変化に対応しやすいということです。シューターが利き手と反対側に倒れてきた時（右利きの場合、左側に身体を倒す）や、利き手のリーチを活かしてシュートを打ってくる時

頭とボールを結んだ
中間に位置を取る
【写真16】ボールと頭の間に位置を取る

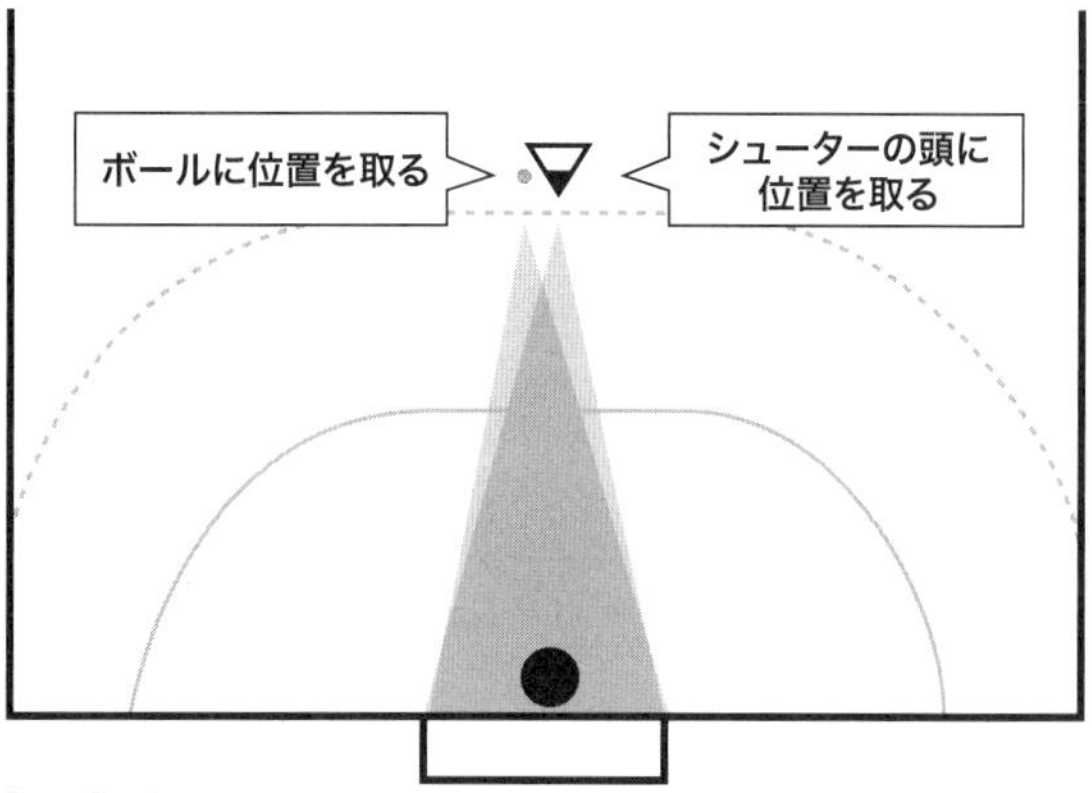
ボールに位置を取る
シューターの頭に
位置を取る
【図3】ボールと選手の頭に位置を取った時の違い

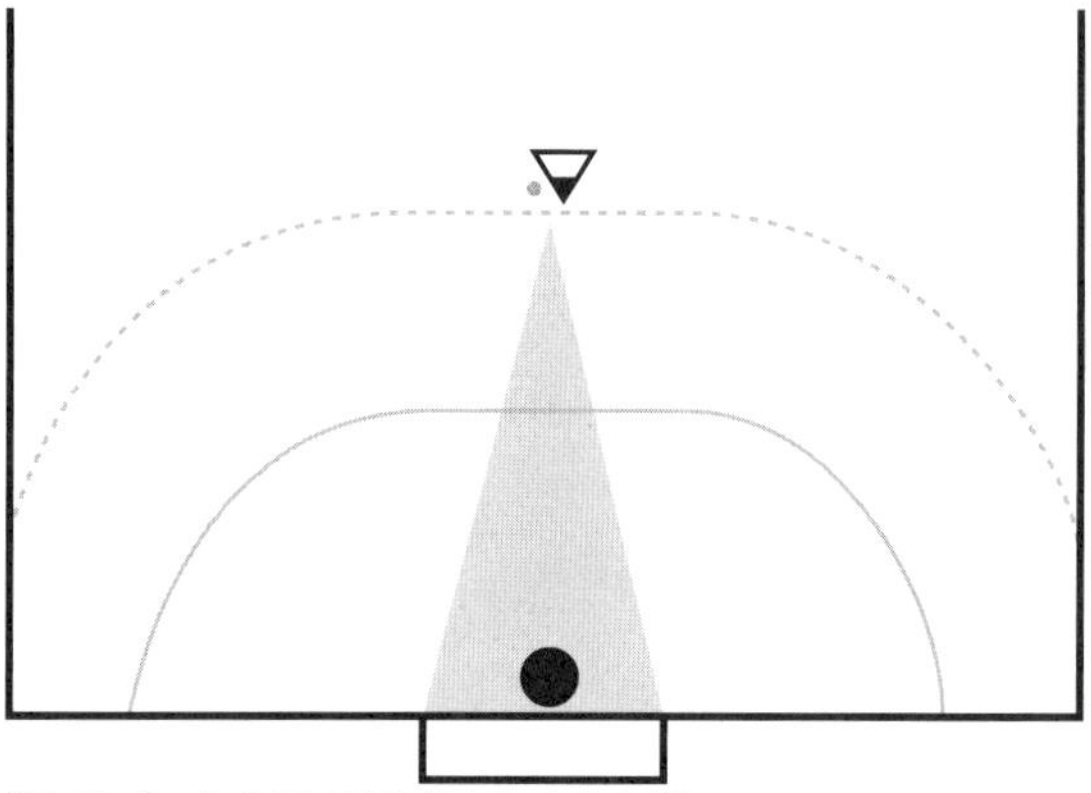
【図4】ボールと頭の間に位置取りした時

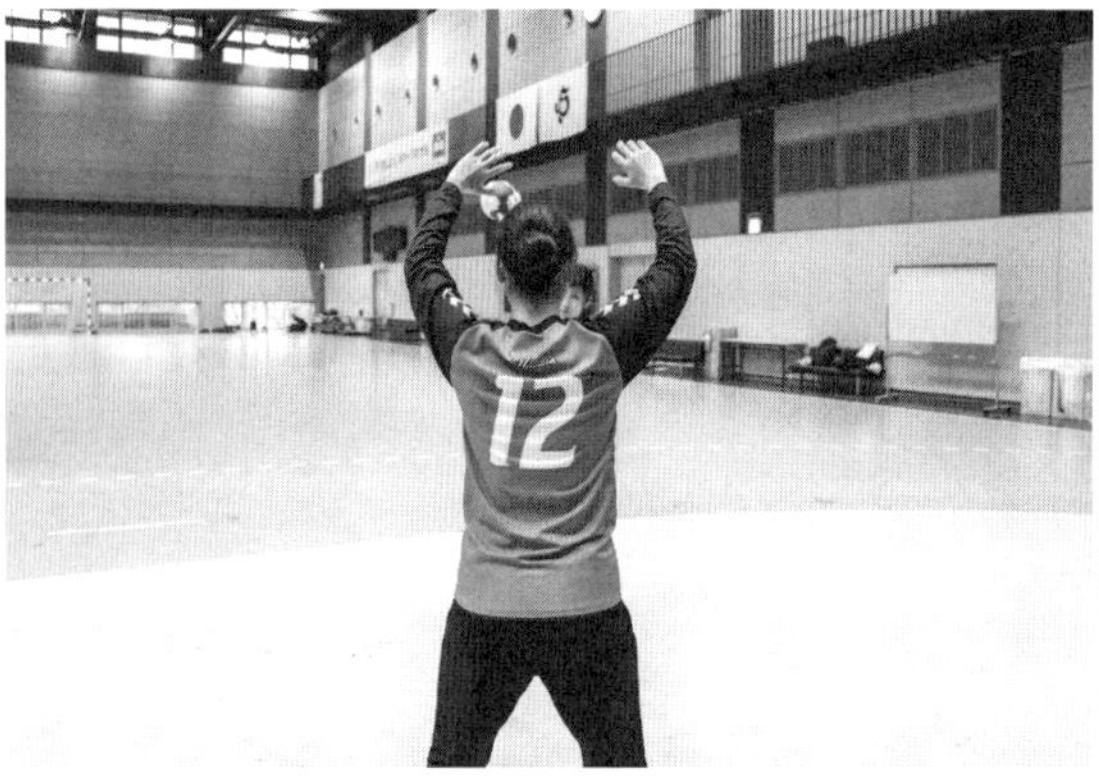
【写真18】ボールと頭の間の位置取り（GK側から）

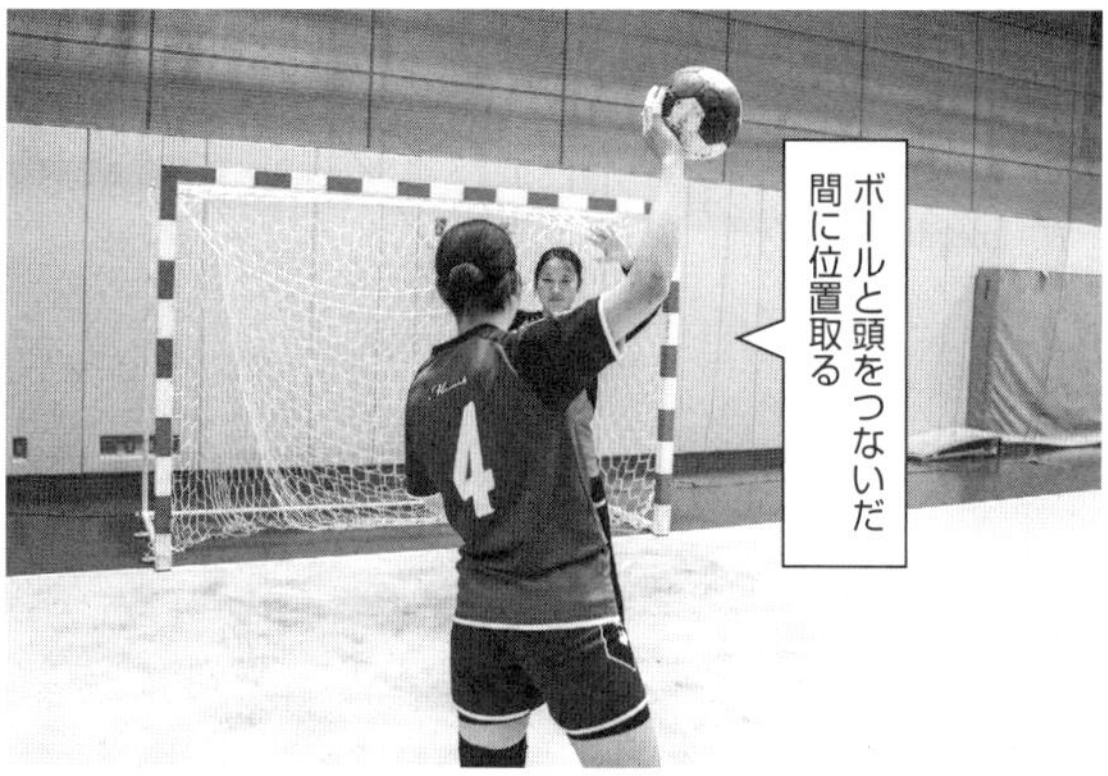
ボールと頭をつないだ
間に位置取る
【写真17】ボールと頭の間の位置取り（シューター側から）

などの左右の動きに対して、大きく動くことなく対応できるのです。【写真19】ではシューターが左側に大きく倒れていますが、GKの動く幅はそこまで大きくありません。

では、ボールや身体に対して位置を取るとどうなるでしょうか。

【写真20】はボールに位置を合わせた状態です。身体を倒してきた相手に対してスペースをカバーしようとすると、かなり大きなスライドが必要になります【写真20－2】。

逆に相手の身体に位置を取った場合【写真21】、利き手と反対側に動かす距離は減りますが、今度は利き手側に大きなずれができてしまいます。手のリーチを考えると、こちらもセーブするのはかなり難しいでしょう【写真21－2】。

この2つの欠点をカバーできるのが、ボールと頭の中間に立つことなのです。

実際の試合では、ボールと頭の中間の位置はつねに変化します。日ごろの練習から相手シューターに対して、ボールと頭の中間位置に立てるように意識してください。

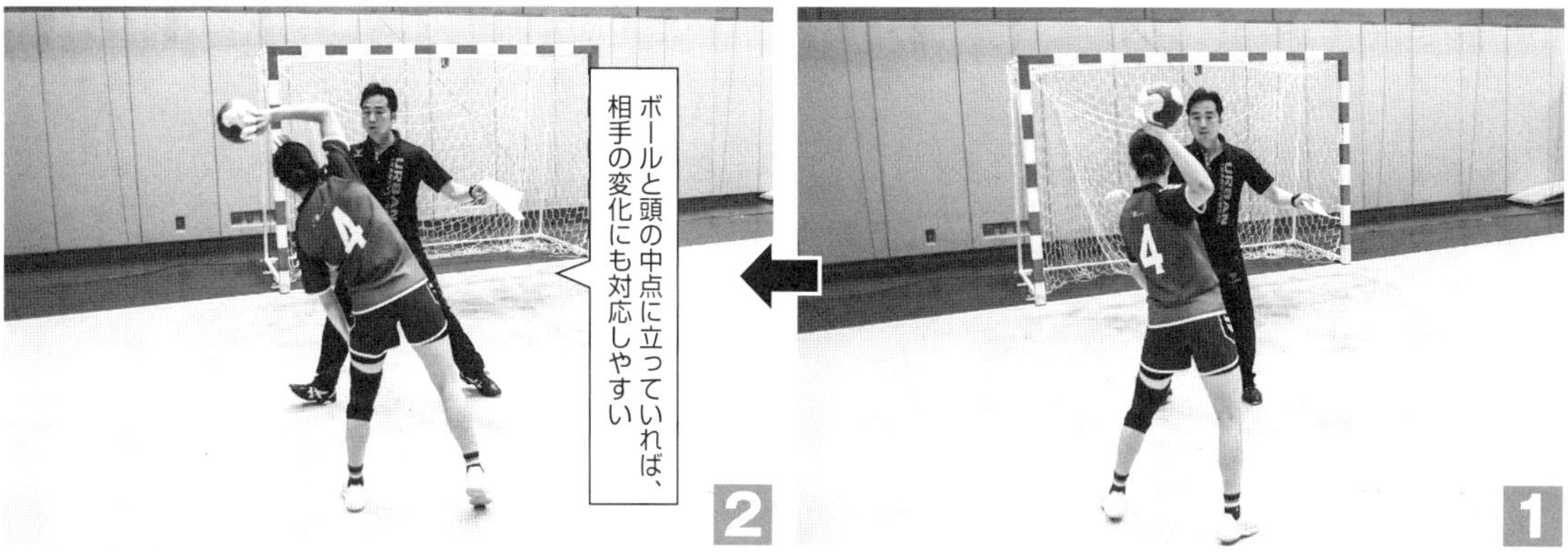
1
2
ボールと頭の中点に立っていれば、相手の変化にも対応しやすい
【写真19】ボールと頭の間に位置を取った時

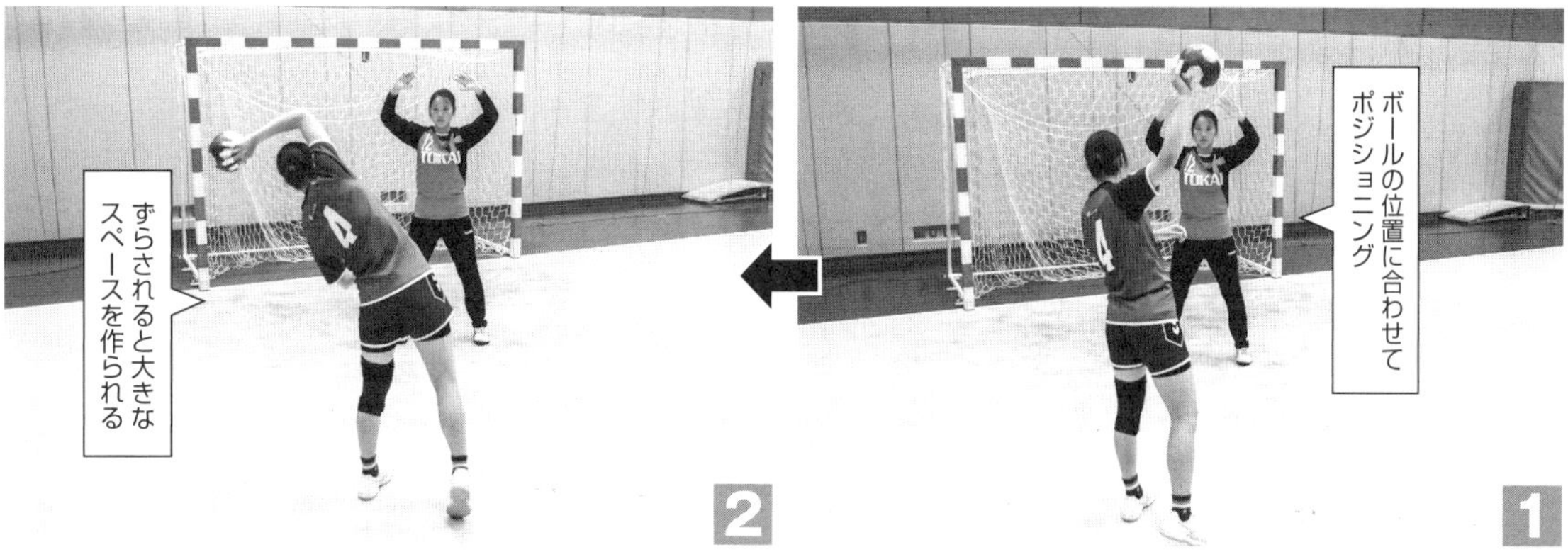
1
ボールの位置に合わせてポジショニング
2
ずらされると大きなスペースを作られる
【写真20】ボールに合わせて位置を取った時

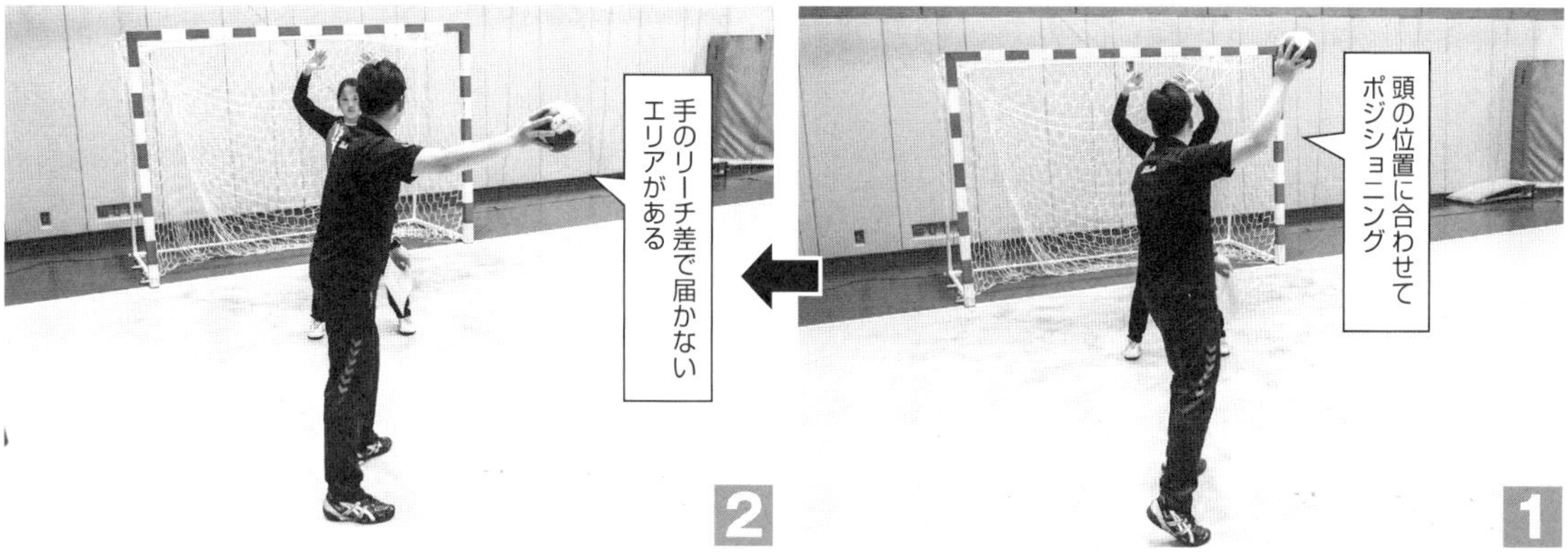
1
頭の位置に合わせてポジショニング
2
手のリーチ差で届かないエリアがある
【写真21】頭に合わせて位置を取った時

# 4
# 正しいトラッキングを身につけよう

**足を小刻みに動かしてタイミングを取るトラッキング。意味を理解していないと無駄な動きになりがちです。**

GKはトラッキングをしながら位置取りをします。小刻みに足を動かすことで、次への準備をしています。ところがトラッキングをすることに夢中になるあまり、セービング局面の動きとつながっていないGKがたまにいます。そういうGKは往々にしてヒザから下だけで動いています。トラッキングでは股関節から動き出すことを意識してください。

**【写真22】**は股関節を使えているトラッキングです。股関節にゆとりがあって、股関節から足を引き上げているので、ヒザから下の動きが滑らかです。動きにロスがなく、次の場所に位置取りした時にもバランスが崩れていません。シューターに正対した、いわゆる面の大きい状態が保てています。股関節から動けば、お尻やもも裏など身体の裏側の筋肉も使えるから、自然と形も決まってくるのです。

**【写真23】**は、ヒザから下だけでトラッキングしている悪い例です。股関節を使わずに、ヒザから下だけで動こうとすると、余計な力が入っ

1
2
トラッキングをしながら位置を調整する
3
4
ボールに対して正対する
**【写真22】**トラッキング

て、上体が傾いてしまいます【写真23－3】。そこから体勢を立て直すのに余計な時間がかかりますし、反対側に動こうとすると【写真23－6】のようにまた上体がぶれてしまいます。ヒザから下だけで動こうとすると、身体の表側の筋肉しか使えないので、バランスは崩れるし、すぐに疲れてしまいます。

股関節を使えているかどうかは、トラッキングの音でわかります。股関節を使えていれば、足音は静かです。股関節を使えていないと、バタバタと大きな音がします。一見激しく動けているようでも、じつは無駄の多い動きになっています。

**身体が傾いているトラッキングの動画をQRコードから見てみよう!!**

1
2
ボールに対して動く
3
上体が傾く
4
5
6
傾いた上体を戻そうとするとさらに逆側に傾く

【写真23】身体が傾いているトラッキング

# 5 股関節の使い方

**股関節に余裕がないと、無駄な動作が増えてしまいます。どのように股関節を使うかポイントを教えます。**

下半身の動きでポイントになるのは股関節です。**【写真24】**は正しい構え。ヒザと股関節に適度なゆとりがあるので、大きな力を出せます。**【写真25】**はヒザも股関節も伸び切った状態。この体勢から爆発的な動きはできません。

股関節を使えると、爆発的な力を発揮できるだけでなく、動きそのものがスムーズになります。例えば下のボールを捕りにいく時には、股関節を外旋させます**【写真26－2】**。股関節を外に回すことで、ヒザも外に開いてクッションになり、上体も自然とついてきます**【写真26－3】**。

ところがヒザから下だけで動こうとすると、ヒザがつっかえるので横に行けません**【写真27－3】**。上体もついてこないので、手だけで捕りにいく形になります**【写真27－4】**。無理やりヒザだけを開こうとすると、じん帯損傷などのケガが起こります。

ヒザ関節は横に回せません。股関節は球状関節だから、外に回せます。股関節を外旋させて動きを引き出すのが、GKの動きのコツです。

【写真25】股関節、ヒザ関節が伸び切っている

【写真24】股関節、ヒザ関節に余裕がある

【写真26】股関節を使えている動き

【写真27】股関節が使えていない動き

# 6

# 股関節周りのストレッチ

**身体の柔らかさはゴールキーパーにとっては不可欠なものです。**
**ここからはストレッチの方法を紹介します。**
**継続して柔軟性をつけましょう。**

ほかの競技に比べて、ハンドボールのGKはその動きから、充分な柔軟性を確保する必要があります。柔軟性を養うにはストレッチが有効です。筋肉トレーニングなどは休む日を入れた方がいいですが、ストレッチは毎日行なってください。継続して行なうことで柔軟性がついてきます。

ここからはおもなストレッチの方法を紹介します。

## ハムストリングを伸ばす

まずは長座の状態で前屈をします**【写真28】**。一般的なストレッチの方法として広く知られています。うしろの人が背中を押して、ももの裏側、ハムストリングをおもに伸ばしています。

ここでうしろから押すというスタティック（静的）なストレッチも必要ですが、筋肉は最大収縮したあとに、最大弛緩《しかん》を起こしやすい性質を持っています。

**【写真29－1】**のように、前屈している人は押している人に向かって力を入れます。こうすることで、伸ばしたい筋肉に大きく力が入ります。つまり最大収縮を起こします。

押す人もしっかり押してください。これをだいたい5秒間で5セットほど繰り返します。

すると最大弛緩が起こります。最大弛緩が起きた時に、スタティックなストレッチをしましょう。こうすることで普段よりも高い柔軟性を得ることができます。もちろん、1回だけでは効果的ではありません。継続することが大事です。

**【写真28】** 長座前屈

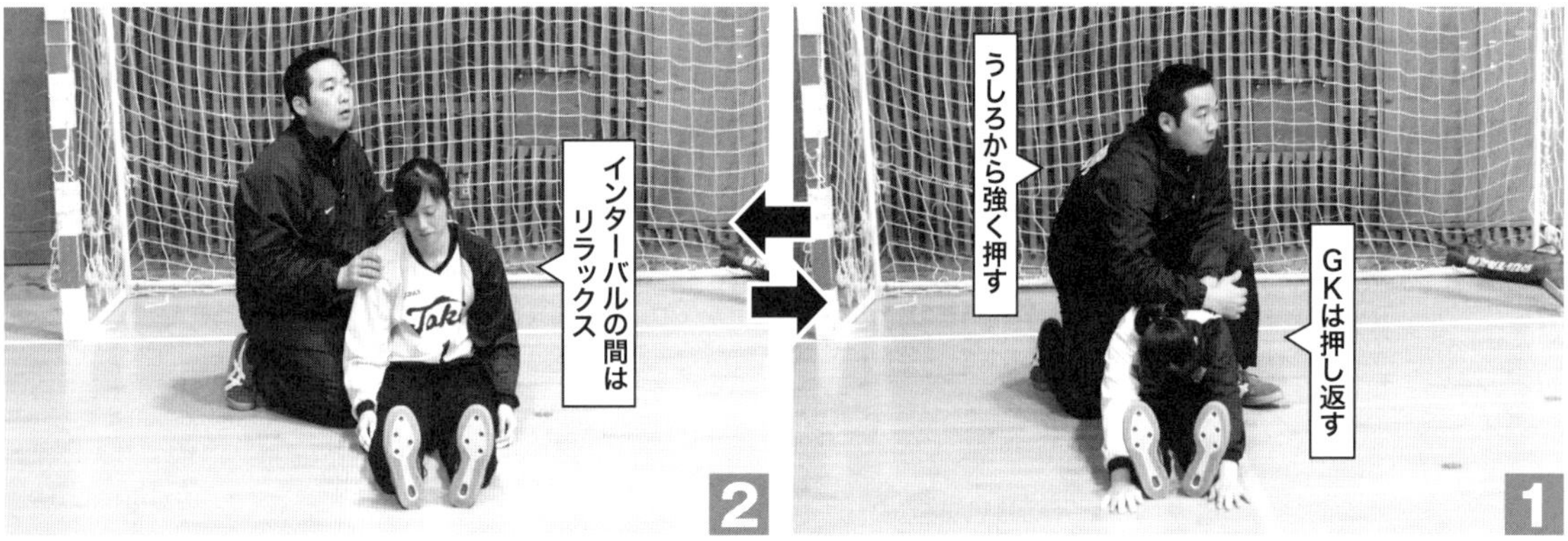
1
うしろから強く押す
GKは押し返す
2
インターバルの間はリラックス

**【写真29】** 最大収縮と最大弛緩

## 股関節の柔軟性も

続いて股関節のストレッチについて紹介します。スライディングする際に充分な柔軟性が必要になってきます。【写真30】のように、脚が開けば開くほど安全で、鋭いスライディングができます。

先ほどの前屈と同じように、ここでも最大収縮と最大弛緩で柔軟性を確保します。【写真31】のように、2人1組になり、GKは脚を閉じようと内側に力を入れて、もう片方は外側に広げようとします。5秒ずつ5セットほど行なってください。終わったら前屈と同じように、うしろから押すなどのスタティックなストレッチをしてください。たった数分のストレッチですが、脚の開く角度が変わってきます。このストレッチはGKのみならず、CPにも有効です【写真32、33】。より開く角度の違いがわかると思います。

もしも1人で行なう場合は【写真34】のように、壁を使う方法もあります。

【写真31】股関節のストレッチ1

【写真30】脚を開く

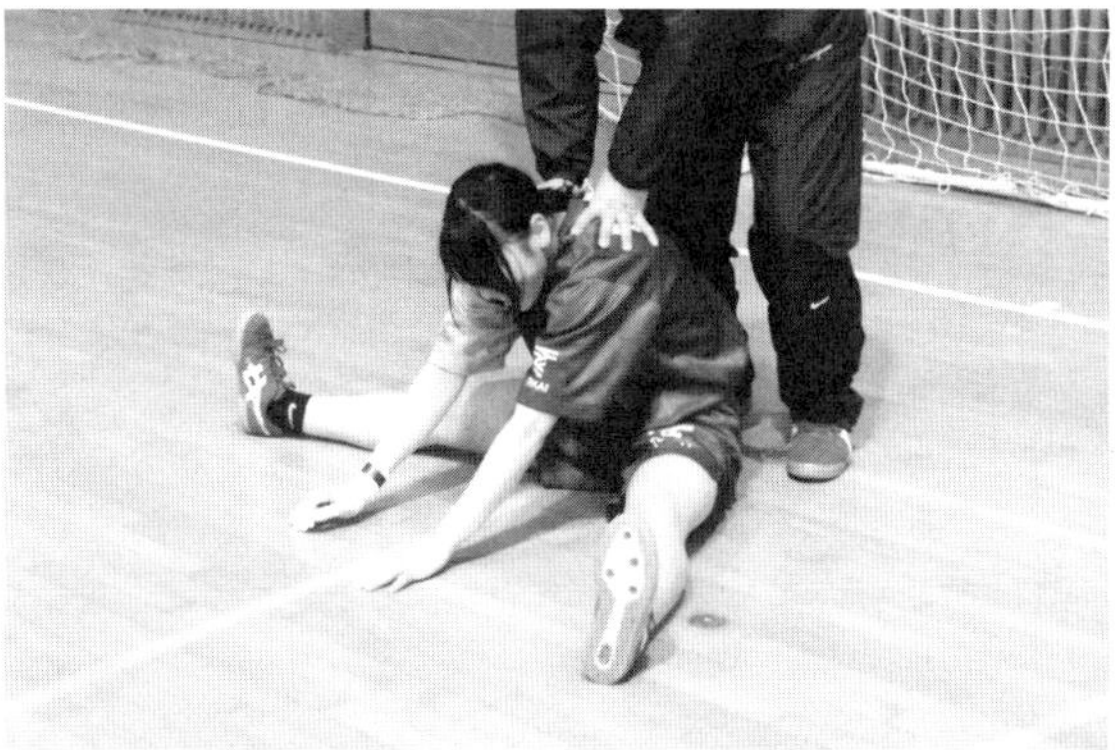
【写真33】股関節のストレッチ3

【写真32】股関節のストレッチ2

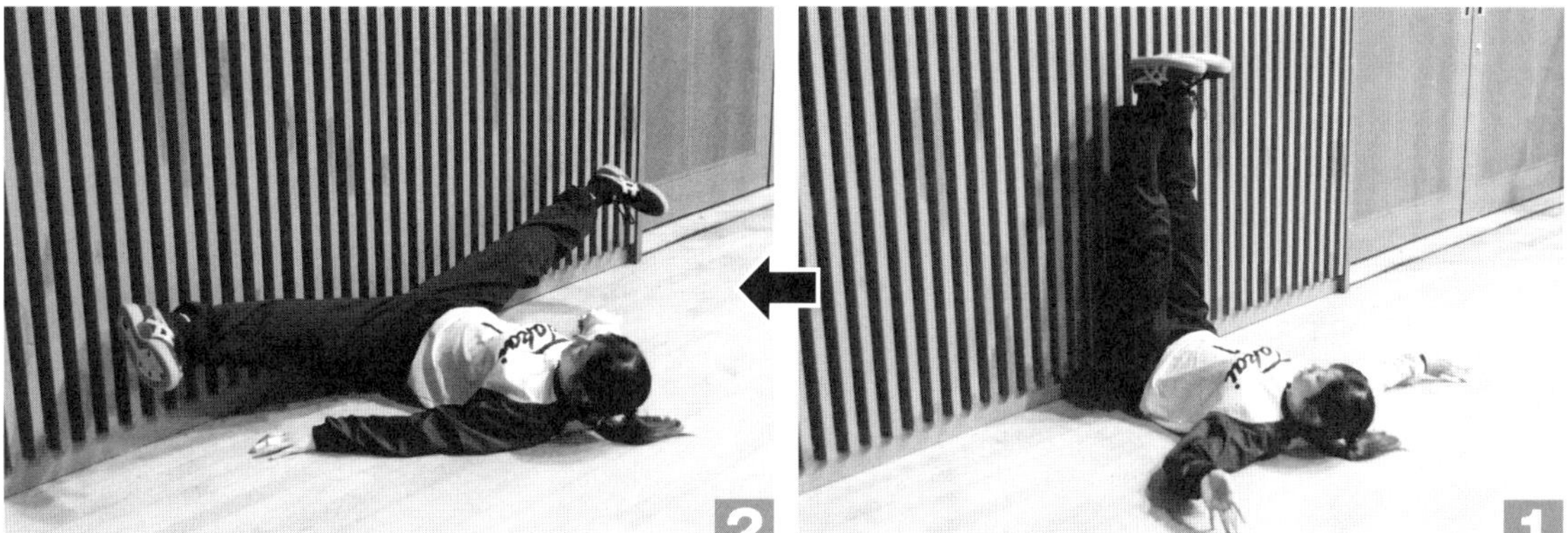

【写真34】1人で行なう股関節のストレッチ

## スライディングの体勢で

スライディングの体勢で行なうストレッチもあります。この場合、より実戦に近い形がいいでしょう。

まずは【写真35】のように脚を開き、スライディングの形を作ります。そこから脚の方向に背中を押します【写真36】。この時、GKはゆっくりと息を吐きましょう。

【写真37、38】はよりスライディングの形に近づいています。うしろの人がヒザで軽く肩甲骨を抑えながら徐々に横に倒します。ゆっくり、そして深くストレッチをしてください。

このストレッチをする時は正しい状態で行なうことが大切です。間違った姿勢でストレッチをするとスライディングができなくなりますので注意してください。

## より実践的なストレッチ

GKが片足を上げた時、お尻がうしろにいっているケースが多く見られます【写真39】。その状態を腰が

【写真35】スライディングの体勢

【写真36】スライディングの体勢からストレッチ１

【写真37】スライディングの体勢からストレッチ２

【写真38】スライディングの体勢からストレッチ３

### テクニカルコラム

### 早動きではなく、早く位置を取る
～飛田 季実子（ソニー※）～

若いころにやっていたのは、身体の中心でボールを追いかけることと柔軟体操。私はありきたりなことしかやっていませんよ。でも10年以上前に栗山さんと練習してきたことが身体に残っているから、今も現役でやれています。

私は小さい（170㎝）から「早く動きたい」気持ちはあります。でも早動きをするのではなく「早く位置取りをする」意識でプレーしています。位置取りが早く完了すれば、そこから自由に動けます。いろいろ仕掛けられるから、GKが有利になります。

※ソニーはソニーセミコンダクタマニュファクチャリングの略

お尻がうしろに
いっている

【写真39】腰砕け

床があるので
お尻が下がらない

【写真40】股関節のストレッチ４

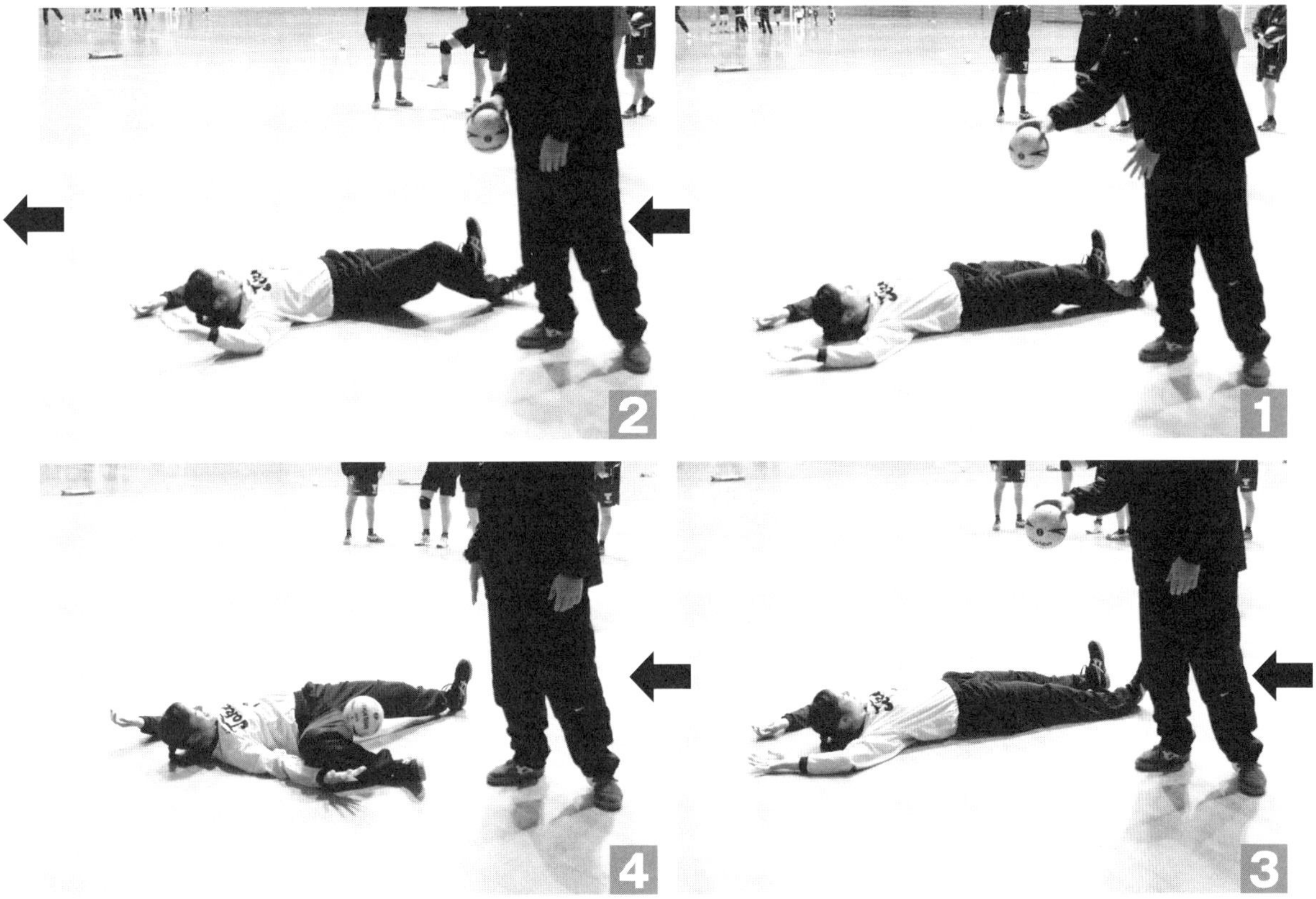
1
2
3
4

【写真41】腰砕け防止のトレーニング

砕けた、とも言います。

試合中に脚を上げた時にお尻が下がらない状態を作ることが大事になりますが、股関節に充分な柔軟性がないといい形を作ることは難しいでしょう。

腰が砕けないようにするためには床に仰向けで寝て、脚を開き、腰骨とヒザを押してもらい股関節外旋をうながします【写真40】。この状態ですと、床に背をつけているので、脚を上げてもお尻が下がることはありません。

この体勢で、次は上からボールを落とします【写真41】。落ちてくるボールに対して、股関節を外旋しましょう。慣れてきたら、ボールを落とす人はフェイントを入れたりしてもいいでしょう。こうすることで、腰が砕けない姿勢を作ることができます。

基本的な構えや、ポジショニング局面などについて解説、紹介をしました。

ストレッチについては継続的に行なってください。

## いろいろなストレッチで柔軟性を高めよう

股関節周辺のストレッチはほかにもたくさんのパターンがあります。どれが自分に合うのか試しながら、柔軟性を高めましょう。

まずは2人1組で行なうストレッチです。1人はうつ伏せになり、ヒザを外側に向けます。足の裏が内側を向くように、ヒザを90度に曲げてください。

この時、腰が浮くと思います。もう1人が腰骨あたりに手を置き、ゆっくり押してください【写真42ー1、2】。いきなり強い力で押してしまうと、股関節を痛めてしまう可能性があるので、かならず徐々に力を入れるようにしましょう。

股関節が固い選手は腰骨を押された時に足が上がるかもしれません。そうした時はうしろから押す人が足でかかとあたりを抑えて、浮かないようにしましょう【写真42ー3】。

押される側は、痛いからといって背中を反らすのはよくありません。うつ伏せで、胸を床に着けた体勢をキープしてください。

次は1人で行なえるストレッチです。座った状態から片足を前に出し、もう片方の足を横に出します。出した両足はともにヒザを90度に曲げてください。前に出した足は内側、横に出した足は後方に向きます【写真43ー1】。その体勢から上体を前に倒していきます【写真43ー2】。

ヒジが床につくくらい前に倒したら、そのままの体勢を維持してください。頭が床につくくらいがベストです。そうすると、股関節周辺が伸びているのがわかると思います。

倒すのがつらい、倒す時に股関節が痛い時は、両足の位置を調整してください。前、横に出している足の位置を変えると、少しやりやすくなると思います。まずはやりやすくて股関節に痛みがない足の位置で取り組み、徐々に柔軟性を高めていきましょう。

このストレッチの注意点は、倒した時の体勢です。股関節の柔軟性がない人は、腰が浮いてしまったり、上体を倒した時に腕が床につかなかったりします。

長年GKをしている選手【写真44】と、CPの選手【写真45】では、股関節の柔軟性に差があるため、倒した際の体勢が違うことがわかると思います。

CPの選手は手が床についているものの、ヒジは浮いています。上体もまだ倒せそうです。一方、GKの選手はヒジまでついており、上体もしっかりと倒しています。腰の位置を見比べると、CPの選手がGKの選手よりも高くなっています。こう

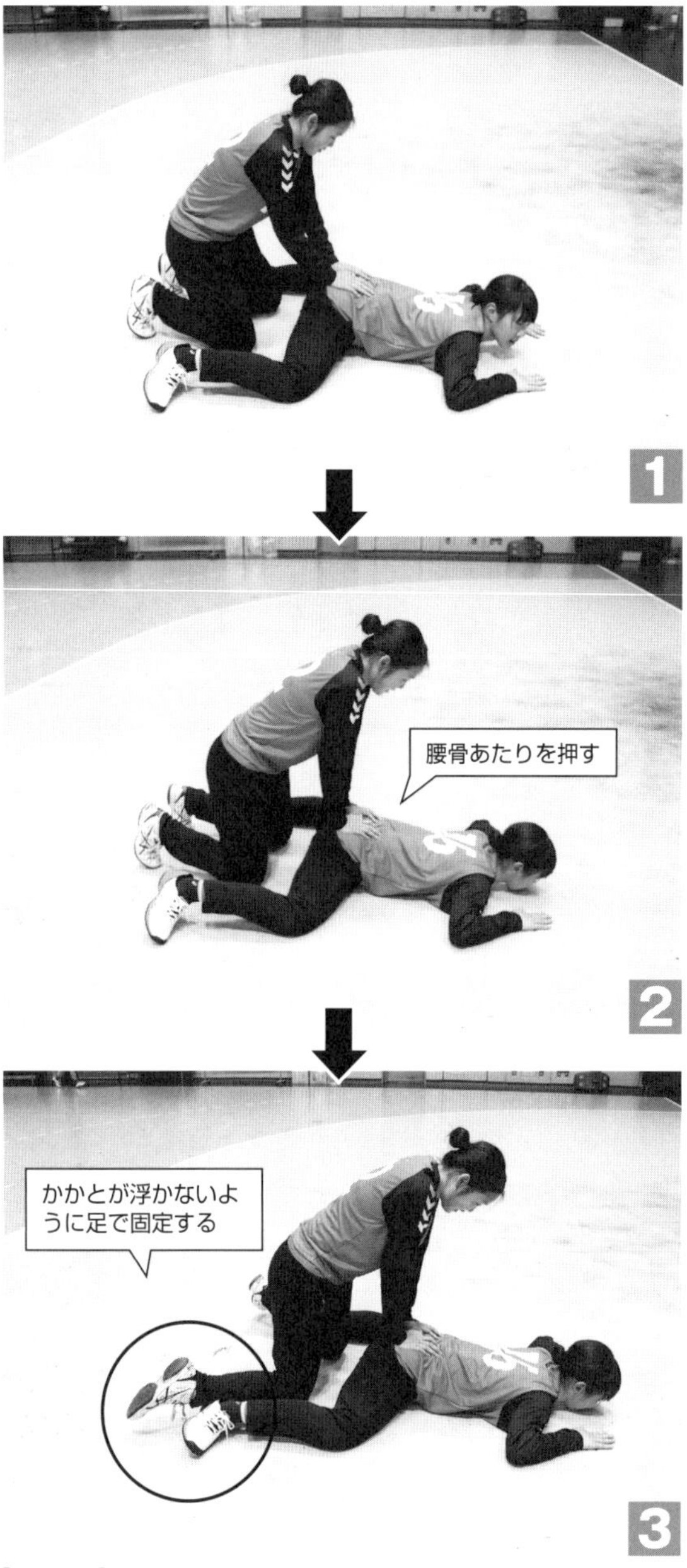


【写真42】股関節のストレッチ5

【写真44】柔軟性のチェック（GK）

【写真45】柔軟性のチェック（CP）

片方の足を前に出して、
もう片方はうしろへ
1
そのまま上体を倒す
2
腕を床につけるように倒す
3

【写真43】股関節のストレッチ6

したポイントに気をつけながら、ストレッチに取り組んでください。

最後に紹介する【写真46】は、1人でできるストレッチです。寝転んだ状態から上半身を起こし、両手で支えます。足は片足のヒザから下を横に出してください。

お尻を上げた状態から、引っ込めるように力を入れます。床の方向へ押す、と言ったらわかりやすいでしょう。こうすることで、股関節の前の部分が伸びているのがよくわかるかと思います。

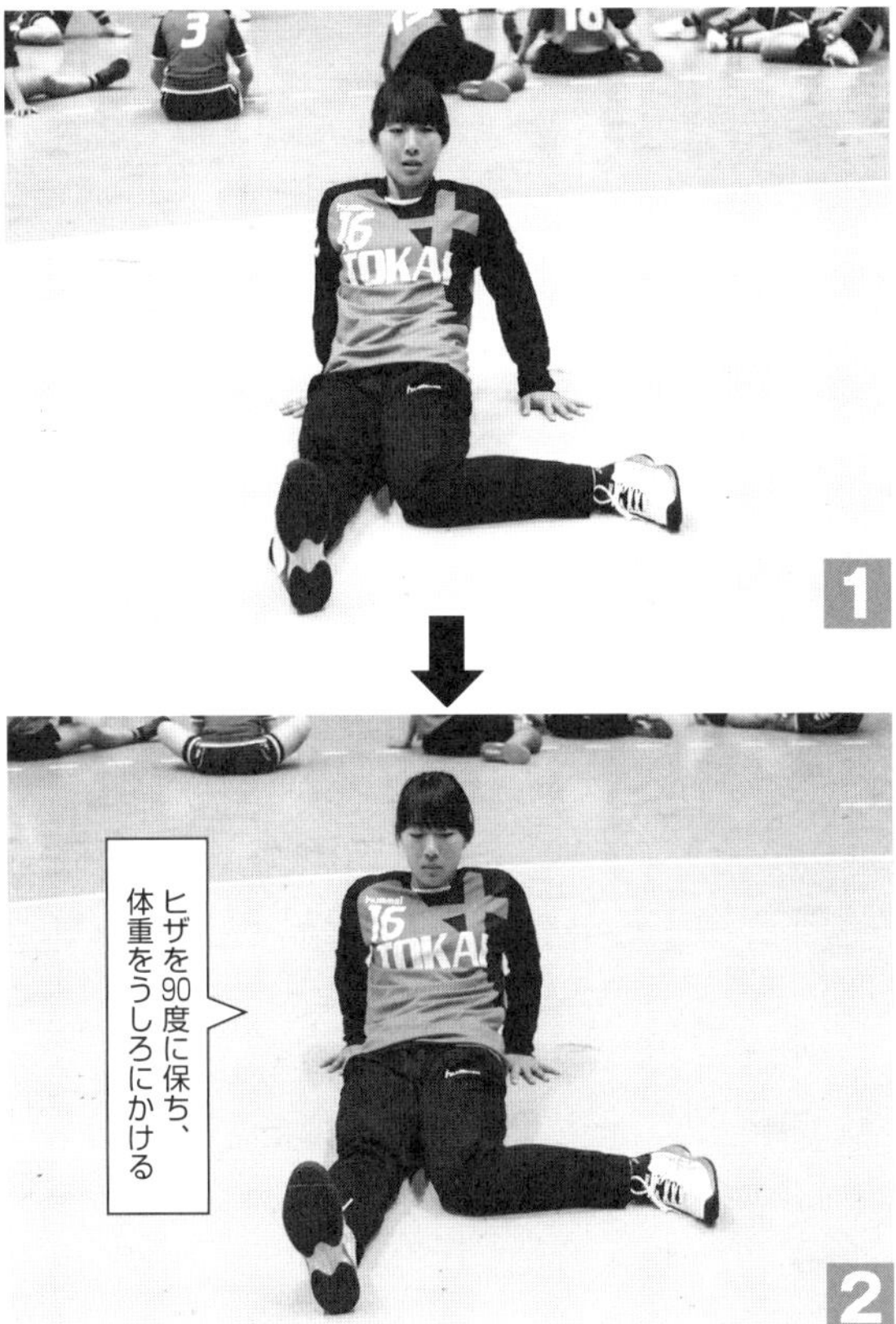
1
ヒザを90度に保ち、
体重をうしろにかける
2

【写真46】股関節のストレッチ7

TIME OUT

## 世界で戦えるGKになるには？

男女問わず、日本代表が世界選手権などの国際大会を戦った際、海外勢のシュートに圧倒されて、国内で抜群のセーブ率を残していた選手がまったく止められず苦労する、という状況がしばしば起こります。ですが、ヨーロッパのトップレベルのGKは国際大会に出ても安定したセーブ率を残します。

海外のGKと日本人GKの違いはなんでしょうか。

単純にレベル差があるので反応が遅れる、ということが考えられますが、原因はそれだけではありません。

シューターの体型的な差はその要因の1つです。女子を例にとると、海外では180㎝を超えるバックプレーヤーは少なくありません。

日本の選手からすると、いつもより10㎝以上も大きな選手が放つシュートは体験したことのない高さと角度なのです。それにいきなり対応するのは、どんな選手でも至難の技です。上下だけではなく、シューターが長身ということは腕の長さ（リーチ）も変わります。サイドシュートでGKが届かないところからシュートを打たれることもあります。

また、相手の高さ、幅に対してどういう位置取りをしたらいいのかの準備不足、という要素もあります。レベルが上がるにつれて、失点する原因は準備局面（シュートを打たれる前の局面）で後手を踏んでいることが大半です。国内での準備のままでは、海外選手と対峙した時に対応が遅れてしまいます。位置取り、動き出しなど、いつもより、より素早く、より正確に準備できるよう心がける必要があります。

セービングの仕方も点で合わせるよりも、壁のように面を作るほうがいいでしょう。これができるのが、日本女子代表・おりひめジャパンの亀谷さくら選手（写真）です。

シュートに対しての準備をこれまで以上に気をつけること、面を国内よりもしっかりと作って壁でセーブすることがポイントです。

そして、ここまで話したことは、中高生でも同じだと思います。レベルや体格において、GKが不利と言える試合であれば、それは前述の日本と世界の関係と同じ。

日本が世界に挑戦するように、強いチームを倒すことをイメージして、練習に取り組んでください。

# 第3章
# 『セービング局面』

## シュートを止める技術を理解しよう

シュートを止める場面（局面）が「セービング局面」だ。GKの動きはポジショニング局面、セービング局面で構成されている。ここからはセービング局面について解説していく。シュートを止めるための技術をしっかりと理解しよう。

POINT 1

# セービング局面とは

**GKの動きを大きく分けたうちの2つ目、セービング局面について説明していきます。**

## 相反する動きが求められる

第2章でもお話ししたように、GKの動きにはポジショニング局面とセービング局面の2つがあります。正しい位置取りを完了させたあとに、爆発的なセービングでシュートを阻止します。

セービング局面では矛盾する2つの要素が求められます。1つはダイナミックな動きです。より大きく動くことができれば、コーナーギリギリのシュートにも手足が届きます。そしてもう1つは、予備動作をなるべく減らすこと。反動をつけると遠くに届きやすくなりますが、余計な時間もかかってしまいます。時間がかかると、シュートへの反応が遅くなります。

予備動作はなるべく少なく、それでいて爆発的な動きができるように。この矛盾した2つの問題を解決するために、重力を利用したり、肩甲骨や股関節を上手に使ったりするのです。筋力や末端の動きだけに頼ると、一見動けているようで、じつは

ロスの多い動きになってしまいます。

## 矛盾だらけのポジション？

動きだけでなく、GKにはなにかと矛盾した要素が求められます。シューターが思い切り飛び込んでくるところを、勢いよく向かっていく。相手のシュートにわざわざ正対して、身体の中心で止める。いずれも本能に反する動きばかりです。人並み外れたファイティングスピリットがなければ務まらないポジションでもあるのです。

しかし矛盾が多いとはいえ、合理的な動きや考え方も必要です。むしろ合理的なものがないとやっていけないポジションです。それを「勇気」のひと言だけで片づけられると、GKはやる気をなくします。理不尽な状況に1人さらされているポジションだからこそ、合理的なよりどころがほしいのです。

この章ではセービング局面での理にかなった動きを説明していきます。身体の構造を理解して動けば、無駄なく、大きく動くことができます。

## 下がって捕るメリットもある

ポジショニング局面でつねにシューターと位置を合わせながら、セービング局面ではさらに前に詰めていきます。詰める動きはGKにとって大きな武器ですが、リスクもあります。前に詰めるメリット、デメリットを理解して使い分けましょう。

GKがゴールライン際に構えると、ゴールの横幅3メートル分をカバーしないといけません【図1】。シューターとの距離があるので反応時間を稼げますが、GKが届かないシュートも出てきます。

メリットもあります。シューターが最初の位置から移動した場合【図2】、GKは少し動くだけで対応できます。そのままの位置にいたとしても、枠内にくるシュートの範囲内ですから、対応は可能です。

## 前に詰めるとリスクもある

今度はGKが前に詰めた場合を見ていきます。【図3】のように前に詰めると、GKは3メートルも動か

【写真1】下がった時と前に出た時との見え方の違い

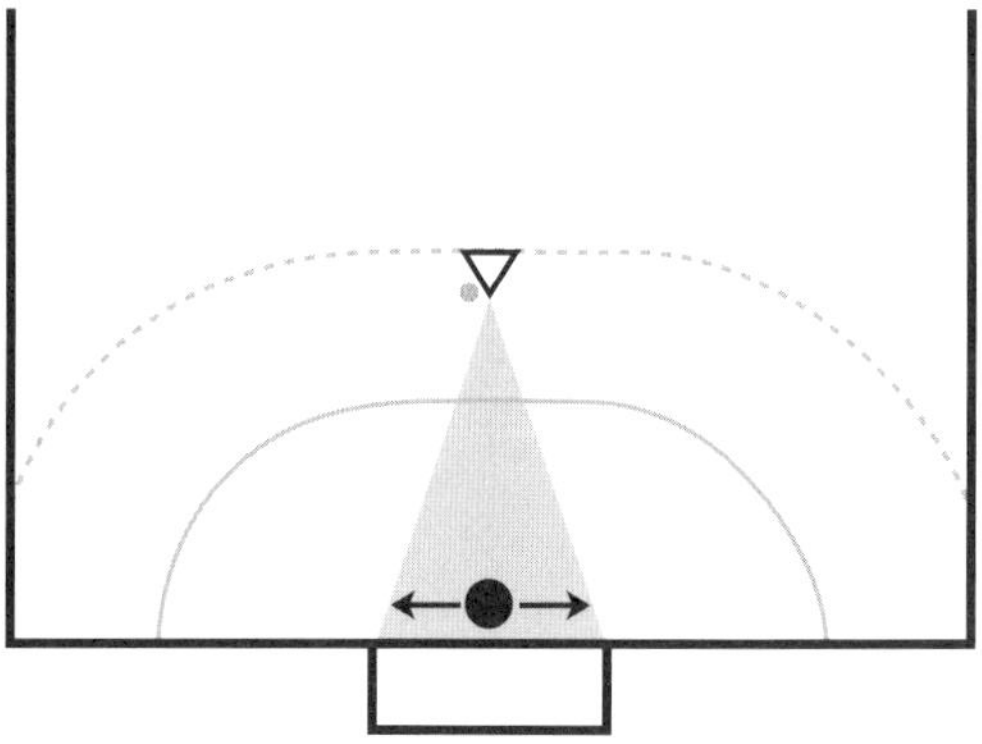

【図1】下がった時の動き1

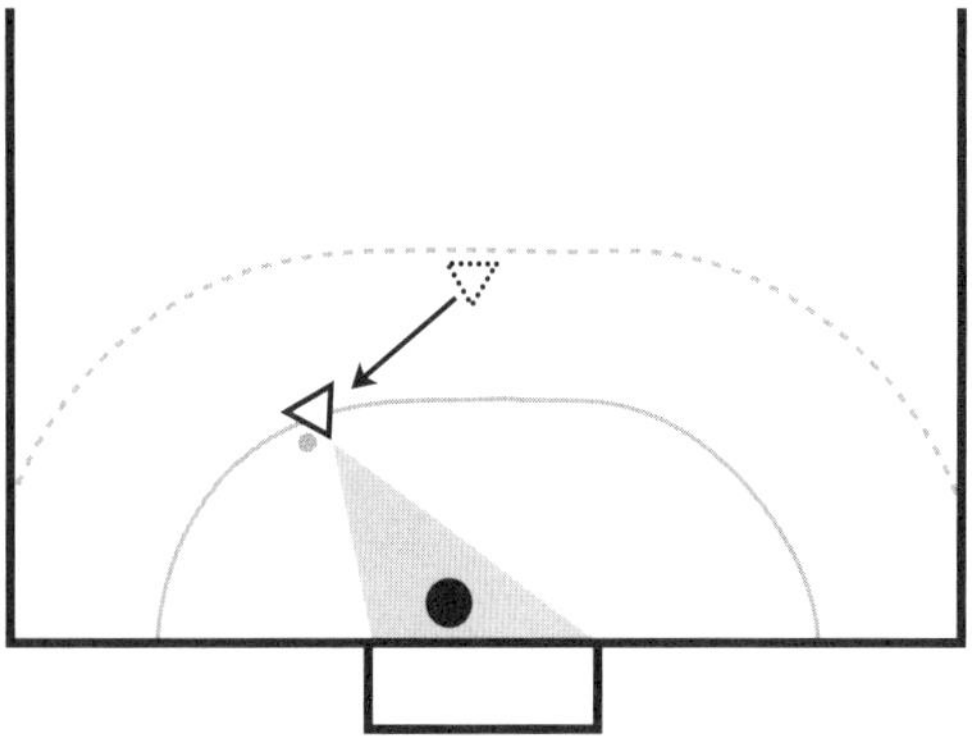

【図2】下がった時の動き2

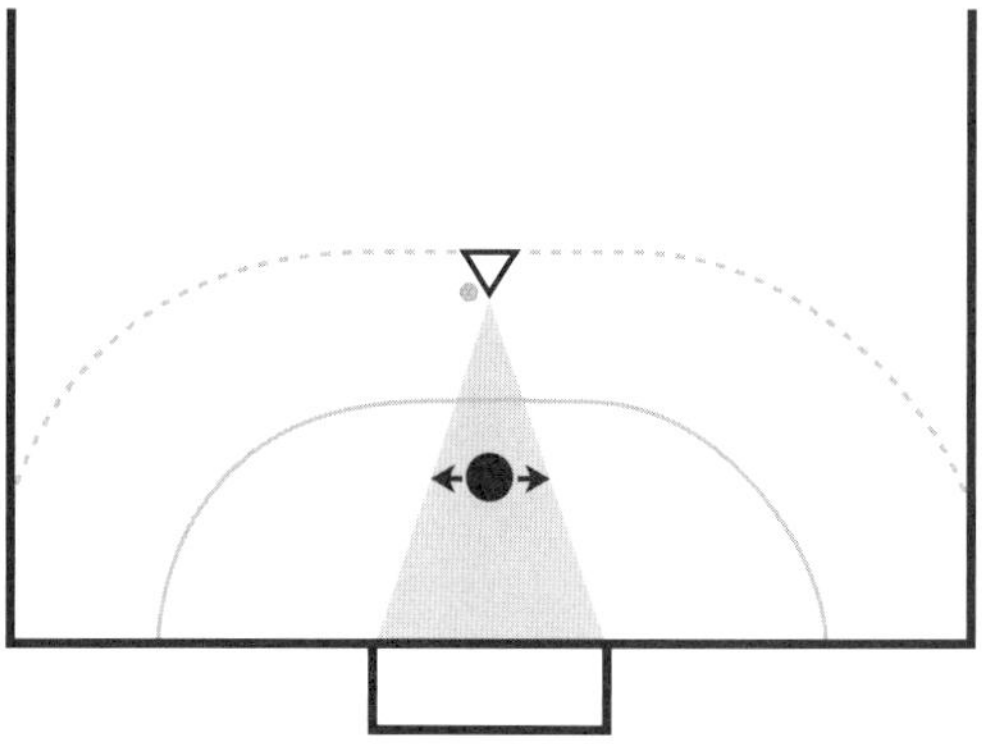

【図3】前に出た時の動き1

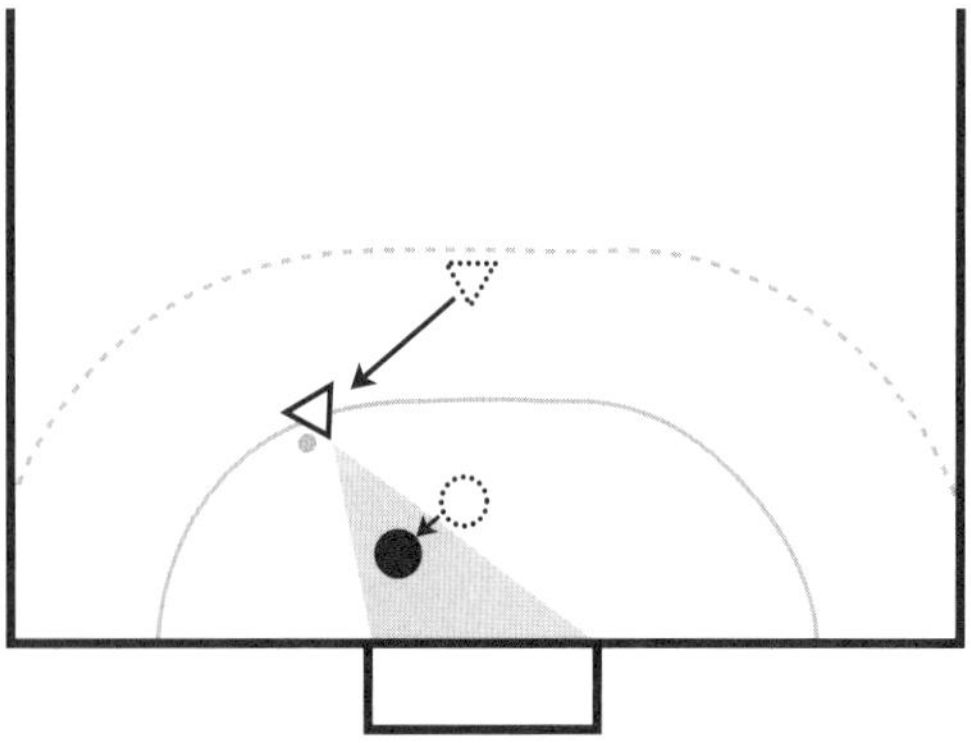

【図4】前に出た時の動き2

なくても、シュートコースをカバーできます。大きく構えるだけで、シュートコースを消してしまえます。

ところが、シューターが横に移動したり、ボールを持つ腕の位置を動かした時に問題が生じます。【図4】のようにボールが横にずれると、シュートコースもずれます。そのままの位置だと、GKは完全にシュートコースの外になってしまいます。

再び正しい位置取りをする必要がありますが、うしろで構える時よりも大きく移動しないといけません。前に詰めた状態で横に動くのは大変です。とくに大きく構えた状態からだと、一度小さくなる予備動作がどうしても入ってきます。

整理し直すと、うしろで守れば反応時間を稼げますし、相手の動きにも対応しやすくなりますが、手の届かない範囲が出てきます。前に詰めると、シュートの出どころを止めやすくなりますが、相手の横への変化に弱くなります。練習ではこの2とおりを試しながら、自分に適した位置取りを決めてください。

加藤芳規(トヨタ車体)

セービング技術を磨き、1つでも失点を減らすことに貢献しよう

## 間違ったポジショニングではセーブにつながらない

セービング局面だけをどんなに鍛えても、ポジショニングが間違っていたら意味がありません。間違った位置取りから爆発的な動きをしても、ボールには届きません。仮に届いたとしても、もう一度同じシュートを捕ることはできないでしょう。なぜなら最初の段階が間違っているので、再現性がありません。「ここに位置を取って、こう動いたから捕れた」という根拠がないと、次も「その場しのぎ」になってしまいます。

ただし上級者になると、わざと間違った位置を取って、そこからシューターを誘ったりもします。だから「位置取りが正しいかどうか」だけでなく「その位置取りに根拠があるのか」が論点になってきます。指導者は結果論だけでGKを評価するのではなく、位置取りが正しいか、位置取りに根拠があるのかを見極めてください。

まずは正しい位置取りを心がけよう

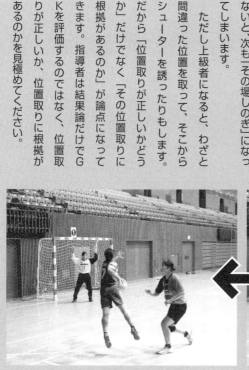

POINT 2

# 腕の出し方

**上段のボールに対しては腕を出すことになります。
無駄を省く動きとはなにかを理解しましょう。**

上段のボール、とくにゴール上の両隅（ハイコーナー）のシュートを捕る場合には、腕を最大限に伸ばす必要があります。この時に余計な反動をつけると、反応が遅くなります。なるべく予備動作を少なくして、素早く腕を出せるよう心がけます。

予備動作を少なくするには、手先から動くのではなく、肩甲骨から動き出します。肩甲骨がスムーズに動かせるように、最初の構えではヒジを肩よりも前に置きます**【写真2】**。肩甲骨をスライドさせるようにボールに近づいていくと、腕も自然と伸びていきます。一般的には「肩から先が腕」ですが、「背骨から腕が生えている」ようなイメージがあると、肩甲骨を動かしやすくなります。

悪い例も確認しておきましょう。腕だけで動こうとすると、一度構えた状態から腕を下げた反動を利用したくなります。最初の構えが窮屈だと、そのまま腕が伸ばせません。**【写真3-3〜5】**のように反動をつけてしまうので、シュートへの反応が遅れてしまいます。

**【写真2】** 時間のかからない腕の出し方

【写真3】時間がかかる腕の出し方

POINT 3

# 肩甲骨を動かすためのトレーニング

**肩甲骨を自由に使えることが腕の出し方にもつながります。柔らかく、かつ柔軟に動かすためのストレッチを紹介します。**

腕を出す時、肩甲骨をうまく使えるかで、もうひと伸びできます。【写真4－1】と【写真4－2】を見比べれば、その違いがよくわかると思います。このひと伸びで捕れる範囲も変わってきます。

このように、腕の可動を増やすには肩甲骨周りの柔軟性を確保することが重要です。ここからは肩甲骨周りのストレッチをいくつか紹介していきます。股関節と同様に普段から行なうことが大切です。

まずは2人1組になり、GKは【写真5】のように、腕を頭の上に組みます。もう1人は背中にヒザを当てて、腕をゆっくり引っぱり上げます。GKが息を吐いている時にグーッと引っ張ってください。

次は【写真6】のように横になります。この状態で、腕を動かすと肩甲骨がくっついて動きます。その肩甲骨を抑えましょう。抑えた状態で腕を伸ばしストレッチしてください。

また、肩甲骨はいろいろな方向にストレッチする必要があります。肩

1

肩甲骨を使うと伸びてくる
2

【写真4】腕の出し方の違い

背中にヒザを当てる
1

腕をひっぱり上げる
2

【写真5】肩甲骨のストレッチ1

を包み込むように持ち、肩全体を回してください【写真7】。内回し、外回し両方ゆっくりとしてください。このようにストレッチしたあとは、肩甲骨が充分に動くはずです。

続いては【写真8－1】のように肩甲骨の下側を持ちます。そして肩甲骨を持ちながら肩を回してください【写真8－2】。

こうしたストレッチを継続して行なうことが肩の動きを引き出すことにつながります。

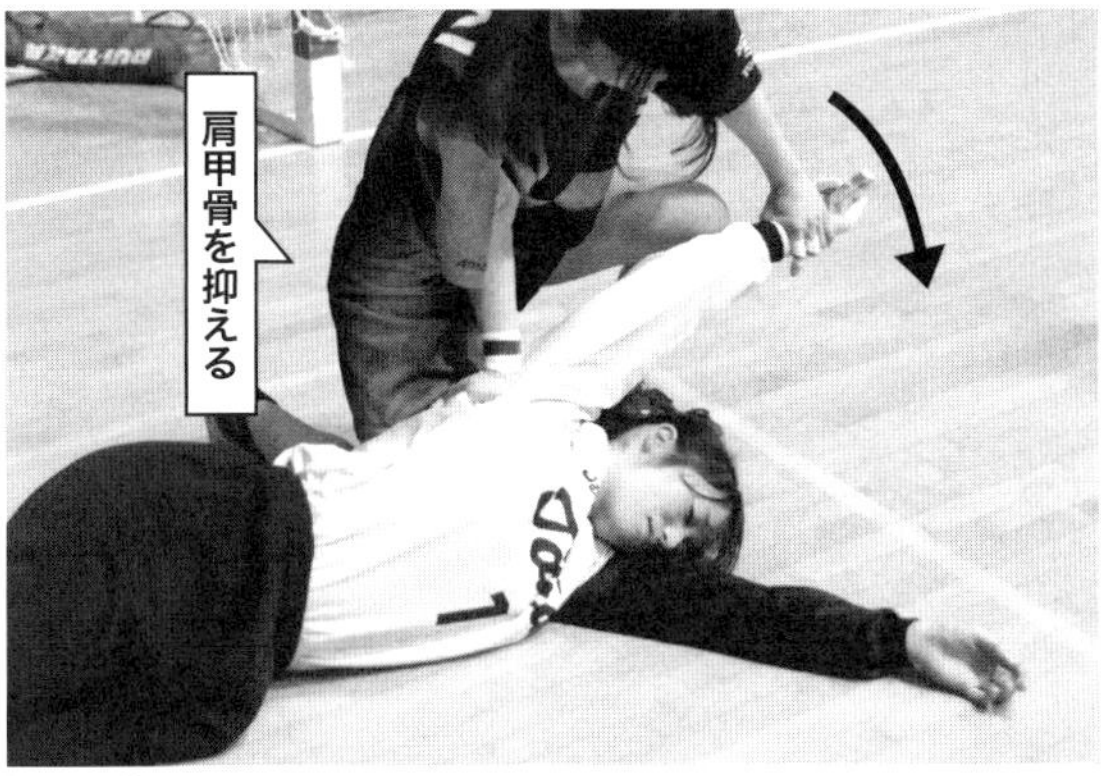
肩甲骨を抑える
【写真6】肩甲骨のストレッチ2

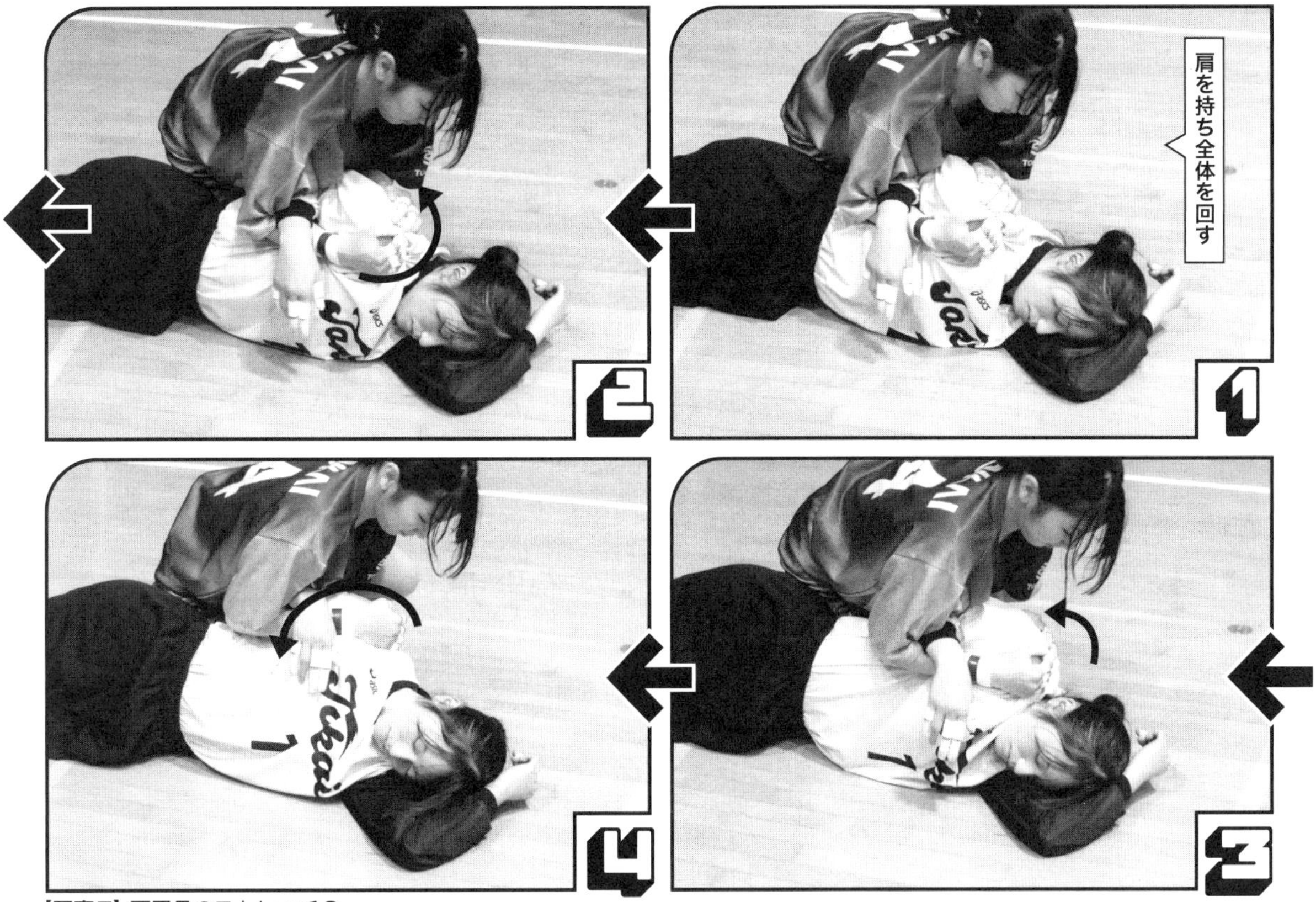
肩を持ち全体を回す
【写真7】肩甲骨のストレッチ3

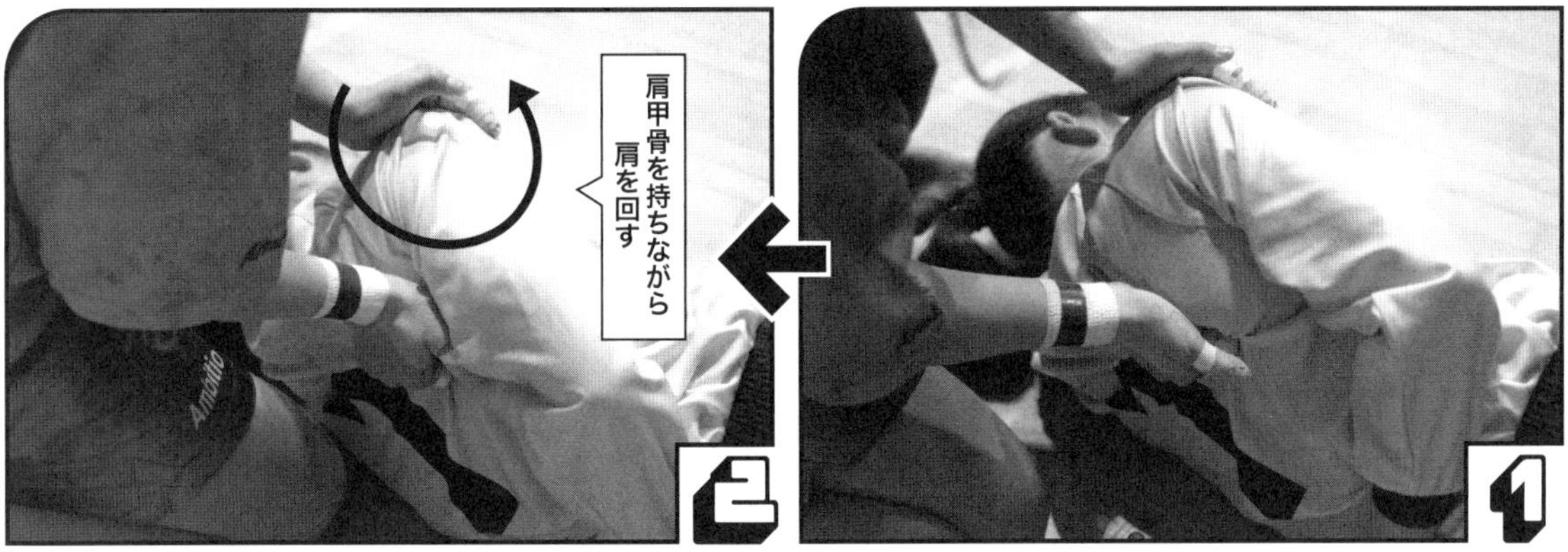
肩甲骨を持ちながら
肩を回す
【写真8】肩甲骨のストレッチ4

POINT 4

# スライディング

**下段のシュートに対してはスライディングが有効です。ちょっとした工夫で簡単にできるようになります。**

下段のシュートへの対応は、第2章の24、25ページで紹介した「身体の中心で動くイメージ」が大前提になります。

バランスよく立っている【写真9ー1】の状態から、わざとバランスを崩してシュート方向に倒れようとします【写真9ー2】。重力に任せて倒れるような感じです。しかし、そのままだと床にぶつかってしまうので、倒れないよう右足を出していきます【写真9ー3】。右の股関節を外旋させると、スムーズに右足が出ます。

最終的には【写真9ー4】のように、身体の中心部からボールに近づく形になります。

スライディングも理屈は同じです。バランスよく構えている【写真10ー1】の状態から、わざとバランスを崩して、シュート方向に身体を倒していきます。写真だけだと左足で地面を蹴っているようにも見えますが、実際にはほとんど蹴っていません。それよりも「倒れる」意識の方が重要です。

【写真9】脚の出し方

右足を出す時は、右の股関節を外旋させる動きからスタートします。違いが出てくるのは【写真10－3】のところです。

【写真9】では倒れないよう、右足を踏み出しましたが、スライディングでは右足のカカトで滑っています。右足のつま先を上げる意識をすると、カカトで滑りやすくなります。

【写真11】は悪い例です。身体を倒さずに、左足だけで蹴ろうとしているから、一見動いているようですが、実際には動きが小さくなっています。ゴールの下隅にも足が届いていません。

**スライディングの動画をQRコードから見てみよう!!**

【写真10】スライディング

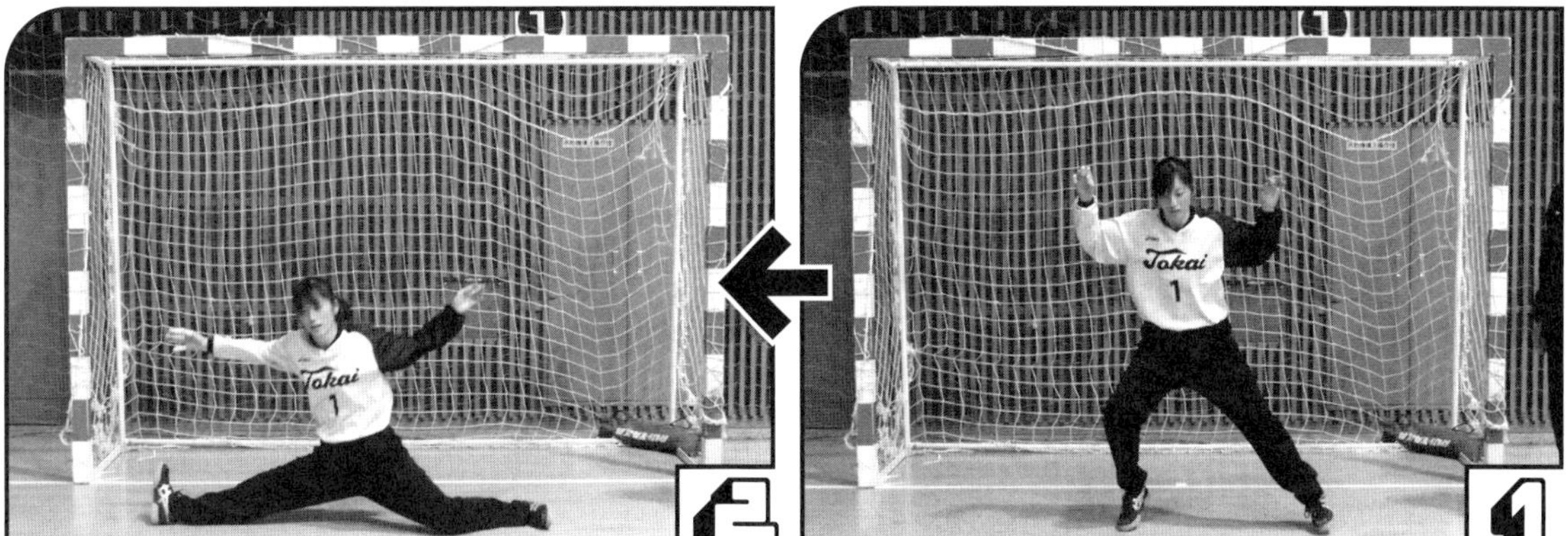


【写真11】悪いスライディング

POINT 5

# スライディングのトレーニング

**スライディングをよりスムーズにできるようになるためのトレーニングです。**

下段へのセーブでカカトを突き出せば、スライディングになりますが、形ができていないとダメです。

スライディングの正しい形を作るために、段階を踏んでいくのがいいでしょう。

最初は寝転んだ状態から反動をつけて起き上がり、脚を開いてスライディングの形を作ります**【写真12】**。もちろん、左右両方とも練習してください。

座った状態からのスライディングができたなら、次は立った状態から行なってみましょう**【写真13】**。股関節外旋から、さらにカカトを突き出すイメージです。

スライディングのトレーニングで注意してほしいのは最後の場面。**【写真14−1】**のように、身体がつぶれているのではいいセービングになりません。

必ずシュートに正対した状態の**【写真14−2】**を作ることを意識してください。寝転んだ状態でも、立った状態でもこの形をしっかり作ることが大事です。

**【写真12】** スライディングのトレーニング1

【写真13】スライディングのトレーニング2

【写真14】スライディング時に注意すべき手の出し方

テクニカルコラム

## 下段のボールへの対応

～田口 舞（ザ・テラスホテルズ）～

下段のボールを捕るためには柔軟性が必要です。私も毎日お風呂あがりにストレッチをしています。スライディングも毎日の練習に取り入れた方がいいですよ。初めは怖さがあると思いますけど、慣れてしまえば「ドンドン滑っちゃえ！」って感じになります。

手で捕りにいくと一点でしか捕れませんけど、スライディングなら下段のコース全部をカバーできます。上のボールを意識しすぎると、重心が上に行って、下段への対応が遅れるので、我慢して重心を下げておくこともポイントです。

POINT 6

# ボールの当て方

**セーブする時にただ手を出すだけでは
ケガにつながることもあります。
当てる場所を意識するだけでケガの発生率が低くなります。**

ボールの処理の方法は、叩き落としたり、ヒジを引いたりとさまざまな方法がありますが、いずれにしてもボールを確実にミートする必要があります。

私が考える処理方法は、ひと工夫するだけです。腕の当て方を例に解説していきます。

【写真15】と【写真16】を見てください。2つの写真とも、ミートした場面の写真ですが、違いがわかりますか。

ミートした時の親指の向きを見てください。【写真15－2】では腕をそのまま横に出し親指が上に向いていますが、【写真16－2】では腕を少し内側にひねっているので、親指が前に向いています。ちょっとした違いですが、これが大きな違いになります。

このひねる動きを「回内《かいない》」と言います。回内を入れることで【写真17】のような逆ヒジを防げます。ケガを防止する意味も大きいです。同時に、腕をひねっているので、身体の近くにボールを落とすことができ

【写真15】ボールの当て方1

【写真16】ボールの当て方2

ます。自分の近くにボールを落とせれば、すぐにパスを出せます。ミートする時は回内を意識して、突き出すように手を出してください【写真18】。【写真19】を見ればミートポイントの違いがわかると思います。

　そしてミートする時は手のひらは避けてほしいところです。手のひらで当てるとなると、どうしても身体をすぼめるような形になります。身体全体を持っていき、なるべく手首よりも内側の部分でミートするのがいいでしょう。

強いシュートを受けた時に
ヒジを痛めることもある

【写真17】手首をひねらない状態で当てる

1
2
回内の動きを入れる
3
4

【写真18】ひねりを入れてボールを当てる

そのまま手を
出した状態
1
回内を入れて
手を出した状態
2

【写真19】ボールを当てる面の違い

POINT 7

# 融合局面

**試合中ではポジショニング局面とセービング局面が絶えず入れ替わり局面が融合しています。2つ別々で考えるのではなく、同時に考えましょう。**

## 融合局面に対応する

GKの動きをポジショニング局面とセービング局面に分けて説明してきましたが、この2つの局面が重なり合う融合局面が、実際の試合には出てきます。そして融合局面に対応できる選手ほど、無駄な動きがなく、技術が高いと言えます。これはすべてのスポーツに共通する要素です。

例えば野球の内野手の場合、ゴロを捕る局面と、ボールを送球する局面があります。そしていい内野手ほど、捕ると投げるが一体化しています。ゴロを捕る練習やスローイングだけの練習を繰り返しながら、最終的には2つの局面を融合させて、どれだけ無駄をなくしていくか。これが間一髪のプレーをアウトにできるかどうかの分かれ目になります。

同じことはハンドボールでも言えます。ポジショニング局面では相手の攻撃を予測しながら、正しい姿勢で正しい位置取りを繰り返します。セービング局面では無駄のない動きで最大限の爆発力を引き出そうとします。それぞれの練習も大事ですが、試合では2つの局面が融合した部分がより重要になってきます。

正しい姿勢で位置取りが完了していれば、セービングの動き出しにもつながります。ポジショニングが上手なGKは、次への準備ができていると言ってもいいでしょう。

## 人工的なトレーニングをするな！

元日本男子代表のオレ・オルソン監督はよく「人工的なトレーニングをするな」と言っていました。試合のある局面だけを切り取って練習していると、現実味が削がれてしまうからです。オルソンの言葉をGKの練習に当てはめてみると、よくわかると思います。

これまでのGKの練習は、セービング局面だけを切り取ったものがほとんどでした。相手の位置に合わせることや、相手の動きを見てパスかシュートかを判断する練習がほとんどありません。勝負のカギを握る融合局面のトレーニングを、もっと取り入れた方がいいでしょう。

飛田季実子（ソニーセミコンダクタマニュファクチャリング）

GKは無駄の少ない動きが、高い技術とともに要求される

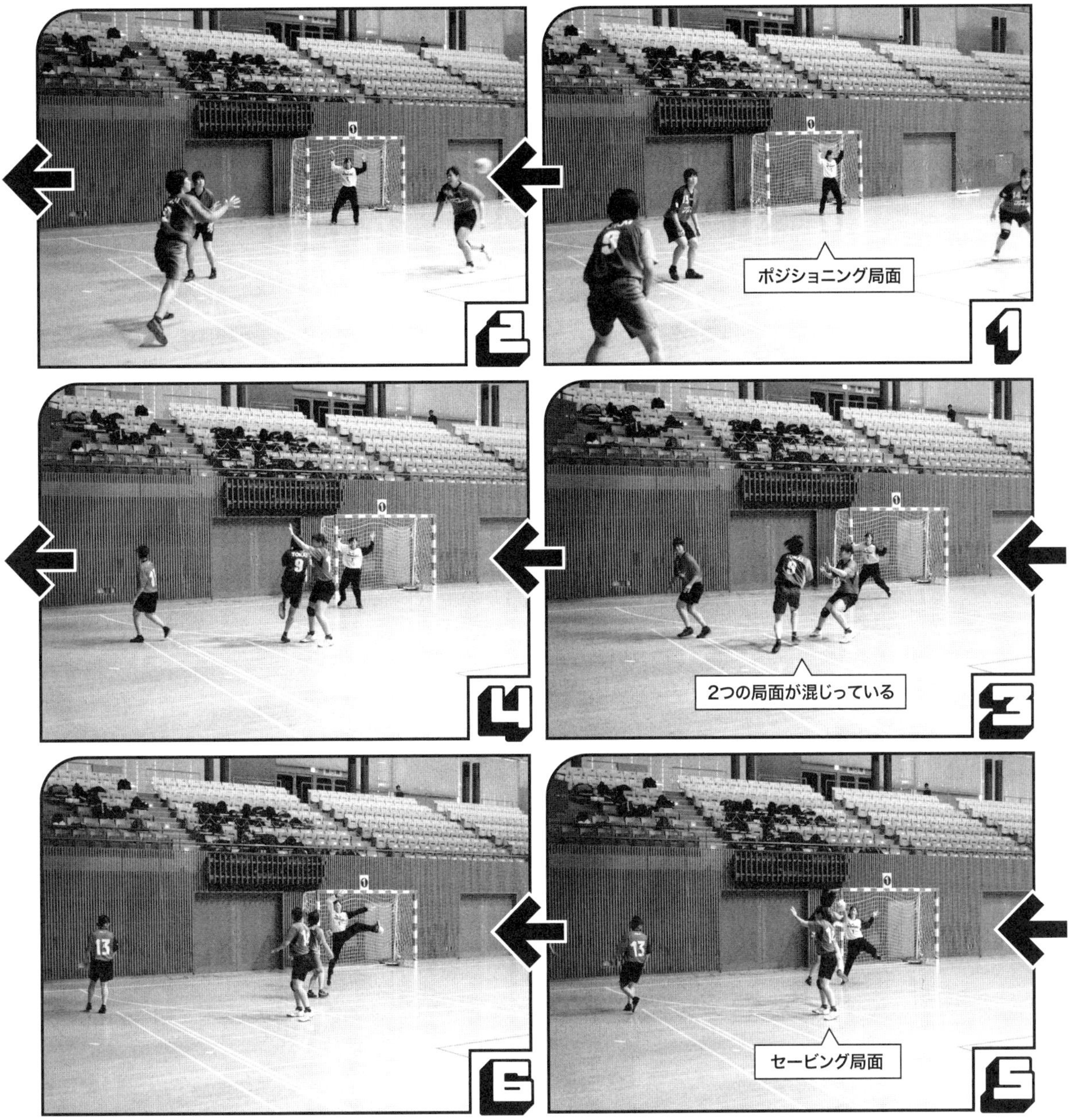


【写真20】局面融合

## テクニカルコラム

### 親子二代の蛙跳びキーピング

～大畑 俊輔（元・HONDA）～

蛙跳びキーピングは父（孝広さん。ロサンゼルス・オリンピック代表）の得意技。僕は高校時代に父から教わりました。ノーマークシュートに対して前に詰めて、その場で一度しゃがんでから、大きくジャンプします。ポイントは小さく構えて、大きく跳ぶこと。父からは「先に動いたら負けだぞ。よくボールを見ろ」と言われてきました。しゃがむことでゴールの上がら空きになりますけど、一瞬でも相手をビックリさせたら勝ち。相手がノーマークで、思い切って勝負したい時に使っています。

POINT 8

# 複合的なトレーニング

***ポジショニング局面、セービング局面を分けずに行なうトレーニングを紹介していきます。少人数でできるものもあります。***

## ラダートレーニング

まずはラダーを使ったステップワークのトレーニングを紹介していきます。このトレーニングで敏捷性《びんしょうせい》を鍛えましょう。

ラダートレーニングはどのようなステップをしてもかまいせん。細かいステップで前に行くものや、内側と外側交互に足を出すものなどがあります。最初はうまくできないかもしれませんが、2～3回繰り返すとすぐにできるようになります。慣れたら新しいステップに取り組むようにしてください。実際の動きに近づけるように、構えながら行なうのがいいでしょう**【写真21】**。

ラダートレーニングはゴールデン・エイジ（9～12才）に行なうのがいいですが、それ以降でも敏捷性は充分に鍛えられます。

さらに実戦に近づけたのが**【写真22】**。ラダーをゴール前に半円に置くことで、試合中のポジショニングと同じ動きになります。この練習ではシューターに正対する意識を忘れずに。

ステップを踏む時に、パスキャッチを繰り返すことで、観察、判断をしながら行なうことができます。こうしたトレーニングもGKには必要です。

同じような練習で、ラダーをゴールの前に設置し、前へのステップ練習からセービング局面への移行ができます**【写真23】**。

セービング局面に移る時は、シューターがどのような動きなのか予測して動きましょう。

このような練習を繰り返すことで、素早く、巧みに動くことができます。

**ラダートレーニングの動画をQRコードから見てみよう!!**

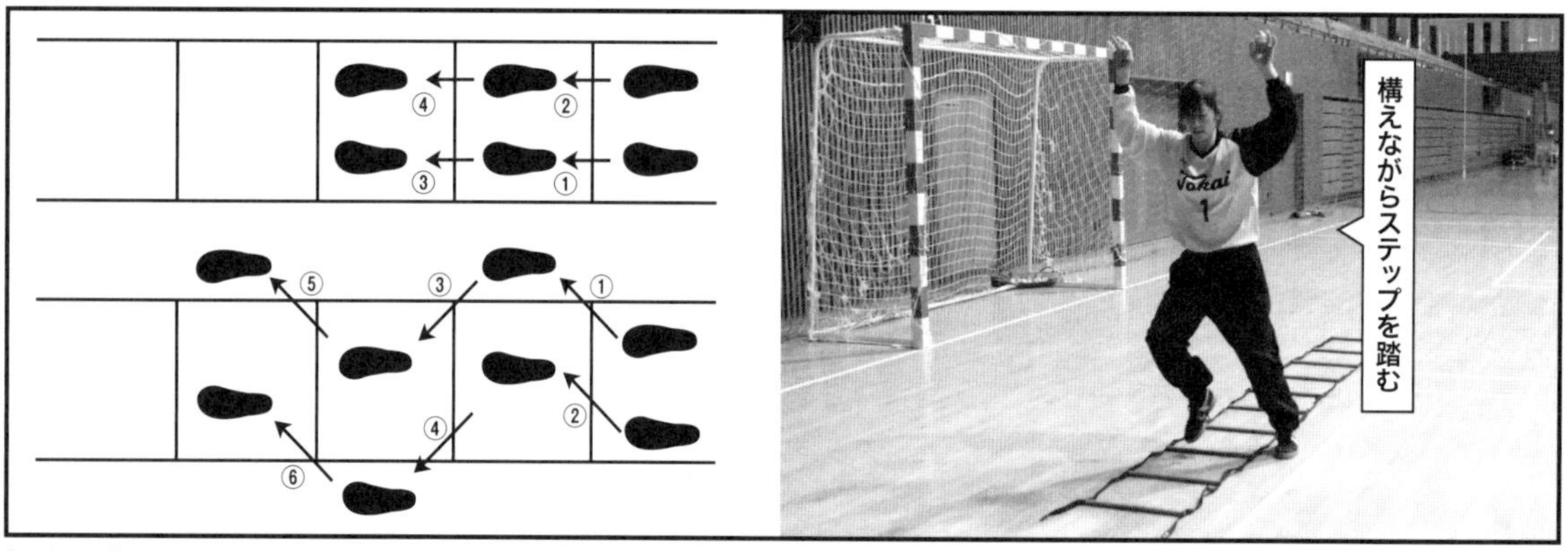


**【写真21】** ラダートレーニング1

1
2
ステップをしながらボールをキャッチ
3
4
パスキャッチを繰り返す

【写真22】ラダートレーニング2

1
2
3
シューターの動きを予測しながらセービングへ
4

【写真23】ラダートレーニング3

## ボールを使ったトレーニング

次に局面を合わせたトレーニングとしてボールを複数使ったものを解説していきます。少人数で簡単にできるものなので、雨の日などグラウンドが使えない時に行なうのもいいでしょう。

まずは【写真24】のように2人1組になり、1人がボールを2つ持ち、前に出してください。その状態からどちらかのボールだけを落としましょう。

GKは落とされたボールに反応して、床に落ちる前に拾ってください。股関節にためがあり、バランスよく構えていないと、落ちるボールを拾うことができません。このトレーニングでは、判断と選択が鍛えられます。

これを実戦的にしたものが【写真25】です。

今度は3人1組になり、ボールを3つ使用します。GK以外の2人は1つずつボールを持ち、残りの1つでパスをします。GKはパスに対して、正対するようにポジショニングしていきます【写真25ー1〜6】。

パサーが【写真25ー7】のように構えたら、【写真24】と同じようにGKはバランスよく構え、落ちるボールに反応しましょう【写真25ー8】。パサーが構えるのはシュート体勢に入るのと同じですから、GKは先に位置を取ることを意識しましょう。

このトレーニングは、判断と選択にポジショニングを加えたものになります。

パサーはGKに充分にポジショニングさせるために、パスはゆっくりで構いません。

**ボールを使ったトレーニングの動画をQRコードから見てみよう!!**

【写真24】局面を合わせたトレーニング1

【写真25】局面を合わせたトレーニング2

## 局面を合わせたトレーニング

最後に紹介するトレーニングはポジショニング局面とセービング局面を合わせたものです。それぞれの局面を独立して考えずに練習してください。

基本的には、パスを受ける選手に対して素早く位置を取り、シュートに対してセービングしていきます【写真26】。

この時、位置取りが遅かったり、ずれていたら、実際の試合でも同じようなミスが発生します。日ごろの練習から気をつけましょう。

【図5】、【写真27】のように、ゴールから少し離れた場所にパサーを3人立たせます。1人はゴールの正面、ほかの2人はゴールの横側に立ち、3人で三角形を作るようにします。使用するボールは1つ。3人のボール回しに対して、GKはボールを持つ人に正対していきます。

パサーの3人がそのまま立っていたら、GKは相手がどのように動いてくるかを判断する必要がなくなります。

ですが、実際の試合では、攻撃側の選手はボールをもらう位置を微妙にずらしてきます。つまり、同じ位置取りではずらされてしまいます。

この練習でもどの位置に立てばいいのかしっかりと判断する必要があります。そのためにも、中央にいるパサーは【写真27－6】のように、わざともらう時に左右へずれる動きを入れましょう。

GKはこの動きを予測、判断して、正しい位置を取ること。そこから、シュートがくるのであれば、セービング局面に移行していきます【写真27－8】。

**局面を合わせたトレーニングの動画をQRコードから見てみよう!!**

【写真26】ポジショニング局面からセービング局面への移行

- ●真ん中のパサーは左右にずれてボールをもらう
- ●GKはずれを予測、判断して正確な位置取りをする

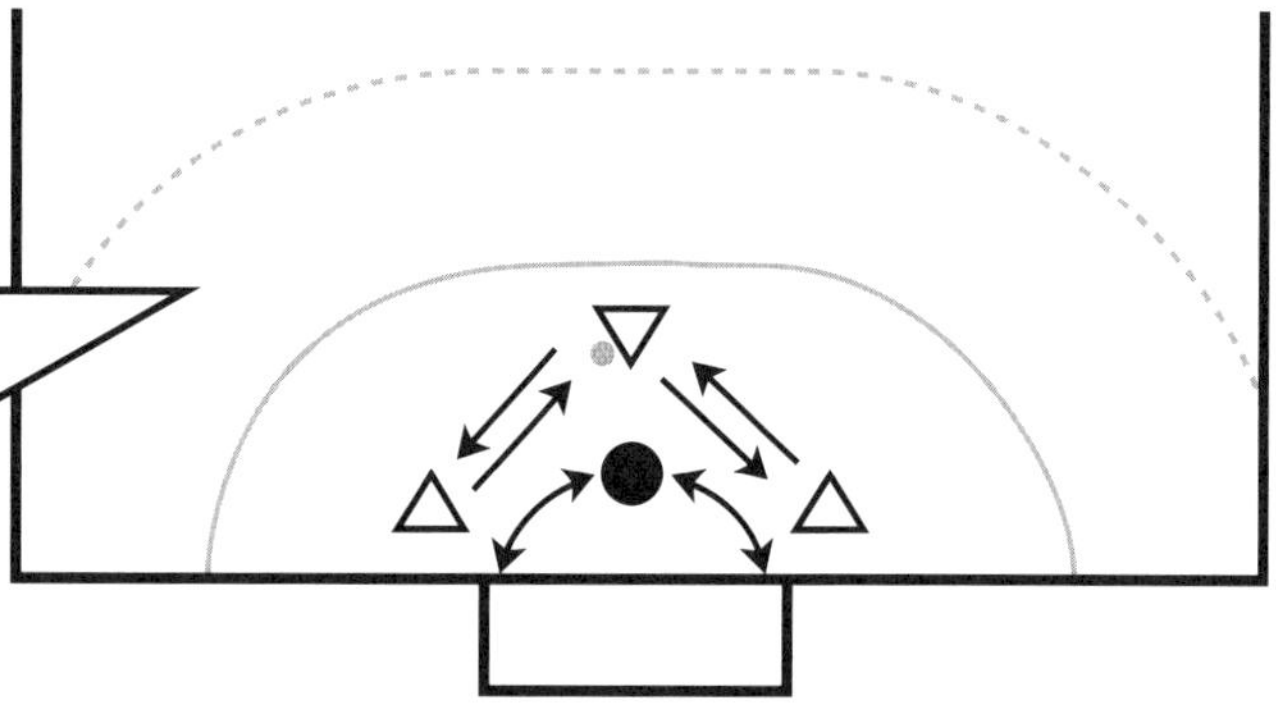

【図5】局面を合わせたトレーニング3

【写真27】局面を合わせたトレーニング4

TIME OUT

# 立体的に考えよう

トップレベルの戦いにおいて60分間、つねにゴールライン上に立っているGKはほとんどいません。なぜなら、前に出るなどして、相手シューターと駆け引きをしているからです。

前に出る（詰める）メリットは46ページでもお話ししたとおり、カバーできるエリアが増えることにあります。そうすることで、相手のシュートコースをせばめることにつながります。ただし、前に出ることで、シュートに対応する時間が短くなるなどのデメリットもあることを忘れずに。

また、「前に出る」ということについても、もう1つ考えてほしいことがあります。それは、ハンドボールは立体のスポーツということです。

作戦盤などでは二次元でしか表現できず、前に出ることのよさがめだちます。ですが、立体で考えると、左右、前後に加え、上下のスペースが生まれます。

**図1**を見てください。GKの位置取りを上から見ています。前に出ている状態と下がっている状態の違いがよくわかると思います。

では、この状況を横から見てみましょう（**図2**）。横から見ると違いが出てくるのは上のエリアです。例えば、ほかの選手よりも高い打点でシュートを打つ選手がいたとします。その選手が高打点からシュートを打ってくるとどうなるでしょうか。前に出ているGKは、点線で示しているシュートの弾道まで距離があります。対して、下がっているGKはほとんど距離がありません。前に出ている状態では、このように打点の高いシュートを止めるためにジャンプするしかありませんが、そうなると横の動きができなくなります。

【図1】

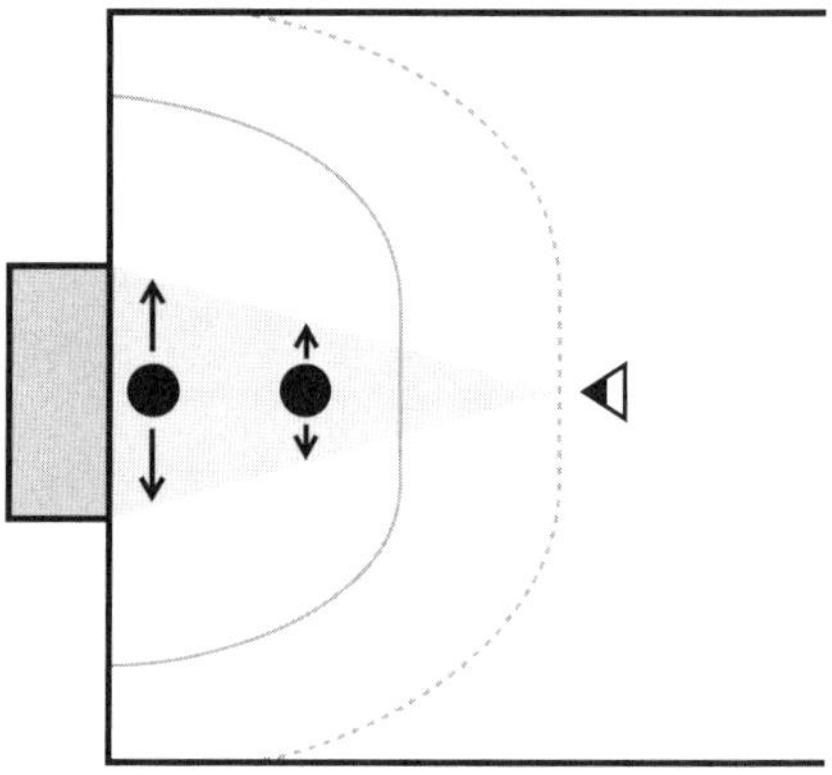

【図2】

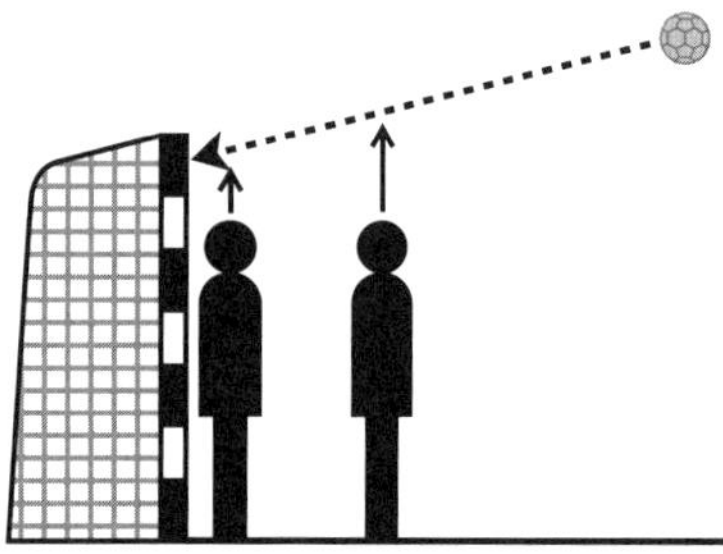

ゴールの高さは2mと決まっていますが、シュートの打点の高さは決まっていません。レベルが高くなるほど、選手が大きくなるほど、打点は高くなっていきます。

このように、ただ前に出ていればシュートを止められる、というわけではありません。状況によってどのようなシュートがありえるのか、それに対してどのような位置を取るのがベストなのかをつねに考える必要があります。

ゴールを平面と考えず、つねに立体のものと考えるようにすることが、セーブ率を上げることにつながるはずです。

# 第4章
# 『状況別セービング』

## どのような状況かを瞬時に判断する

第2、3章でポジショニング局面、セービング局面、そして2つの局面が融合する時についてお伝えしてきた。ここからは、より実戦に近い状態で、状況判断をしながらのセービングについて解説していく。

# 状況に合った位置取りをしよう

第2章ではポジショニング局面、第3章ではセービング局面を中心にお話ししてきました。この章では2つの局面を合わせた状況が、実際の試合の中でどのようにして起こるのか。また、それに対する考え方、対策などを解説していきます。

いいセービングのためには、相手のシュート状況を適切に判断し、それに対してポジショニングをすることが大切になってきます。これまでお話ししたように、そこでいい準備（ポジショニング）ができていないと、いいセービングにつながりません。

そして、相手に自分の止めやすい場所にシュートを打たせる「駆け引き」も重要になってきます。誘い込ませるのもテクニックの1つです。

ここからは6つの状況を例に説明していきます。ディスタンスシュート、サイドシュート、ポストシュート、速攻、2対2。サイドシュートはコーナーから飛び込むものと、サイドライン際をラウンドして（走り込んで）くるものの2つに分けて考えてください。

## サイドシュート1

コーナーから飛び込んでくる時の対処法

➔75ページへ

## ディスタンスシュート

ＤＦが間にいる状況で打たれる場合

➔70ページへ

## ポストシュート

相手のターンを予測して位置を取る

➔85ページへ

## サイドシュート2

サイドライン際をラウンドして打ってくる時

➔78ページへ

## 2対2

どこから打たせたいかＤＦと連携する

➔97ページへ

## 速　攻

相手を追い込みながら誘い込む

➔90ページへ

**Scene 1**

# ディスタンスシュート

**試合の大半を占めるディスタンスシュート（9m付近でDFの前から放たれるシュート）の対処法について。相手シューターとDFの間合いが大きく関係してきます。**

## DFとの距離に注意

試合の中で大半の割合を占めるディスタンスシュート。味方が間にいる場合が多いと思います。ディスタンスシュートでは、DFとどの程度距離があるのかが、準備の判断ポイントの1つになります。

**【写真1】**と**【図1】**がDFとの距離がある場合。**【写真2】**と**【図2】**が距離が近い場合になります。

この2つの大きな違いは、相手シューターの腕が振り切れるかどうか。

DFとの距離がある場合、相手は充分に腕を振り切ることが可能です。DFは壁を作りますが、その上、または横から打てるのでシューターは左右どちらも狙えます。

一方、距離が近い時は腕を自由に振り切れません。通常のシュート体勢では流し側（利き手側）にしか打てません。しかし、DFをブラインドに使ってくることもあります。

小さな違いですが、こうしたことを頭に入れておくことで間違った位置取りをすることは減るでしょう。

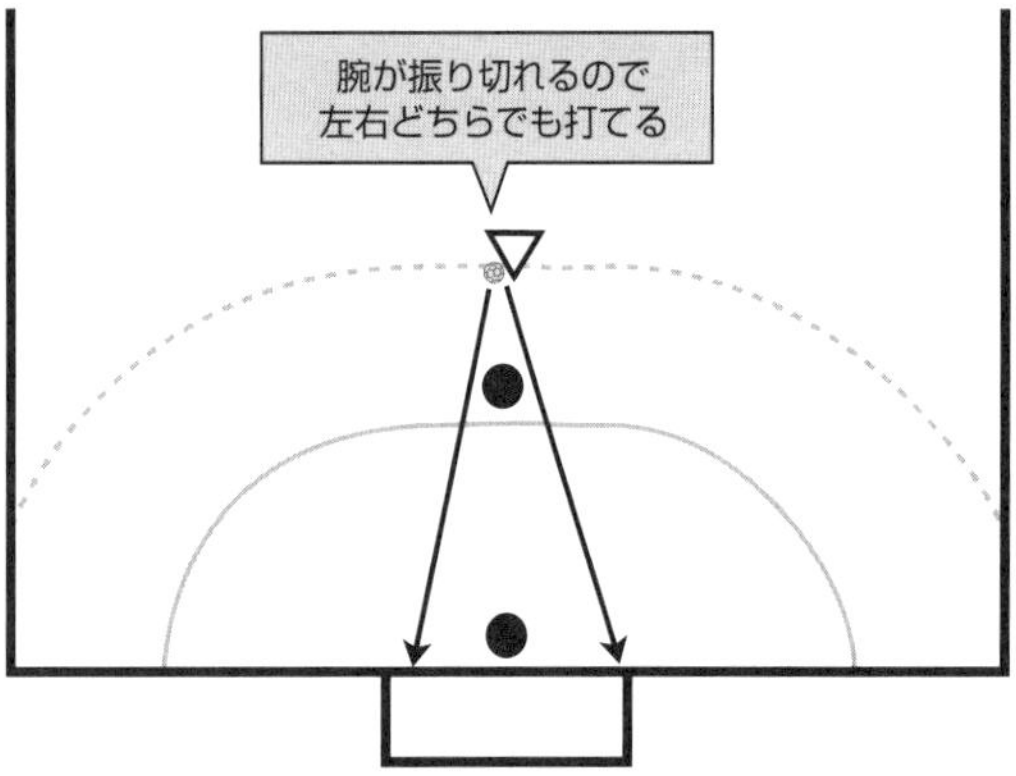
腕が振り切れるので
左右どちらでも打てる

**【図1】**ＤＦとの距離があるディスタンスシュート

**【写真1】**ＤＦとの距離があるディスタンスシュート

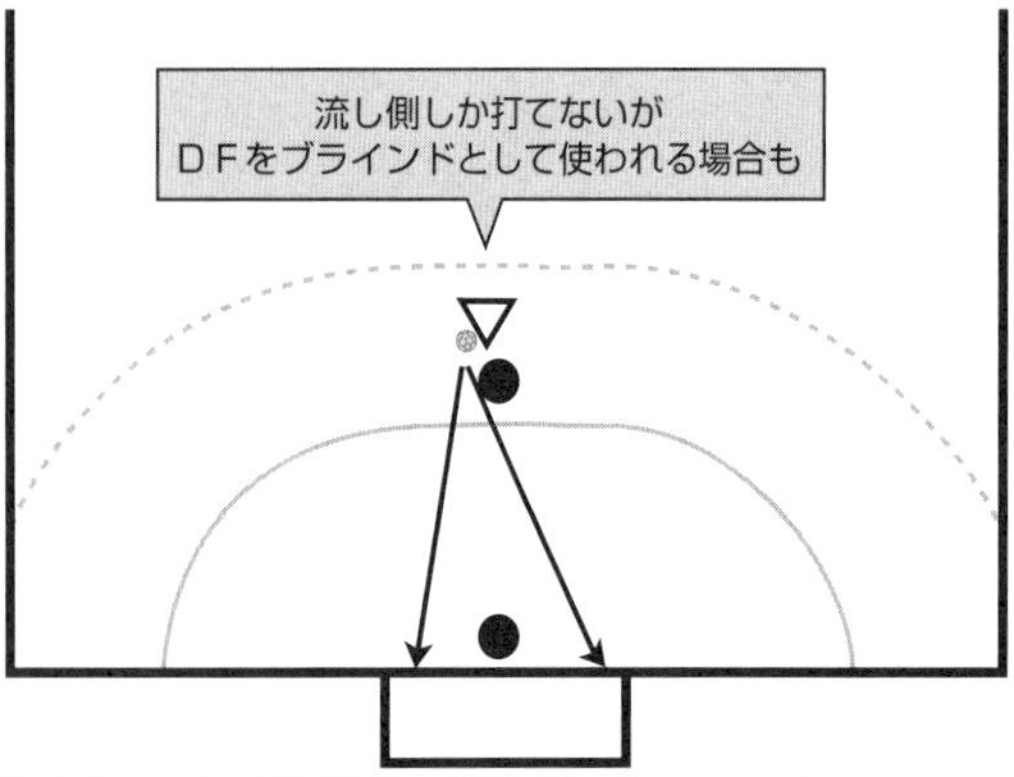
流し側しか打てないが
ＤＦをブラインドとして使われる場合も

**【図2】**ＤＦとの距離が近いディスタンスシュート

**【写真2】**ＤＦとの距離が近いディスタンスシュート

## 左右どちらにも準備を

シューターとDFの距離がある場合は、なかなかDFと連携を取ることが難しくなってきます。相手は腕が振り切れるため、左右どちらにもシュートが打てます【写真3】。

流し側しかないと判断して、少しそちらに寄ってしまうと、逆に打たれた時に届かないということが起きてしまいます。この時はシューターに正対し、左右どちらにも反応できる準備をしておきましょう。

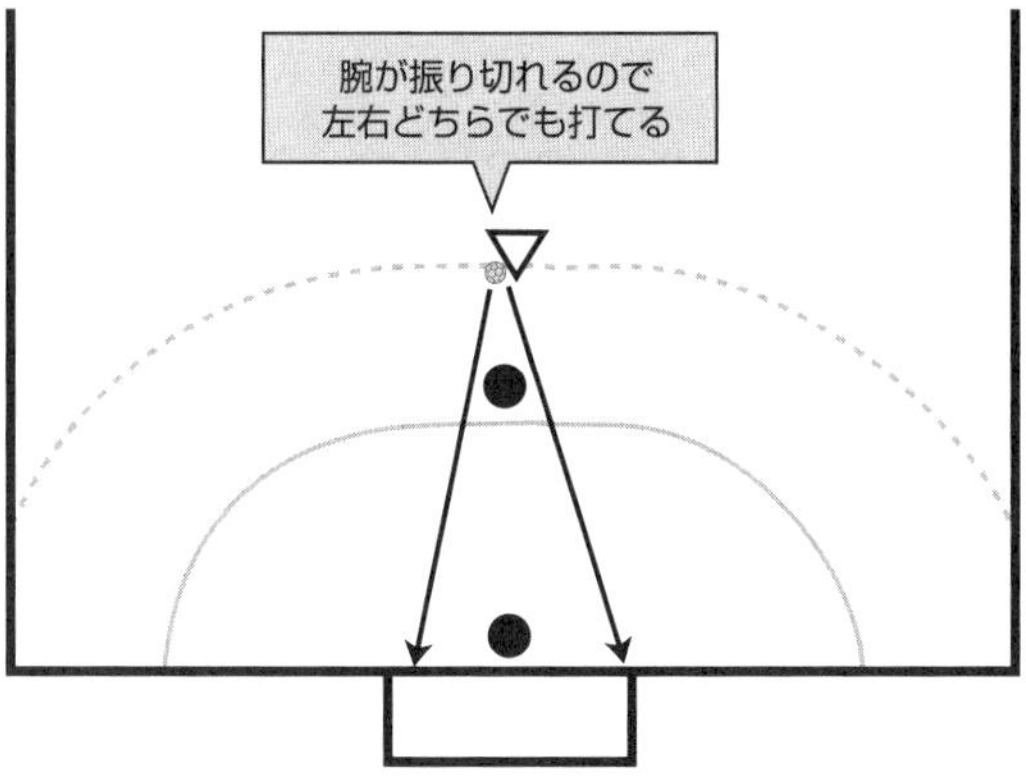
腕が振り切れるので
左右どちらでも打てる

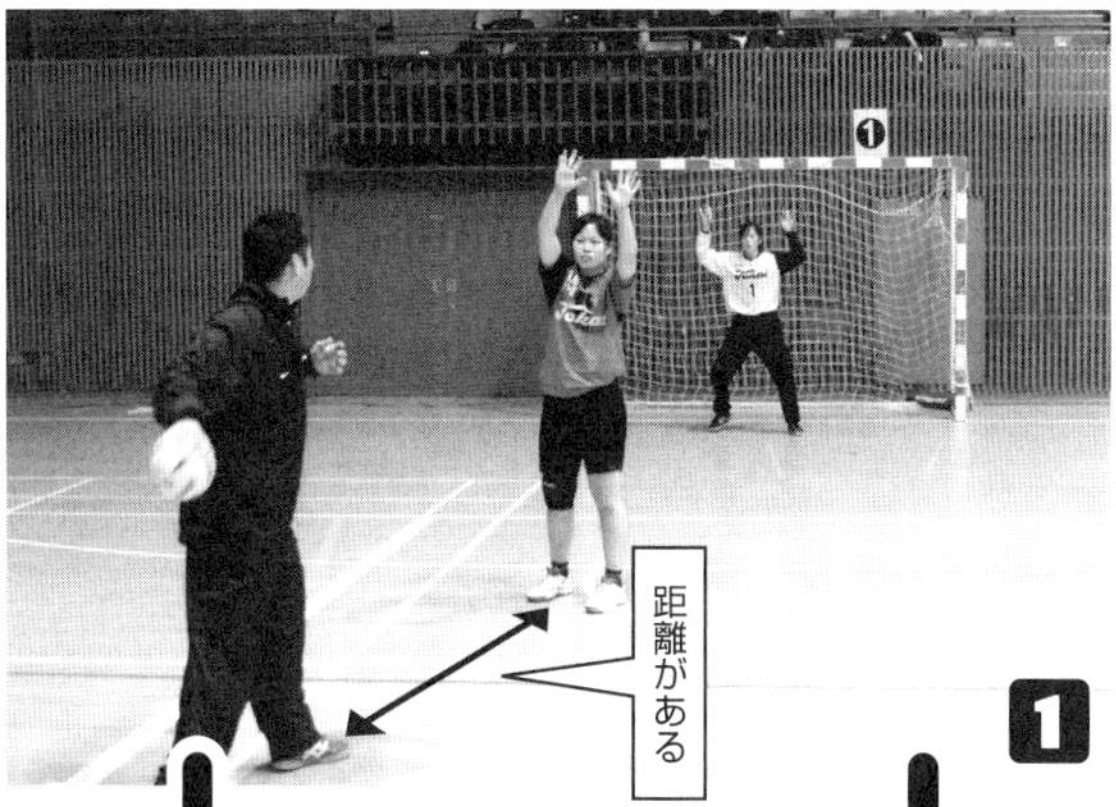
距離がある
1

2'

2

引っ張り側にも打てる
3'

流し側にも打てる
3

**【写真3】**ＤＦとの距離がある時のディスタンスシュート

## ブラインドに注意

DFがシューターとの間を詰めている時、相手の引っ張り側のシュートに対しては、ブロックが合いやすい状況です。

この場合注意しなければいけないのはDFの背中側を利用したシュート、つまりブラインドシュートもあるということ。流し側だけと決めつけるのではなく、こうしたプレーを頭に入れておけば、いざ打たれた時も充分に対応できます。

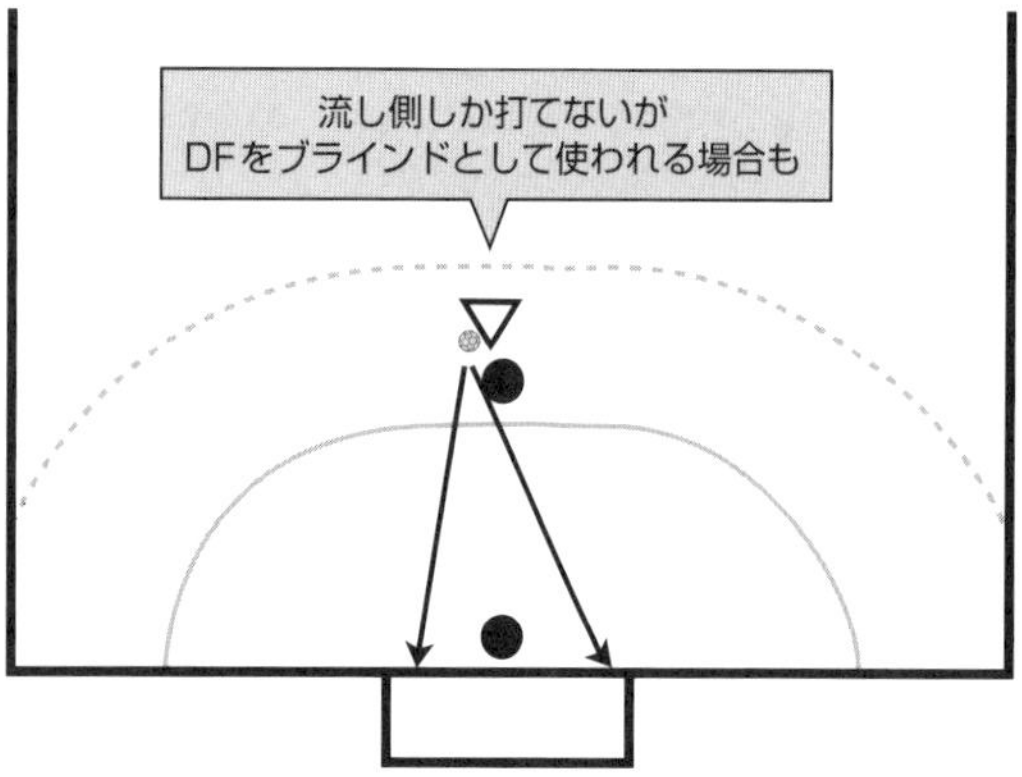
流し側しか打てないが
DFをブラインドとして使われる場合も

**ディスタンスシュートに対するセービングの動画をQRコードから見てみよう!!**

DFと近い
1

DFを利用してのブラインドシュート
2′

普通は流し側にしか打てない
2

3′

3

**【写真4】**DFとの距離が近い時のディスタンスシュート

## ブラインドシュートでも注意するポイントは同じ

70ページで説明したように、相手がディスタンスシュートを打ってくる際、味方DFとの距離によって打てるコースが変わってきます。つまり、相手シューターがDFと近いところから打ってくるのか、遠いところから打ってくるのかを判断することが大事です。

では、1対1の場面から1人増えて、2対2の場面ではどのようなシュートを警戒したらいいでしょうか。

2対2の状況では、とくに小柄な選手はDFとDFの間など、わずかなすき間を狙ってきます【図3】。一瞬のスキをついてシュートを放ってくるため、味方のDFが対処できなければ、シュートに対応するのは難しいことでしょう。

ここからは、そうした状況における考え方と対処法をお伝えします。

注目してほしいのは、シューターとDFの距離です。

【写真4－1】と【写真5－1】を見てください。どちらもシューターがDFの間からシュートを狙っており、ボールが見えている、つまりシュートの出どころが見えている状態です。

2つの写真は一見すると、同じようなシーンに見えますが、横から見ると、DFとの距離が大きく違うのがわかります【写真4－2、写真5－2】。

【写真6】と【写真7】は同じシーンでシューター側から見たものです。DFとの距離が近い【写真6】

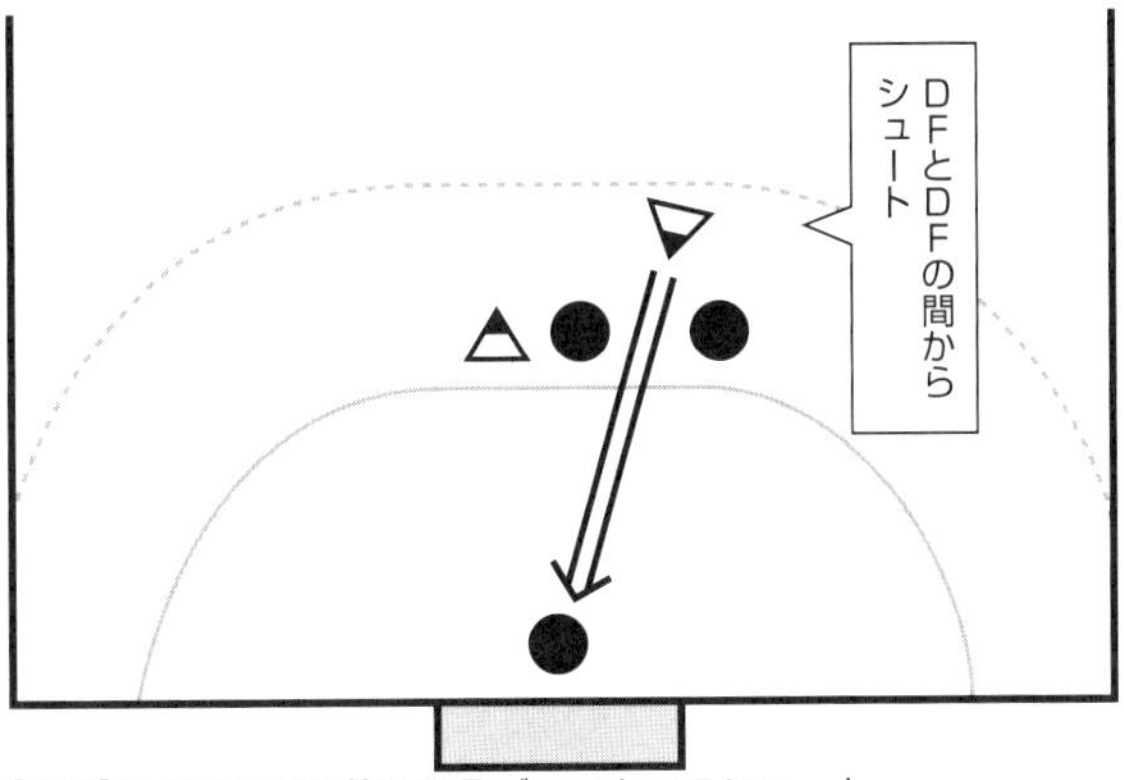


【図3】DFの間から放たれるディスタンスシュート

【写真4】DFとの距離が遠いディスタンスシュート（GK目線）

【写真5】DFとの距離が近いディスタンスシュート（GK目線）

では、DFを利用したシュートが打て、左右どちらのコースも狙える状態です。しかし、DFとの距離が遠い【写真7】では、引っ張りのコース（利き手と反対側、写真の左側）はDFの壁があるため、打てたとしてもブロックに合ってしまいます。

もしシューターが左側に打ちたかったら、大きく身体を傾けるしかありません。

GKは、相手シューターとDFとの位置関係や距離から、どんなシュートを打ってきそうかを考え、対応を変えていくことが大切です。

また、DFとの距離が近い時、左右どちらにも打たれてしまったら、いくらレベルの高いGKがいても防ぐことは難しくなります。味方DFが相手にコンタクトしてシュートを簡単に打たせない、もしくはシュートを打たせる方向を制限するなどして、予想がつきやすくなるしょうにしましょう。

ここではステップシュートの状況で解説しましたが、ジャンプシュートでも考え方は同じです。

1
2
3
DFを利用したシュートに注意

【写真6】DFとの距離が近いディスタンスシュート（シューター目線）

1
2
3
DFと距離があるので、引っ張り側（左側）へのシュートはなくなる

【写真7】DFとの距離が遠いディスタンスシュート（シューター目線）

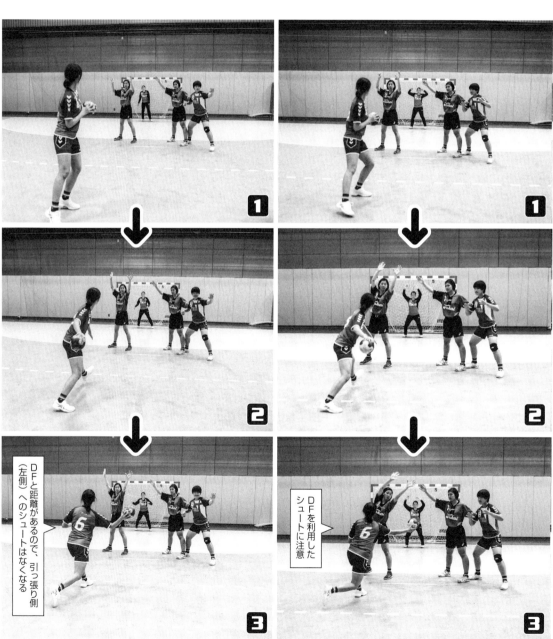

Scene 2

# コーナーからのサイドシュート

**追い込ませて打たせたサイドシュートを捕れるか捕れないが大きな違いになってきます。まずはコーナーから飛び込んでくるサイドシュートについて。**

## 2種類に分けて考える

サイドシュートの捕り方は2とおりに分けて整理してください。1つはサイドシューターがコーナーから飛び込んでくる場合【写真8、図4】。もう1つはサイドライン沿いにラウンドして（走り込んで）くる場合です【写真9、図5】。

コーナーから飛び込んでくる場合は、サイドシューターがジャンプした瞬間から、ゴールとの角度が変化していきます。【76ページ図6】を見比べるとわかるように、最初に踏み切った地点とシュートを放つ地点とで、明らかに角度が違います。ですからGKは、シューターの角度の変化に対応する必要があります。

一方、上からラウンドしてくる場合は、サイドライン沿いを走る時も、シュートの時も、ほとんど角度が変わりません【78ページ図7】。

まずはこの2つの違いを理解しておきましょう。整理して考えていけば、サイドシュートへの苦手意識も解消されます。

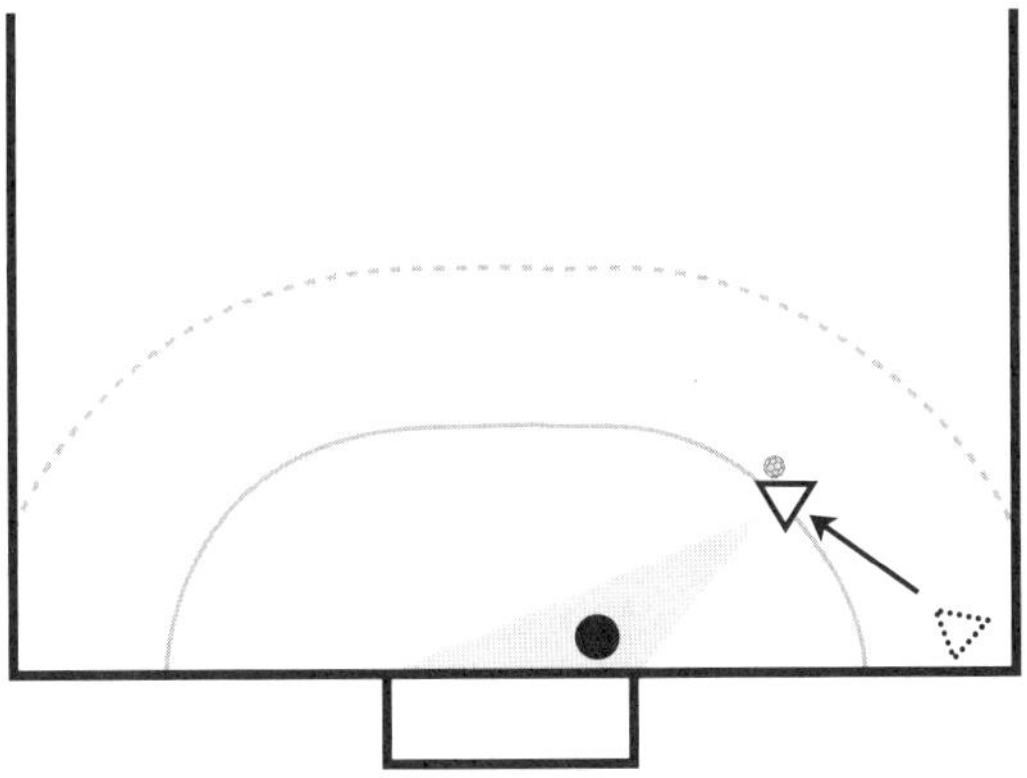

【図4】コーナーからのサイドシュート

【写真8】コーナーからのサイドシュート

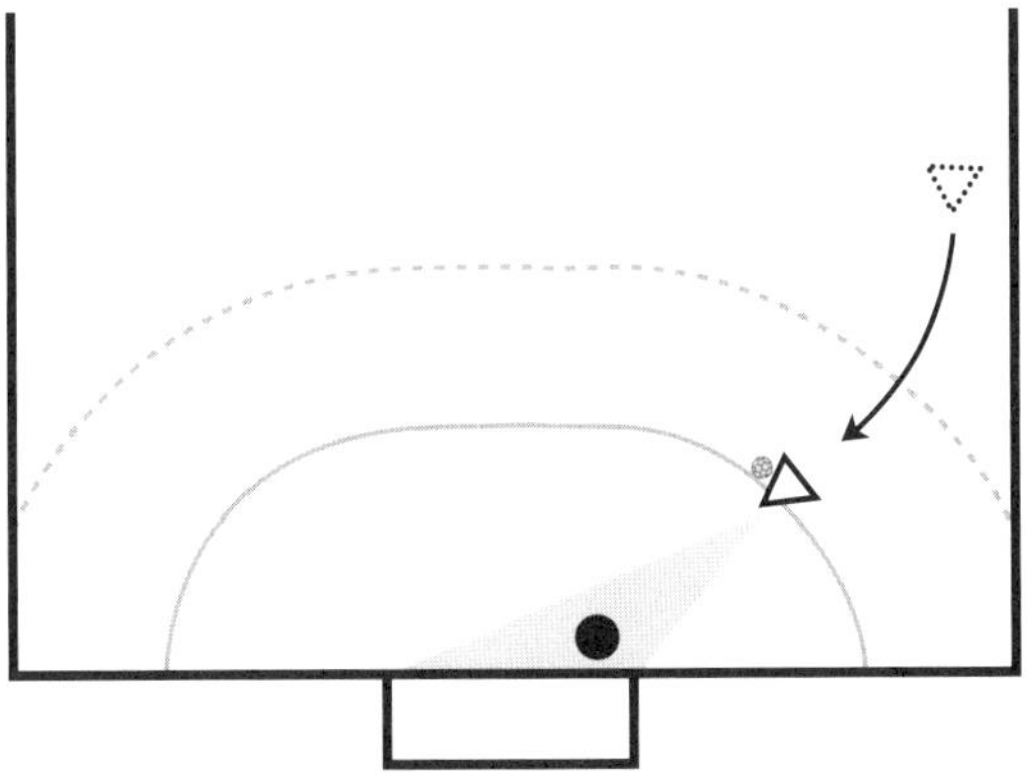

【図5】ラウンドからのサイドシュート

【写真9】ラウンドからのサイドシュート

## 位置取りの工夫

コーナーからのサイドシュートには、少し近め（内側）を空けた位置取りをすると、近め、遠め（外側）の両方に対応できます。

相手がクイックで打ってきた場合は、近めを狙ってくる確率が高くなります。GKは近めに少し動いて、身体で阻止します【写真11】。

シューターが溜めた場合は遠めが多くなるので、GKは全力で遠めに飛びつきます【写真12】。

内側：外側＝３：７の意識で

【写真10】サイドシュートに対する位置取り

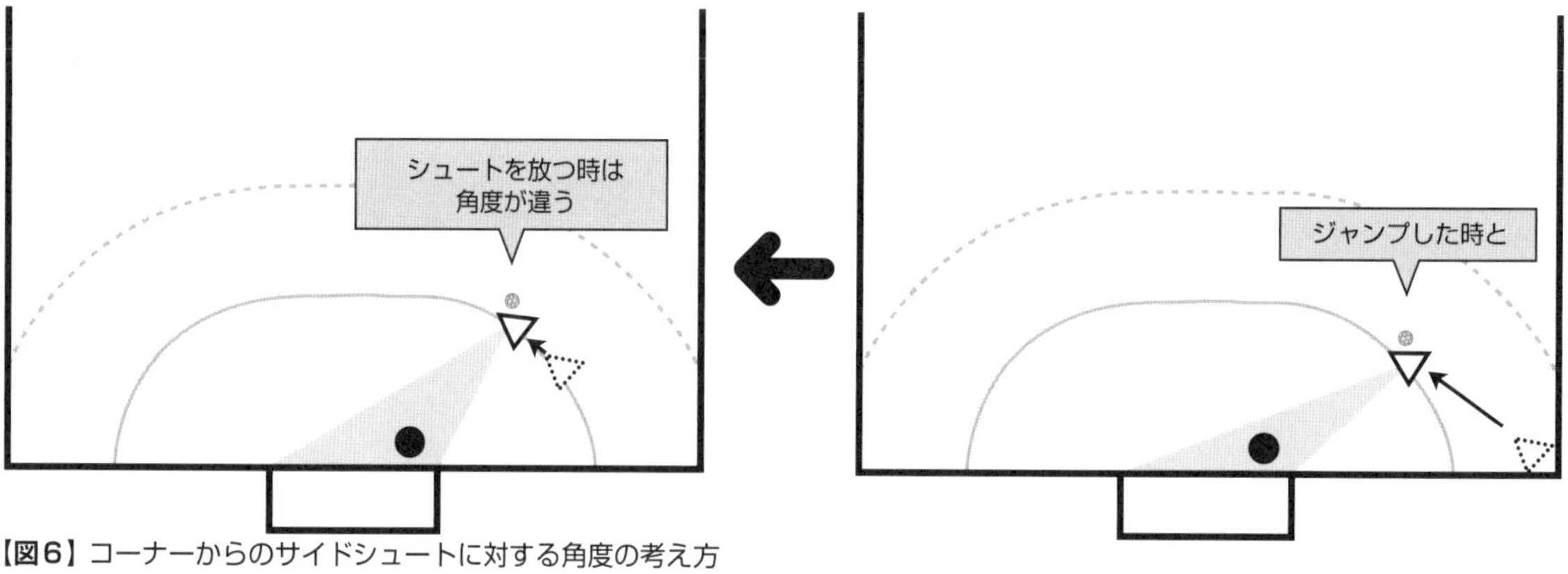
ジャンプした時と
シュートを放つ時は
角度が違う

【図6】コーナーからのサイドシュートに対する角度の考え方

1
2
3
近めのシュートは
1歩動いてセーブする
4

【写真11】近めのシュートに対しての動き

1

2

遠めに打たれると届かない場合も
あるのでダイナミックに動く
3

4

5

【写真12】遠めのシュートに対しての動き

**コーナーからのサイドシュートに対するキーピングの動画をQRコードから見てみよう!!**

**テクニカルコラム**

## サイドシュートの誘い方
〜松村 昌幸（トヨタ車体選手兼コーチ）〜

コーナーからのサイドシュートで、相手に角度を取られた場合、僕はわざと真ん中に立ちます。通常は近めか遠めのどちらかに立ちますけど、両側を空けて、甘いコースに打たせて捕りにいきます。

相手がサイドライン沿いにきて、DFの裏に潜った場合は、丸く動きます。先に近めに動いて、シューターに「遠めが空いた」と思わせてから遠めに詰めていきます。

どちらも甘いコースに打たせるための技術。ゴールが空いていると、シューターはギリギリのところは狙ってきませんから。

Scene 3

# ラウンドしてくるサイドシュート

**ライン際を走り込んでくるサイドシュートは
また別な捕り方が必要になってきます。違いを理解しましょう。**

## 相手が目を切る時間を利用する

速攻などでよく見られる、サイドライン際からラウンドしてくるシュートには、コーナーからのシュートとは別の捕り方で対処します。

上から走り込んでくるシュートの場合、サイドシューターはDFのプレッシャーを受けます。DFをかわしながらのシュートになるので、シューターはGKに向かって飛び込んでくることが多くなります。走っている時と打つ時とで、GKとシューターとの角度はほとんど変わりません【図7】。

またシューターはDFだけでなく、ゴールエリアラインも気になります。GK以外に気になるものが多いので、GKから目を切る時間も増えてきます。GKはその時間を利用して前に詰めます【写真13】。

前に詰めるだけでなく、例えば近めをつぶす位置取りをして、相手が遠めしか打てない状況に追い込んでから、遠めのシュートを捕りにいく駆け引きも効果的です。

高木エレナ（三重バイオレットアイリス）

いろいろな状況に対応できるＧＫをめざそう

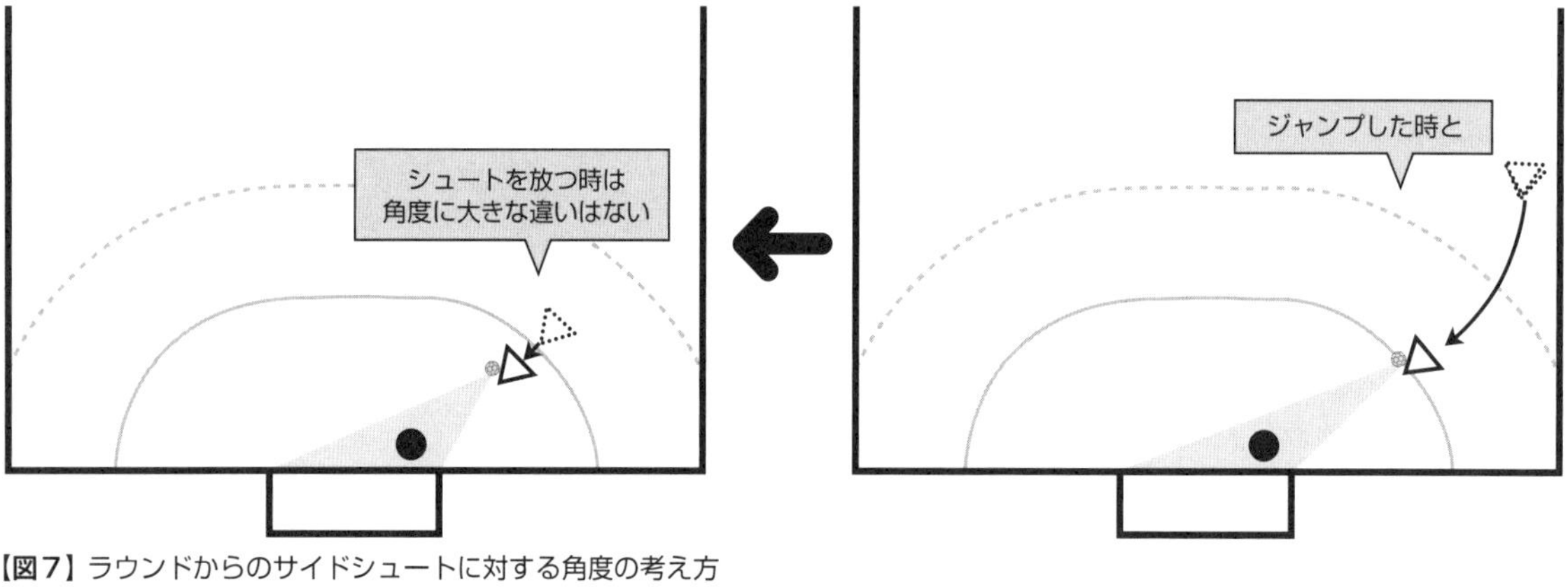
シュートを放つ時は
角度に大きな違いはない
ジャンプした時と

【図7】ラウンドからのサイドシュートに対する角度の考え方

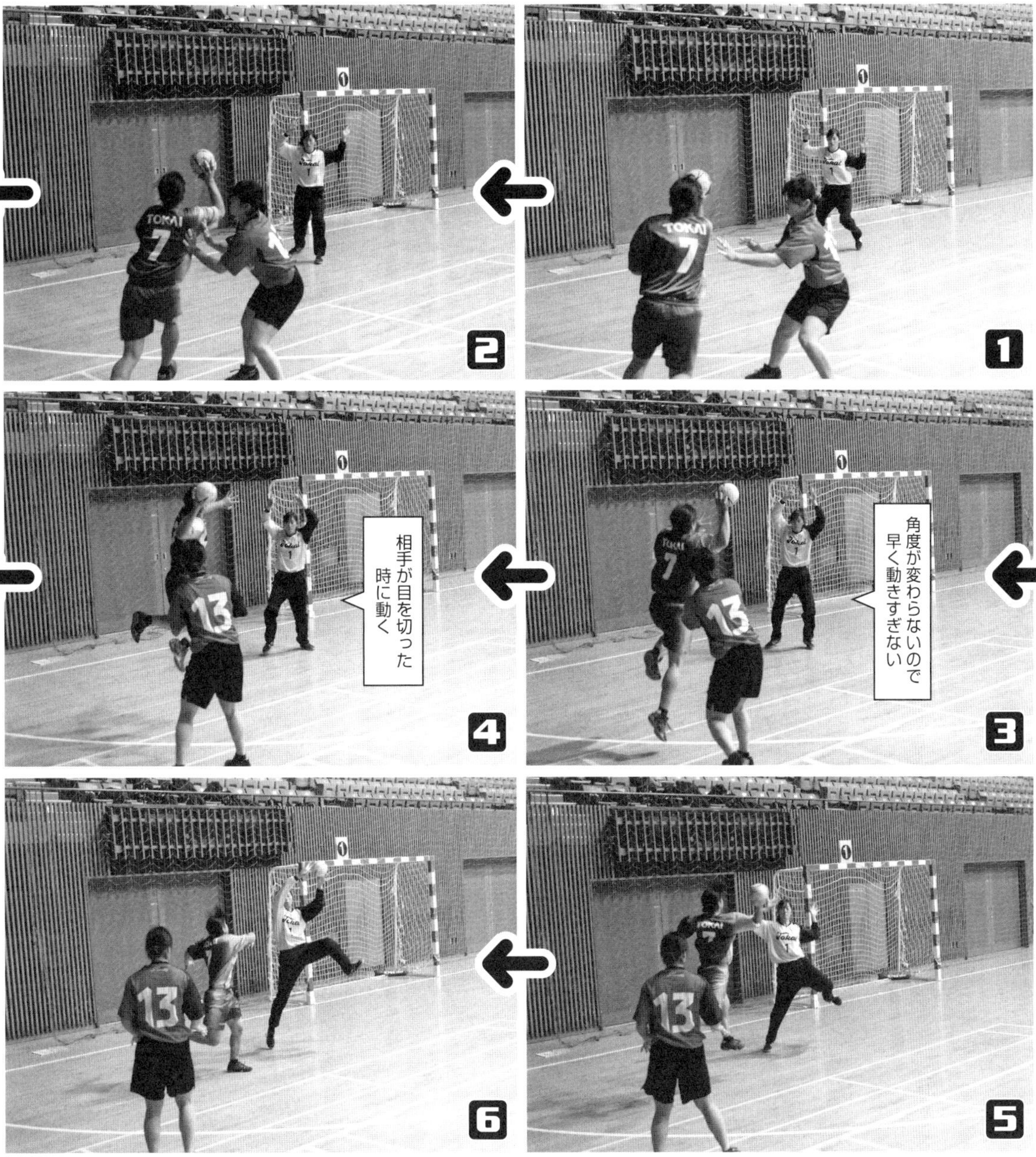
1
2
角度が変わらないので早く動きすぎない
3
相手が目を切った時に動く
4
5
6

【写真13】ラウンドからのサイドシュート

## テクニカルコラム　身体の角度を変えてコースを見えづらくする ～木村 昌丈（大崎電気）～

サイドシュートに対しては昔から「先に動かず、我慢して、身体の面に当てる」というスタンスです。海外の試合で遠めのコースが届かなかったので、対応しようと考えたのが身体の角度を変えることでした。例えば左サイドの場合、正対（写真左）するのではなく、左半身を少し前に出すようにして面の角度を変えます（写真右）。これでシューターは遠めのコースが見えづらくなります。右足の位置を変えていないので、近めのコースにも対応できます。

## 近めをつぶして、遠めを捕る

プロンジョンシュートに対しては、先に近めをつぶしておいて、遠めを捕りにいきます【写真14】。右利きの右サイドなら近めの方が打ちやすいので、少しの移動で近めをつぶせる位置取りをしておいて、そこからなるべく遠めに打たせるよう仕向けていくのです。

前に詰めて、シュートコースを消す方法もありますが、ここで注意しておきたいのがゴールとの距離感です。安直に前に詰めると、ループシュートやスピンシュートで奥行きを利用されてしまいます。

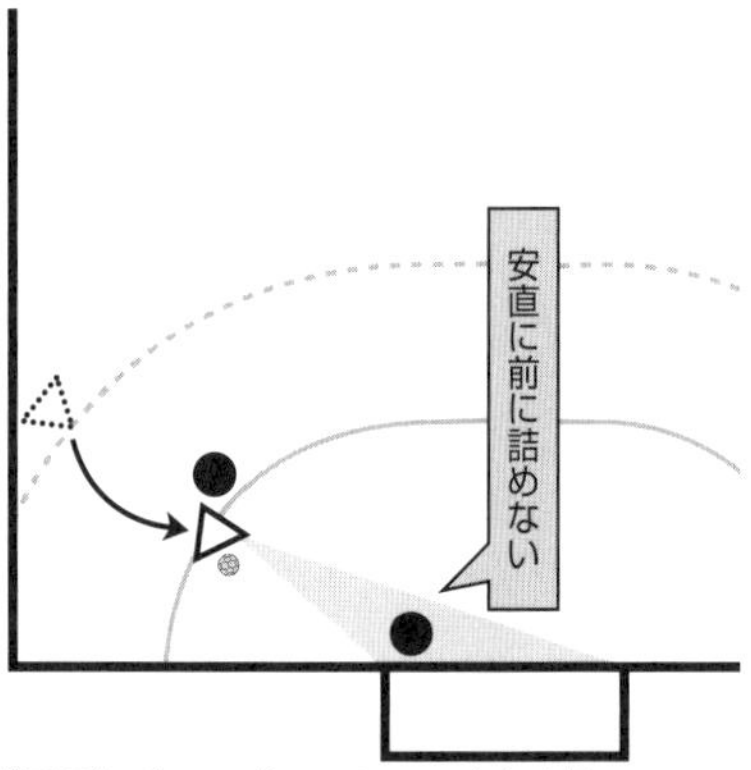


【図8】プロンジョンシュートに対して

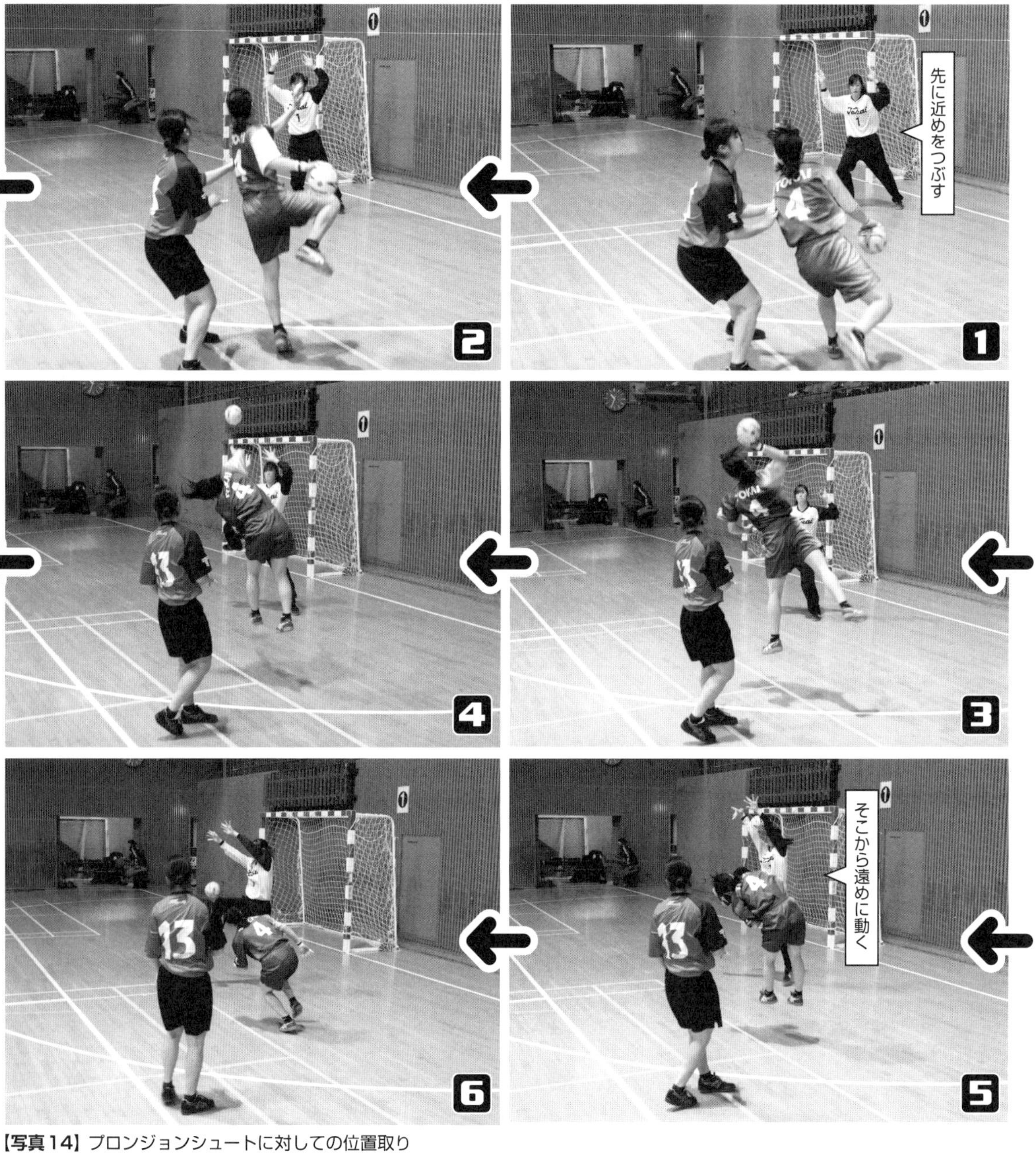


【写真14】プロンジョンシュートに対しての位置取り

## DFと連携して サイドシュートを防ごう

サイドシュートで、最もイヤなことは、相手に大きく内側（コート中央）へ飛ばれることです。内側へ飛ばれると、角度を取られ、よりシュートコースが確保されてしまいます。

もし、味方DFが相手をマークできそうな場合、できる限りプレッシャーをかけてもらいましょう。6mライン手前まで追いかけてもらい、内側へ飛ばさないようにします。

この際、GKは早めに位置を取りましょう。そしてDFに深追いしないように指示を出します。なぜなら、DFが不用意にアタックして、シューターが外側へ流れてしまうと、せっかく予測して位置を取ったのに最後にズレてしまいます。または、GKが止めても7mTを与えてしまう可能性があります。

DFはあくまでも追い込み、内側へ飛び込ませない。そしてGKはその追い込む位置を予測して位置を取る。こうすることで左右の位置のズレを少なくすることができます。

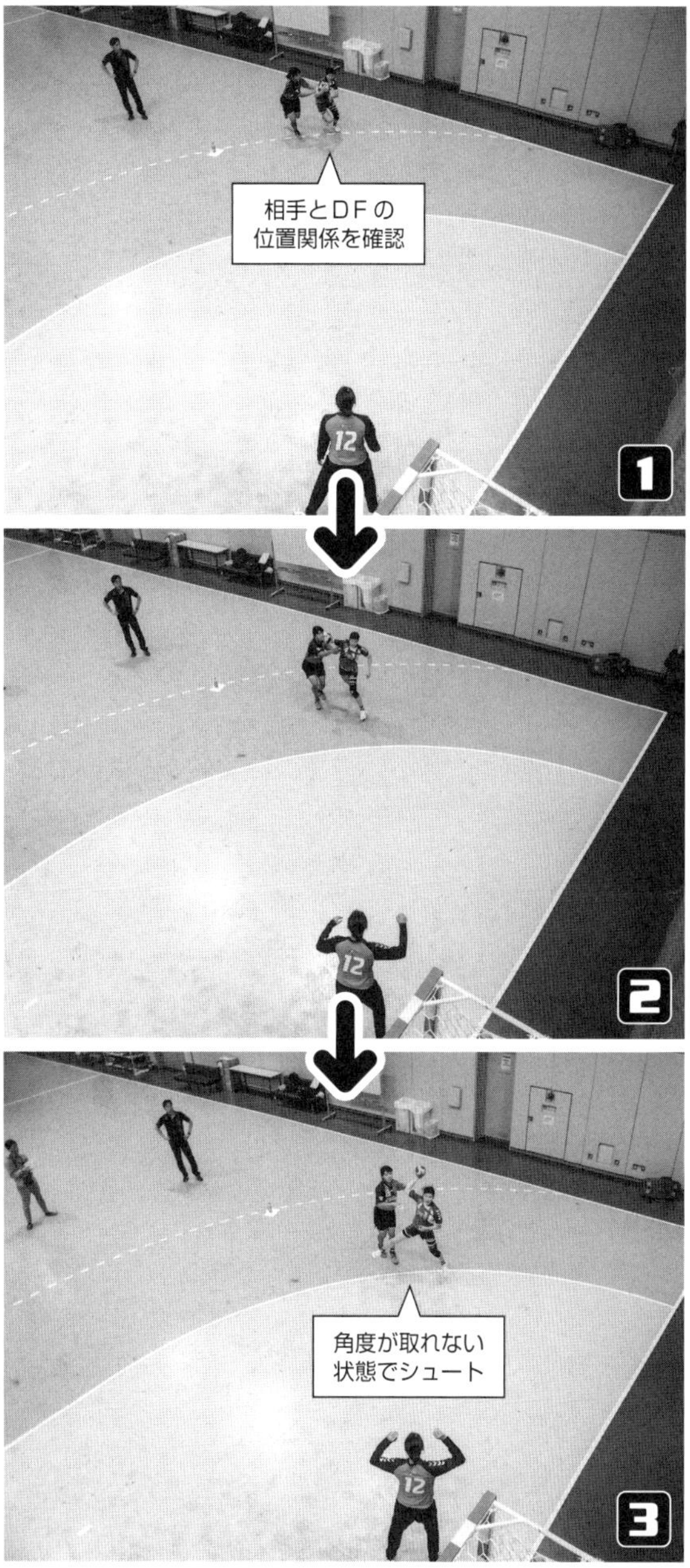
相手とDFの
位置関係を確認
1
2
角度が取れない
状態でシュート
3
【写真15】ラウンドしてくる左サイドのシュート

相手とDFの
位置関係を確認
1
2
角度が取れない
状態でシュート
3
【写真16】ラウンドしてくる右サイドのシュート

## スピンシュートは壁を作って止める

身体がゴールに対して外側（アウターゴールライン）へ流れながらシュートを打とうとしている相手に対して、近めを防ごうとして、スピンシュートでゴールを決められてしまった。このような経験をしたことがあるGKは多いのでないでしょうか。【写真17、18】はスピンシュートを放たれたシーンです。アウト側へ流れる相手に対して、GKが近めのスペースを埋めようと動きますが、シューターはスピンシュートを打ってシュートを決めています。

内側へ曲がるスピンシュート（右利きなら左側、左利きなら右側）は難易度が高いシュートですが、外側へ流れている際は、比較的簡単に放てます。スピンシュートはGKが触れられない位置でバウンドさせるのが定石で、足で弾こうとしても届かないことが大半です【写真19】。

こうしたシュートの対処法は、早く動かないことです。我慢をして相手シューターを焦らせましょう。早

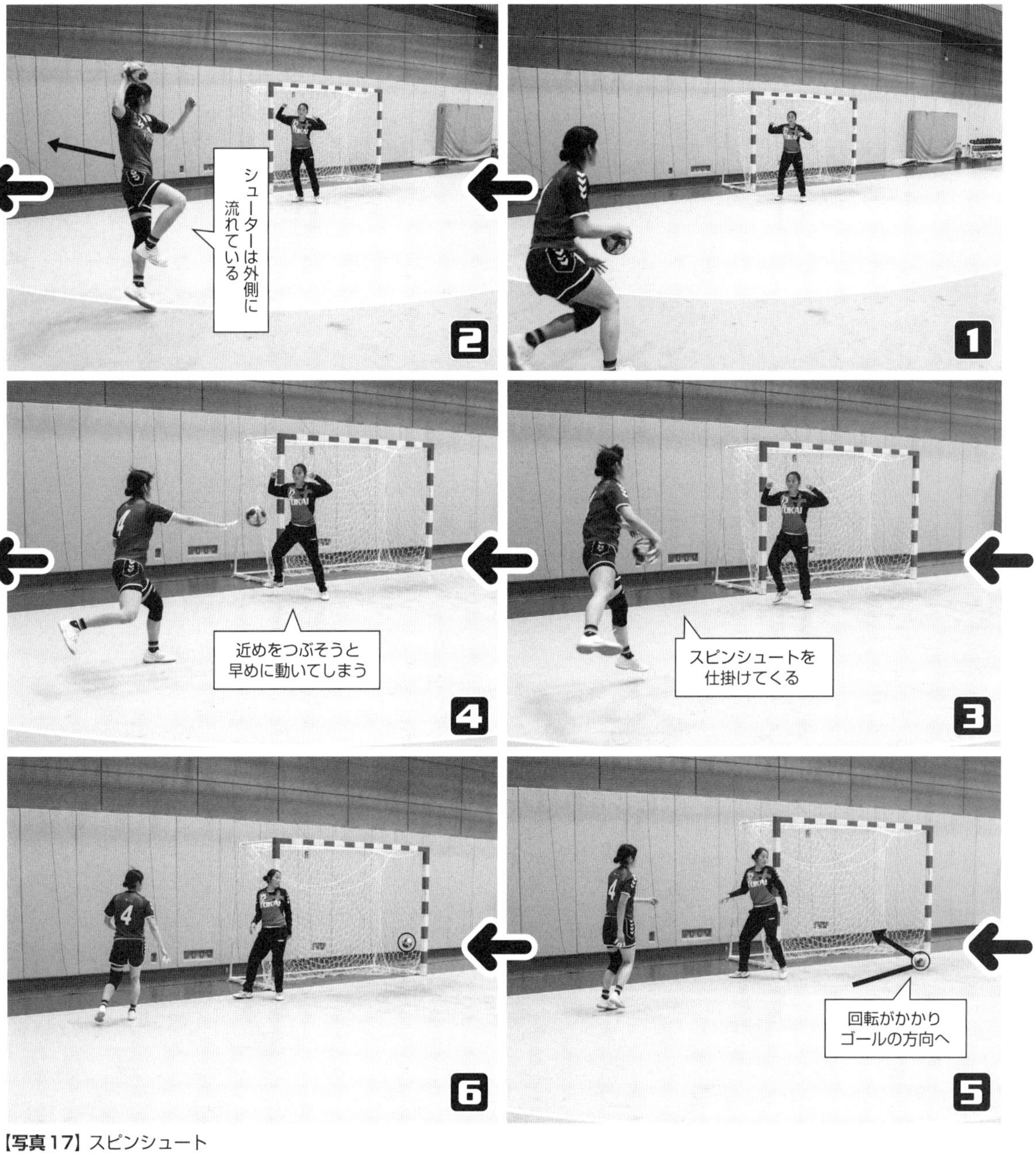
1
2
シューターは外側に流れている
3
スピンシュートを仕掛けてくる
4
近めをつぶそうと早めに動いてしまう
5
回転がかかりゴールの方向へ
6

【写真17】スピンシュート

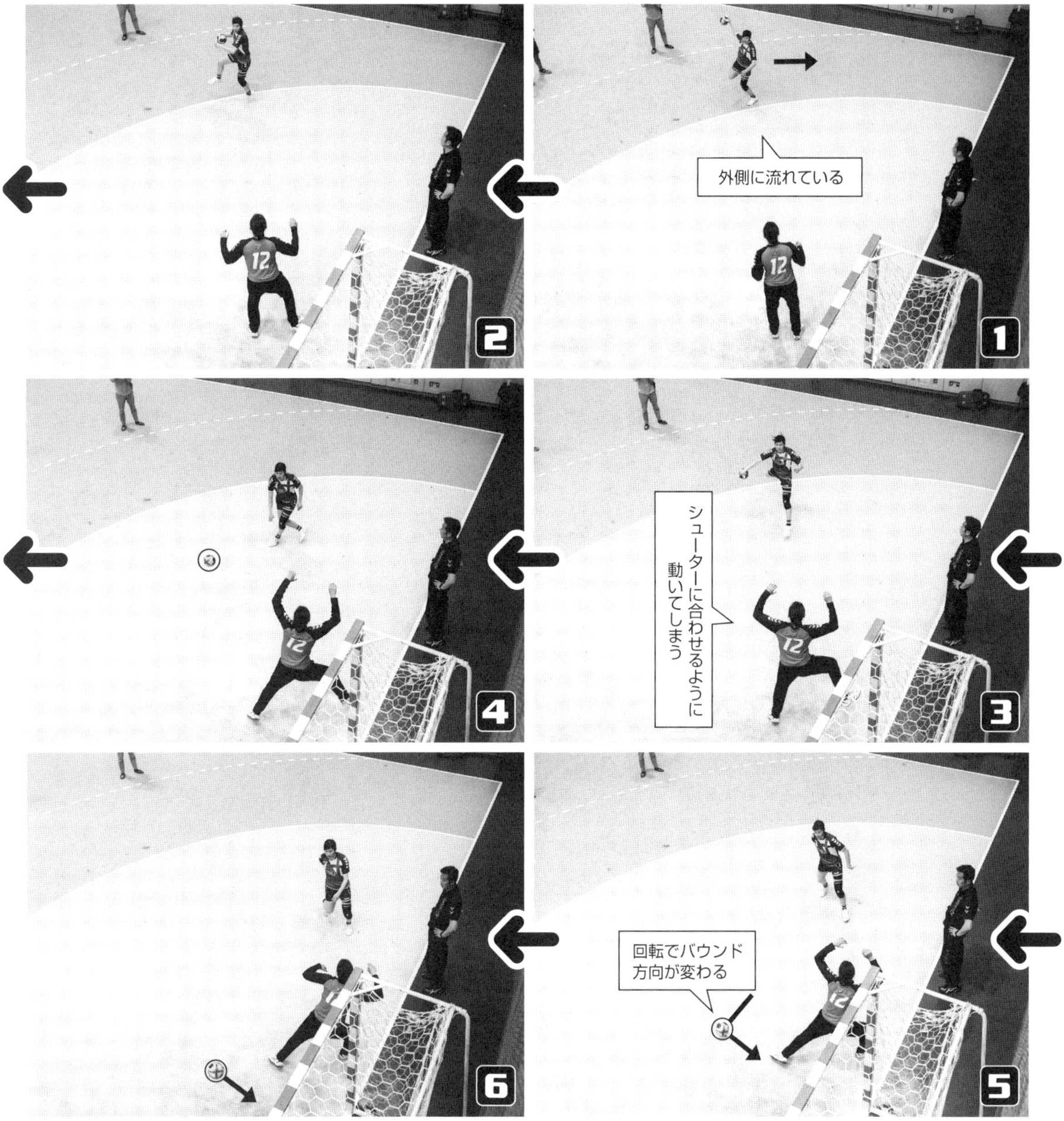
外側に流れている
シューターに合わせるように動いてしまう
回転でバウンド方向が変わる

【写真18】スピンシュート（上から）

足を上げてもバウンドに合わせるのが難しい

【写真19】スピンシュートに対して足を出す

動きしてしまうと、相手の行動への対応が遅れてしまいます。スピンシュートがあるかも、狭い内側を狙ってくるかもと両方の可能性を頭に入れておいて、相手シューターがどのようなシュートを打ってくるのかをよく観察して対応しましょう。

スピンシュートを止めるコツは、バウンドする前に止めるのではなく、壁を作ることです。

**【写真20】**を見てください。シューターに対して早動きしなかったことで、相手のスピンシュートに対応できています。

シュートを打たれたあと、左足をうしろに出して、そのまま身体を方向転換して壁を作ります**【写真20-3】**。その壁を使って、バウンドしたボールを止めます。スピンシュートのスピードは速くありませんので、壁を作る時は、ボールから目を離さずによくバウンドする位置や角度を確認しましょう。足をうしろに出す時は、ゴールラインと並行になるようなイメージで出してください**【写真21】**。そうすることで、より大きい壁が作れます。

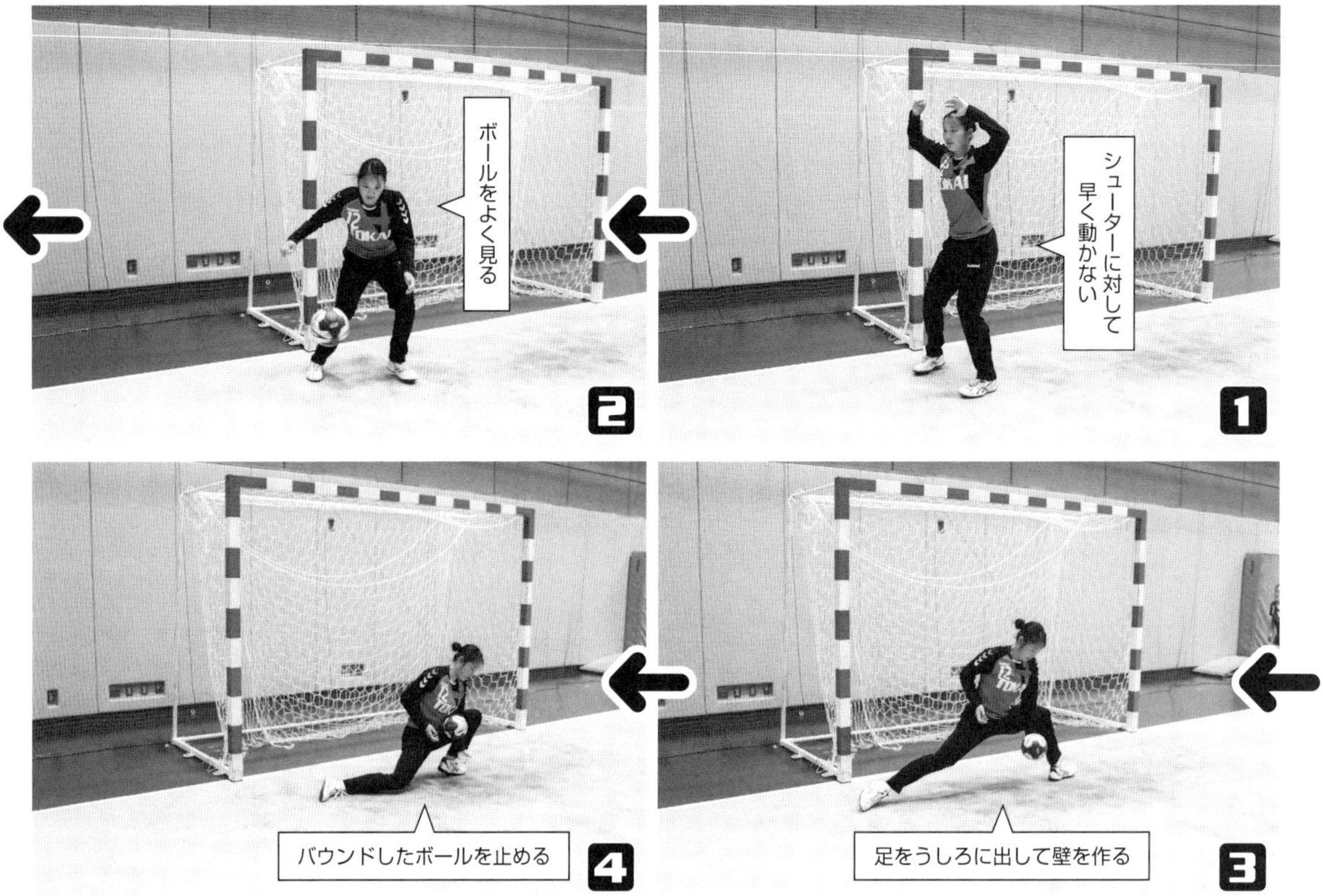
1
シューターに対して早く動かない
2
ボールをよく見る
3
足をうしろに出して壁を作る
4
バウンドしたボールを止める

**【写真20】**スピンシュートの止め方

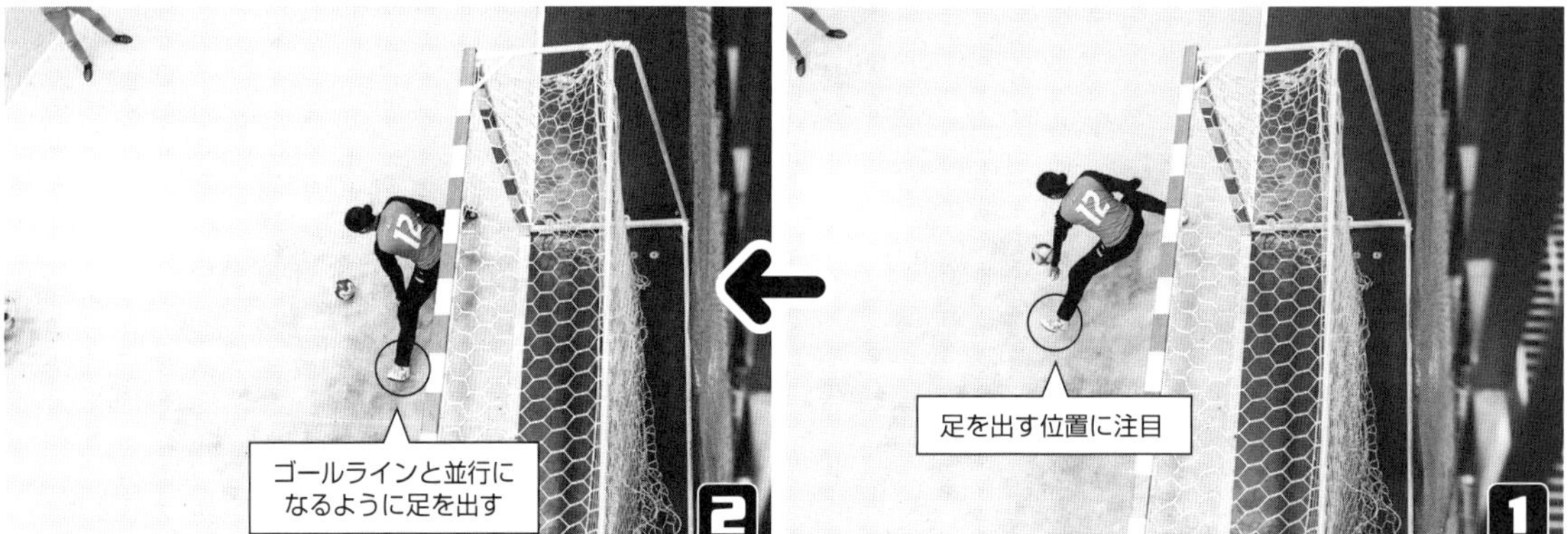
1
足を出す位置に注目
2
ゴールラインと並行になるように足を出す

**【写真21】**スピンシュートに対しての足の出し方

Scene 4

# ポストシュート

**相手にとっては絶好のチャンスですが、しっかりと位置を取ることでセービングにつなげていきます。**

## ポストパスの瞬間を察知する

ポストシュートの捕り方は、ラウンドしてくるサイドシュートの捕り方と似ています。

ポストはゴールを背負いながらプレーしていますし、パスをキャッチしてからシュートするまでに、GKから目を切る時間があります。

ですので、GKは先を読んで、なおかつポストがGKを見えていない時間を利用しながら、前に詰めます。ポストからすると、振り向いた時点でGKが目の前にいたら、もう打つ手がありません。素早い詰めで、シュートコースを消してしまいましょう【写真22】。

練習では、最初からポストシュートだけに合わせていても、あまり意味がありません。バックプレーヤーからのミドルシュートを警戒しながら、どのタイミングでポストパスに切り替わるのかを意識します。ポストパスが出てからでは遅すぎます。ポストパスが出る瞬間を先読みして詰めるのがポイントです。

1
2
ポストへのパスを予測して素早く位置を取る
3
4

【写真22】ポストシュートに対しての位置取り

## コースを限定させる

アウトに流れながらのポストシュートに対しては、安直に前に詰めるとループシュートでやられます。この場合は詰めるよりもシュートコースを限定させた方が効果的です。

ポストがターンした【写真23ー3、図9】の時点で、ゴールとの角度は狭くなっています。GKは近めには打たせない位置取りをして、シューターを遠めに誘い、遠めのボールを全力で捕りにいきます【写真23ー6】。

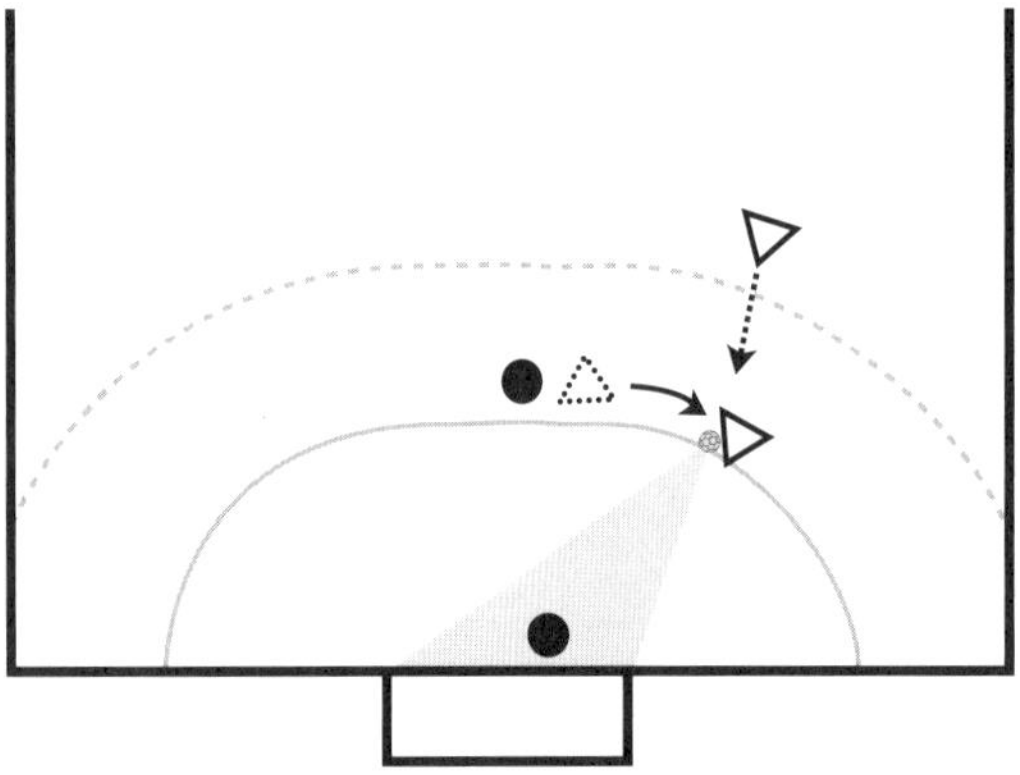

【図9】外側に流れるポストシュートに対して

【写真23】アウトに流れながらのポストシュートに対しての位置取り

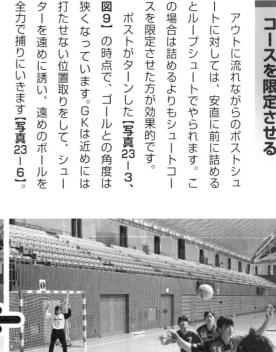

## 最高到達点の前にはたく

ループシュートを防ぐには、頭の上を越されないよう前に詰めることです【写真24】。最高到達点に届く前にはたき落とすイメージで、前に詰めましょう【図10】。

戻りながらループシュートを捕りたい場合は、自分の位置取りを知っておく必要があります。「これ以上詰めると、戻れない」という限界をわかりながら、限界を伸ばしていけるよう瞬発力を鍛えていきます。

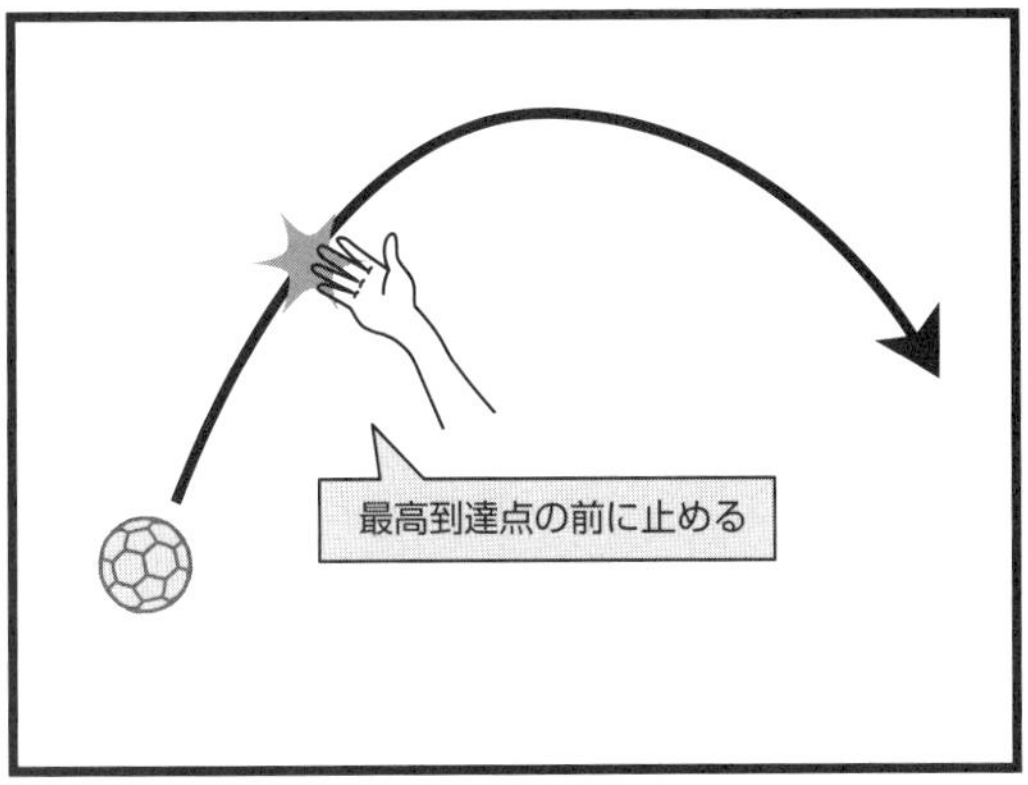
最高到達点の前に止める

【図10】ループシュートを止めるためには

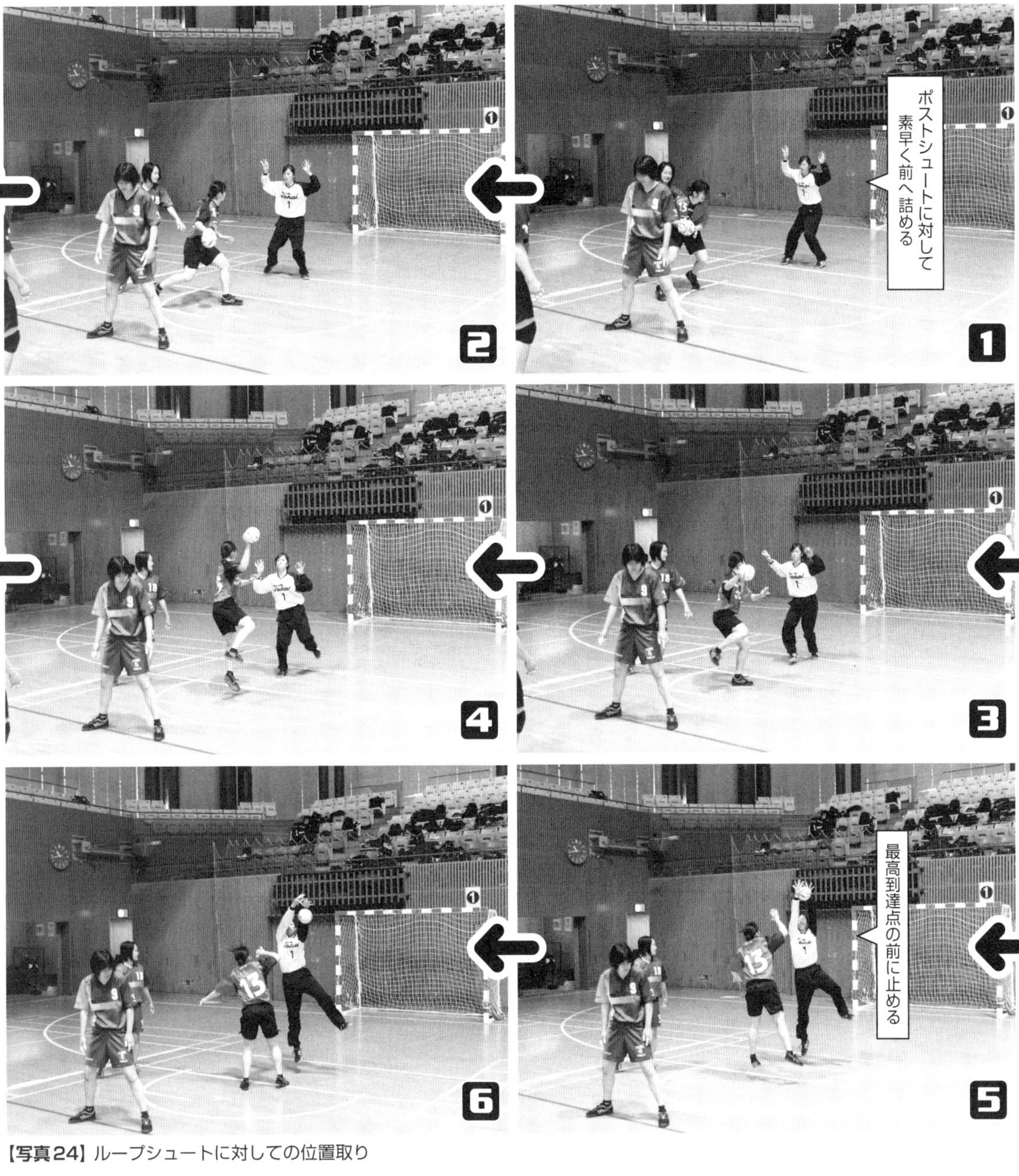
ポストシュートに対して素早く前へ詰める
最高到達点の前に止める
1
2
3
4
5
6

【写真24】ループシュートに対しての位置取り

## コースに誘い出してシュートをセーブ

フリーの状態でポストにボールが入ると、シューターがとても有利な状況になってしまいます。

ポストの選手はその選択肢の中から、より確率の高いコースを狙ってくるでしょう。そうした時はコースを誘ってセーブします。

**【写真25】**では、上を止めにいくようなフリをして、下へのシュートを止めています。素早い動きが必要になりますので、身体が伸び切らないように気をつけてください。

いきなりこのような動きはできませんので、最初はシューターが止まった状態で行なってください。シューターは徐々に動いたり、ボールを持った手を下にしたりと、動きを加えます。GKはその動きに合わせる練習をしましょう**【写真26】**。

同じように、下を止めるフリをして、上のコースを防ぐ方法もあります**【写真27】**。手を下げる、少ししゃがむなどして、上のコースを狙うように誘いましょう。

1
2
下側に打たせるように誘う
3
4
シュートのタイミングに合わせて下側を止めにいく
5
6

**【写真25】** 下のコースを誘うキーピング

【写真26】ポストシュートに対してのトレーニング

【写真27】上のコースを誘うキーピング

**Scene 5**

# 速　攻

**速攻に対してもひと工夫加えることでセーブ確率を上げたり、相手のミスを誘うことができます。**

## 軸足をクロスさせる

GKにとって速攻は、圧倒的に不利な場面ですが、ここを止めれば流れが変わる場面とも言えます。

これまでと同じように、相手に正対して位置を取るだけでは不充分です。相手がスピードをつけてジャンプすることで、大きくずらされるからです。

速攻に対するセーブのコツは、横にずれる時に、サイドステップではなく、クロスステップをすることです。そうすることで、横へ大きく動くことができます。ほんの一瞬の足さばきですが、**【写真28ー2、3】**のように、最後の1歩だけクロスステップにするのがポイントです。シューターはGKの足元まで見ていることが少ないので、ずらしたつもりが、通常よりも大きく動いてくるのですずれていないような感覚になるでしょう。

もちろん、これを何度もやると通用しなくなりますから、大きく飛ぶと見せかけて反対側を止めるという駆け引きも必要になってきます。

**【写真28】** 速攻の時の足の動き

## クロスしないと簡単にずらされる

軸足をクロスしない場合から説明していきます。

【写真29】は最後の1歩をクロスステップでなく、サイドステップにした場合です。【写真29－3】を見たらわかると思います。

サイドステップだと、大きくずらしてくるシューターに対してうまく対応できていません。シューター側からすると狙いどおりのプレーでしょう【写真29－6、図11】。

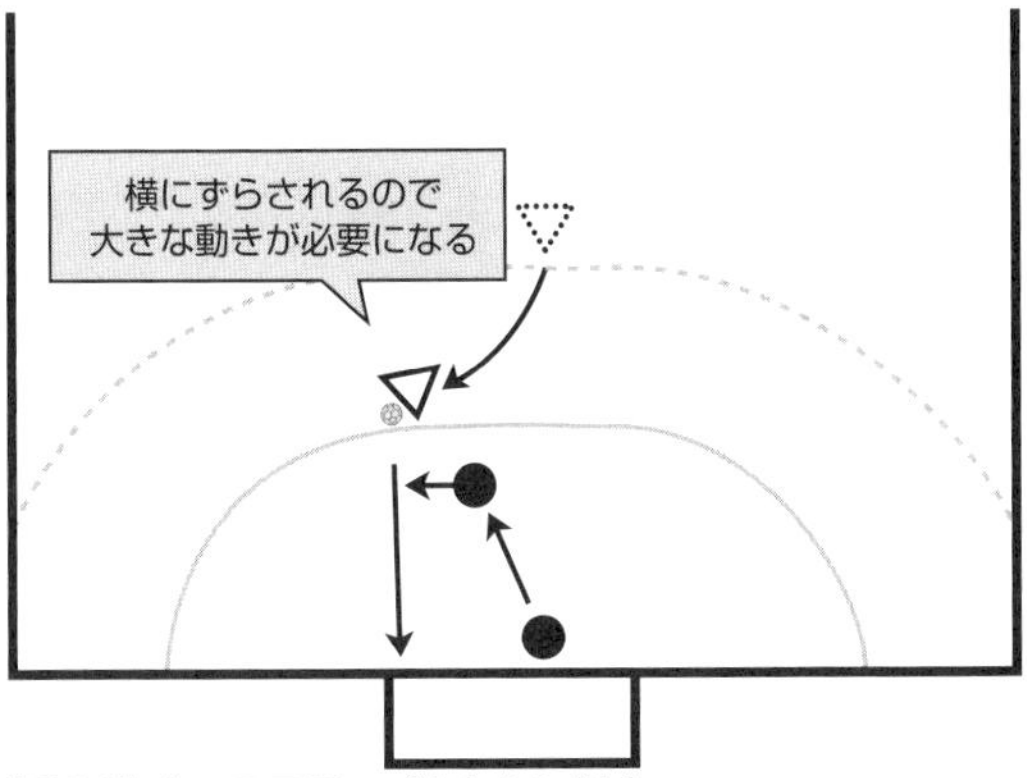
横にずらされるので
大きな動きが必要になる

【図11】クロスステップをしない場合

1
2
3
クロスでなく
サイドステップ
4
5
6
シューターに簡単に
ずらされる

【写真29】クロスステップをしない場合

## 前への詰め方もひと工夫

90ページで紹介した最後の1歩をクロスすることに加え、もう1つ工夫を入れましょう。

左の【図12】のように、前に詰める時に追い込みたい方へ弧を描きながら前へ詰めましょう。こうすることでより相手を追い込めます。

そして【写真30－3】のように軸足をクロスし、大きく動けば、速攻を止められる確率も上がってくるはずです。

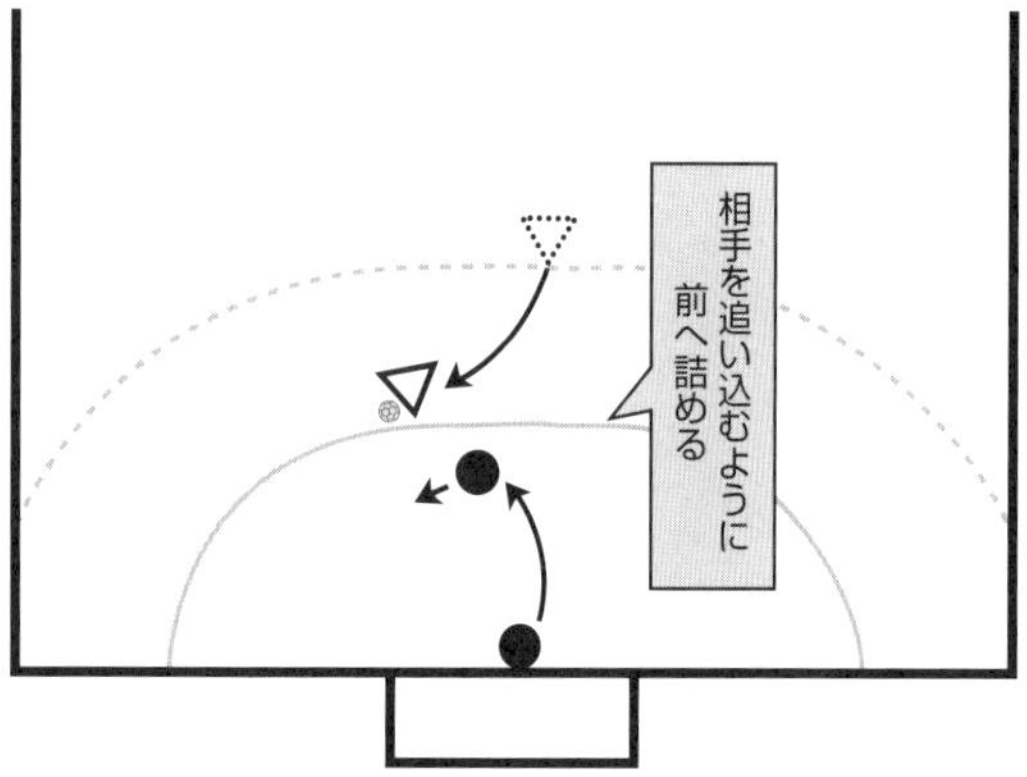
相手を追い込むように
前へ詰める

【図12】ひと工夫した詰め方

弧を描きながら前へ詰める
最後の一歩をクロス
シューターについていくことができる

【写真30】クロスステップをした場合

## 逆側に跳ぶ駆け引き

これまで説明してきたテクニックは当然、何度も使えば通用しなくなるでしょう。相手も逆をついてくるはずです。

【写真31】は逆側へのセーブです。【写真31－3】までは【写真30】と同じ動きです。ここから、横に跳ぶのでなく、真上にジャンプしてください【写真31－4】。跳んだらすぐに軸足を入れ替えて反対側をカバーしましょう【写真31－5】。

いつもすべてが思いどおりになることはないからこそ、相手との駆け引きが大切になります。

速攻に対するキーピングの動画をQRコードから見てみよう!!

【写真31】逆側に跳ぶ場合

## 速攻に対しての詰め方はおもに2種類

速攻に対して、前に詰めるタイミングはおもに2種類あります。1つは最初から前に出ている方法、もう1つは相手のタイミングに合わせて前に出る方法です。

最初から前に出ている状況では、前後の動きをなくすことができ、より左右の動きやセーブに集中することができます【写真32、図13】。この時、相手の勢いに押されたり、怖がったりして、最初に出ていた場所から下がってはいけません。前に詰

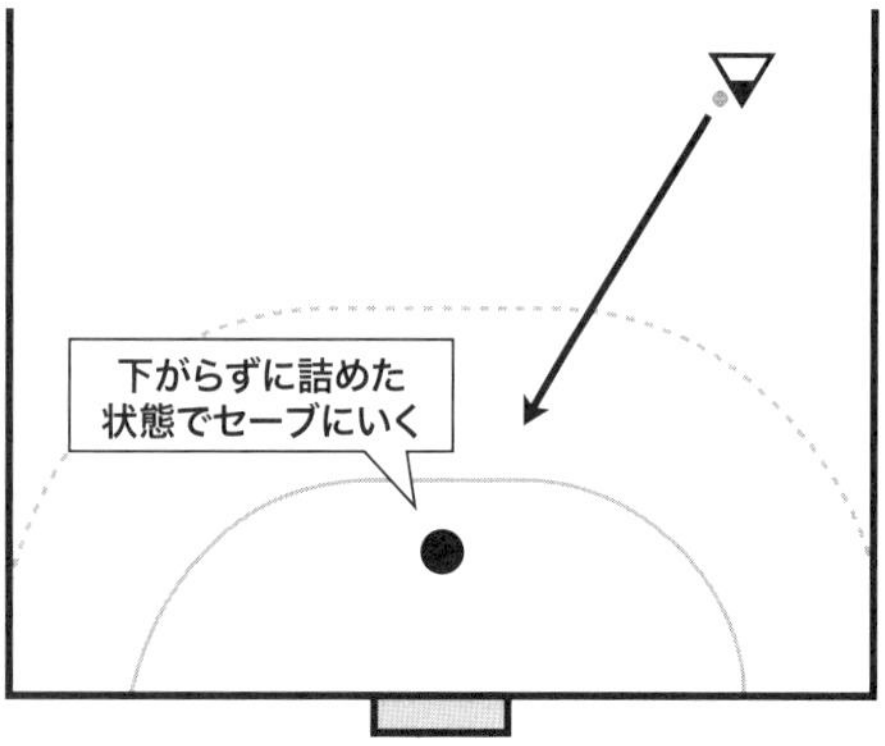
下がらずに詰めた状態でセーブにいく

【図13】前に出た状態でのセーブ

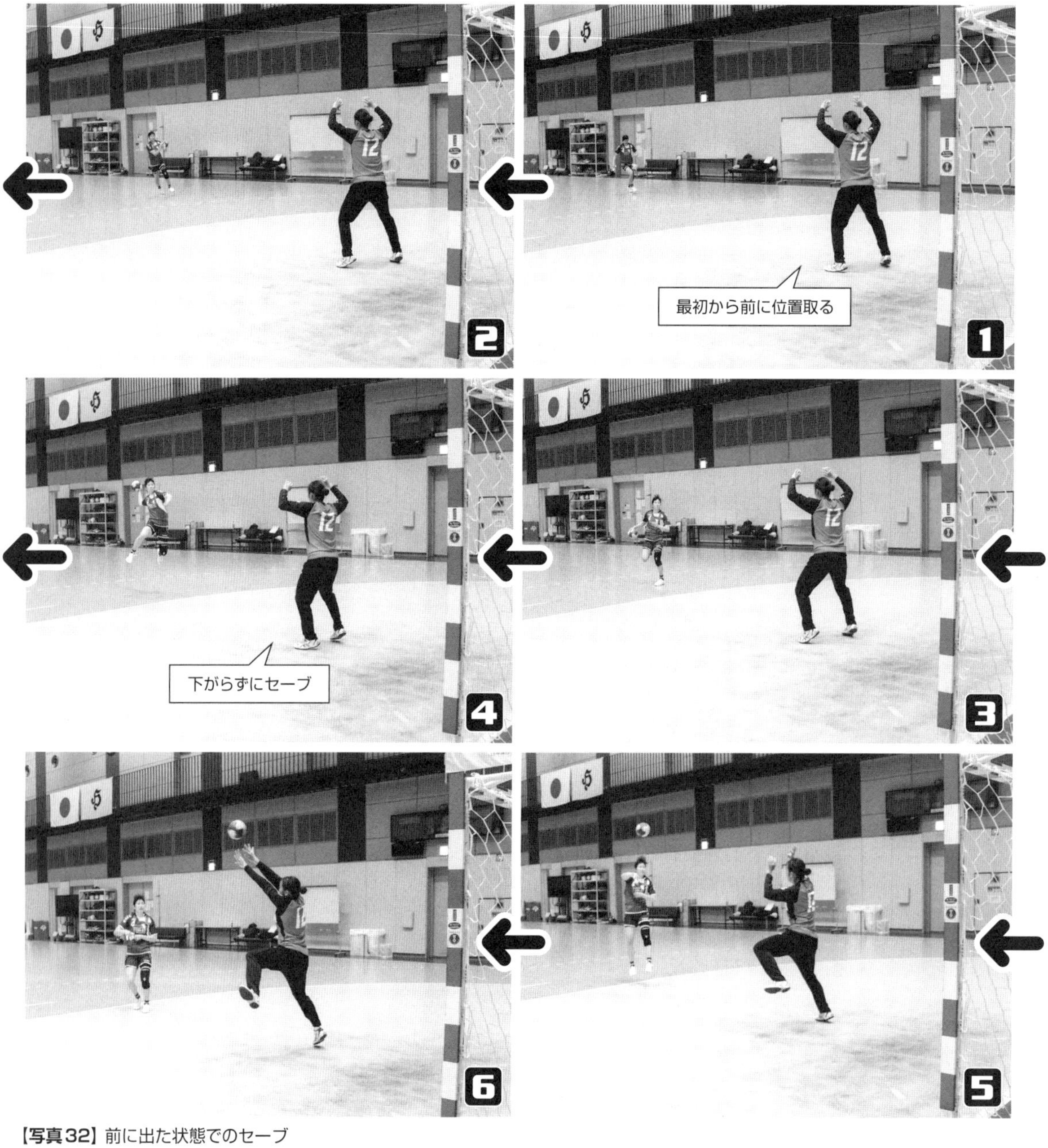
最初から前に位置取る
下がらずにセーブ
1
2
3
4
5
6

【写真32】前に出た状態でのセーブ

めて、相手と近い距離で止めにいくことが大事です。

次に、相手のタイミングに合わせて前に出る方法を見ていきましょう。【写真33、図14】のように、相手シューターが1、2、3とテンポよくジャンプしてきたら、それに合わせて前に詰めてセービングします。

前に出すぎてはループを決められてしまいますし、遅くても詰めている段階でシュートを打たれてしまいます。早すぎず、遅すぎず、相手のタイミングに合わせることがポイントです。シューターが左右にずれてきたら、動きを合わせましょう。

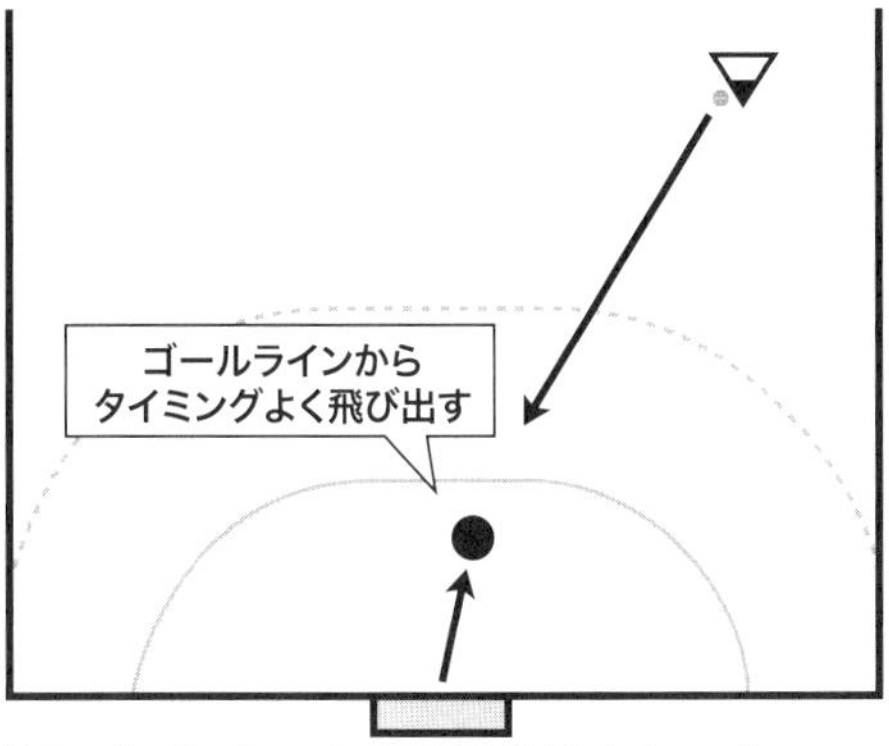
ゴールラインから
タイミングよく飛び出す

【図14】ゴールラインから飛び出したセーブ

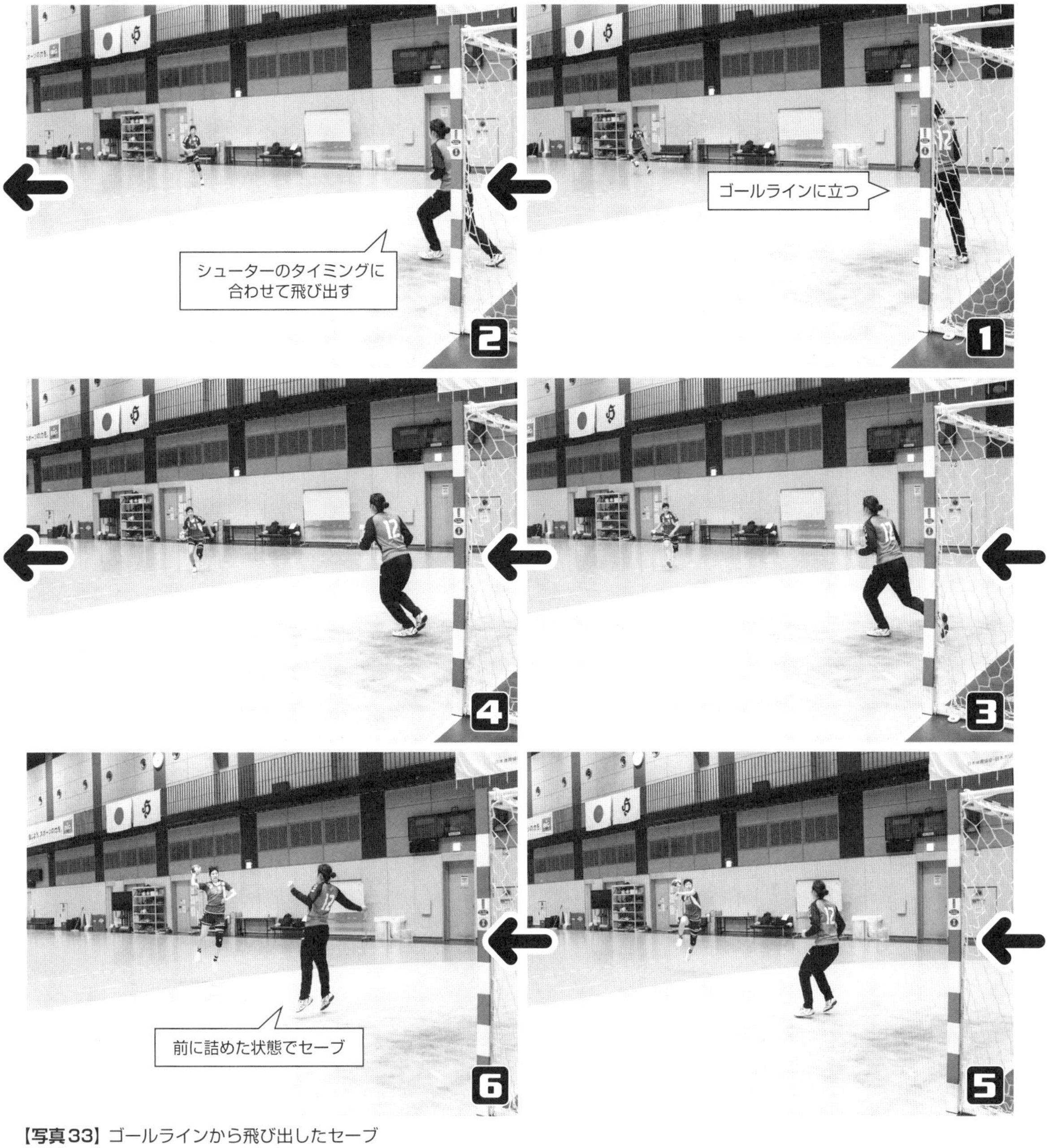
1
ゴールラインに立つ
2
シューターのタイミングに
合わせて飛び出す
3
4
5
6
前に詰めた状態でセーブ

【写真33】ゴールラインから飛び出したセーブ

## 目を切るタイミングで詰める

相手の速攻で、味方が最後まで競るシーンがあります。この時は相手が視線を外したタイミングで前に詰めましょう。シューターはDFと競り合いながらドリブルしているとGKが見えづらくなります**【写真34－2、3】**。ここが前に詰めるチャンスです。シューターからすると、一度確認していた位置から変わっているので、驚くはずです。

わずかな時間で、タイミングもシビアですが、ぜひトライしてみてください。

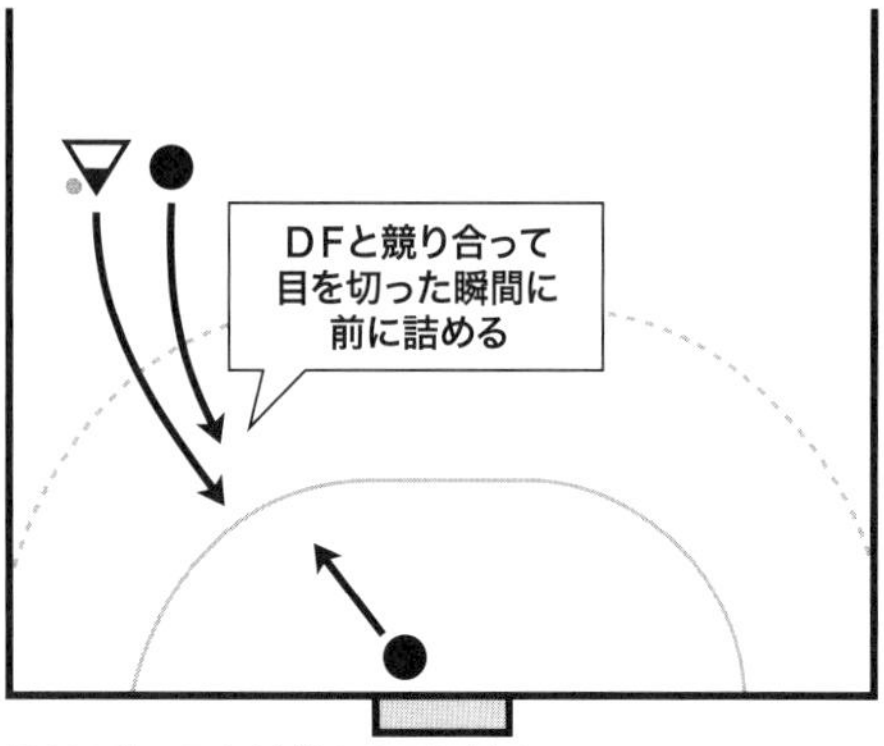
DFと競り合って
目を切った瞬間に
前に詰める

**【図15】**ＤＦと連携した飛び出し

DF
シューター
1
DFとシューターの状況を確認する
2
シューターが見ていないタイミングで前に詰める
3
4
5
6

**【写真34】**ＤＦと連携した飛び出し

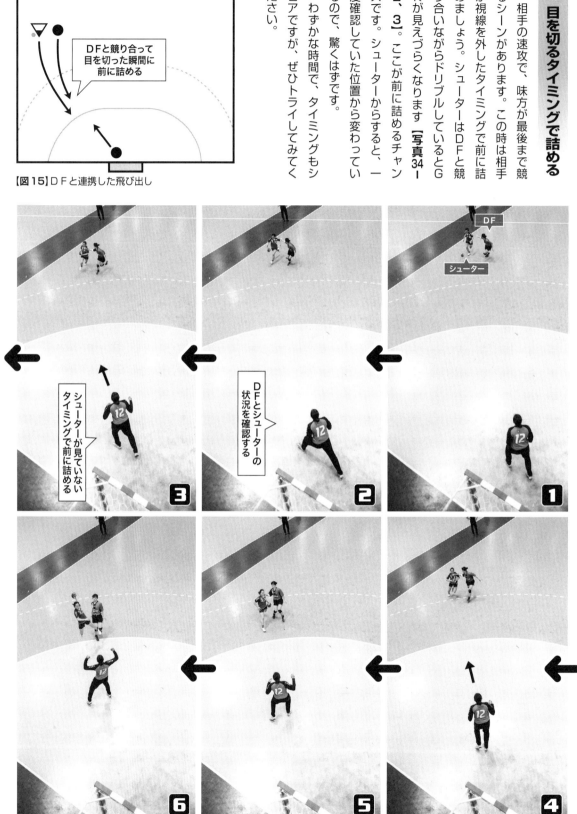

Scene 6

# 2対2

**2対2の状況ではDFに声をかけることで
相手を誘い、予測しながら正確な位置を取りましょう。**

## どちらかに狙いを絞る

DFにひと声かけることで、シュートの選択肢が限定できます。狙いを絞るための声のかけ方を、具体的に見ていきましょう。

まずは左サイドと左バックとの2対2を例に説明していきます。この場合には左バックのアウトフェイントもあれば、左サイドからのシュートもあります。

**【写真35－3】**のように右の2枚目のDFが遅れたら、左バックのアウトフェイントの確率が高くなります。そこでGKはアウトフェイントに備えて、前に詰めます**【写真35－6】**。より意図的にアウト勝負に誘導したいのであれば、GKはサイドDFに「最後は左サイドについてくれ」と声をかけます。サイドDFは左バックを厚く守るような位置を取りながら、パスの前には左サイドにつく動きをします。すると左バックは簡単にアウトを割れなくなり、なおかつ左サイドにパスを出せなくなるのでGKが勝負しやすくなります。

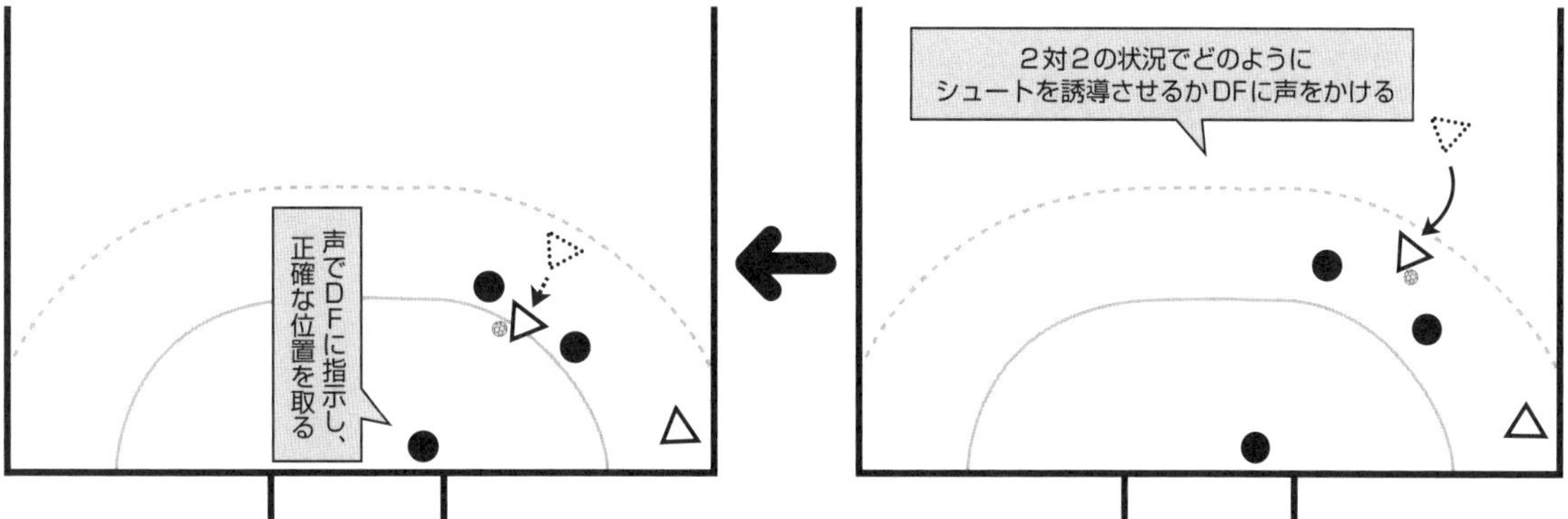
2対2の状況でどのように
シュートを誘導させるかDFに声をかける
声でDFに指示し、
正確な位置を取る

【図16】横の2対2

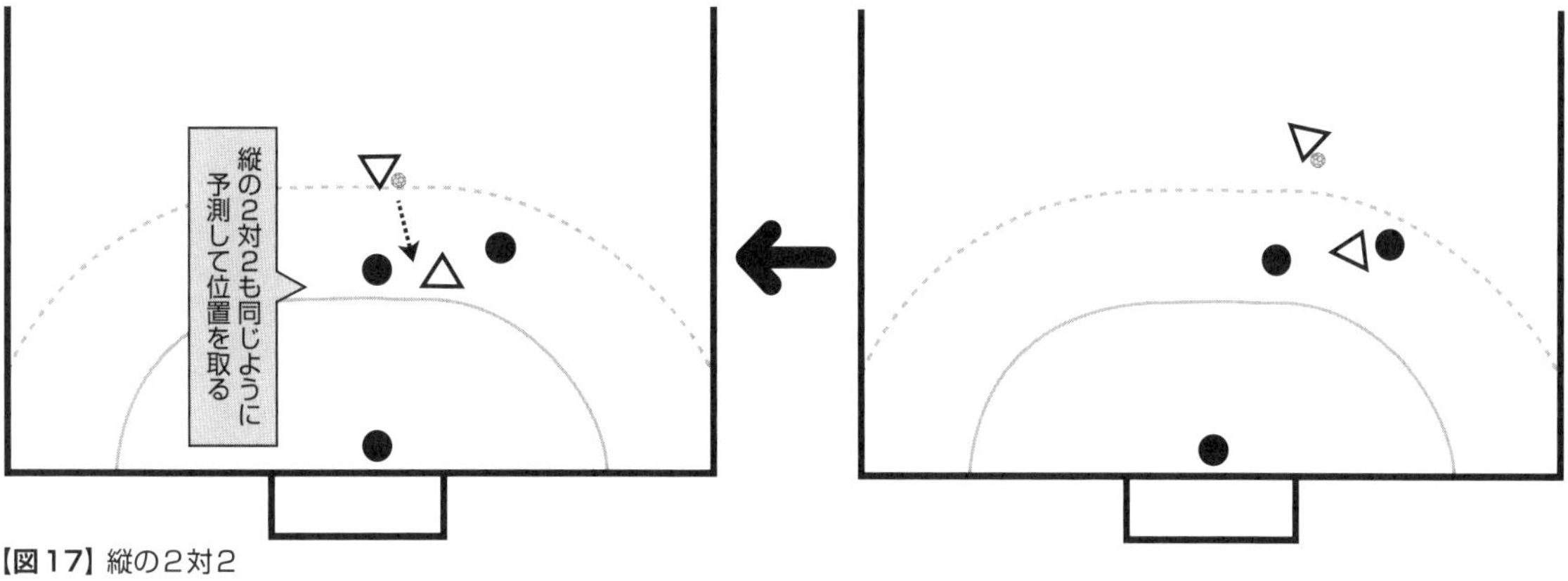
縦の2対2も同じように
予測して位置を取る

【図17】縦の2対2

サイド勝負であれば、サイドDFに「パスをさせながら追い込んでくれ」と声をかけます。サイドDFは左バック側に寄りながら、パスと同時に左サイドを追い込んで、角度を限定します。

## 縦の2対2での声かけ

バックプレーヤーとポストプレーヤーの縦の2対2では、ミドルシュートとポストシュートの両方の選択肢があります。【写真36－1】の時点では、まだどちらか絞れません。

1

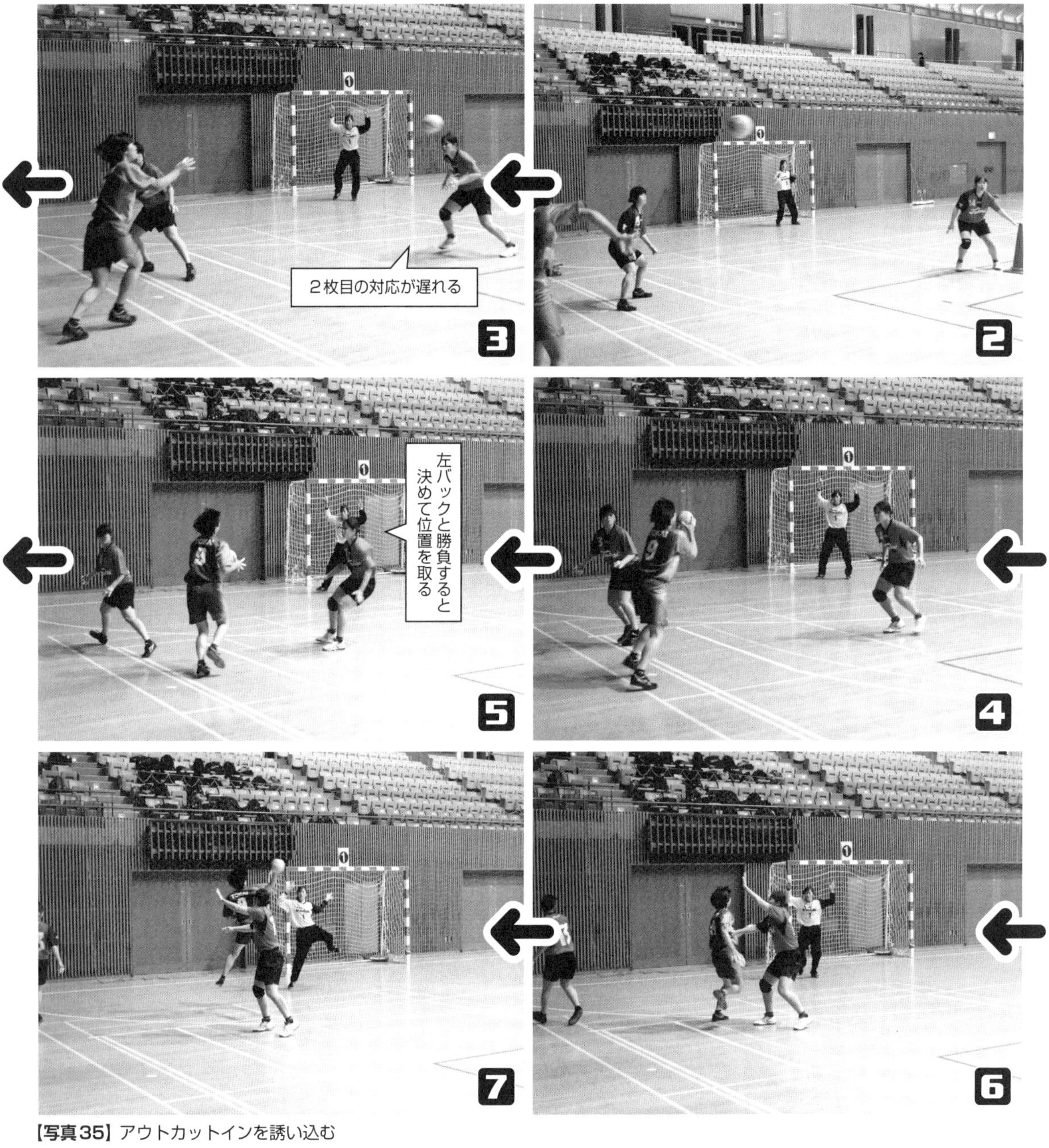
2
3
2枚目の対応が遅れる
4
5
左バックと勝負すると決めて位置を取る
6
7

【写真35】アウトカットインを誘い込む

2対2の声かけの動画をQRコードから見てみよう!!

ミドルで勝負したい場合は、ポストを見ているDFに「最後まで（ポストを）マークして」と指示を出します。そうすればDFはポストにマン・ツー・マンでつくので、ポストパスの可能性は低くなります。

ポストで勝負する方法もありますが、一般的にはミドルの方がポストよりも確率が低いので、ミドル勝負を選択することが多いでしょう。もしポストで勝負したい場合には、DFに「もっと（上に）当たりにいけ」という指示を出します。

いずれにしても、両方でやられないよう、どちらかに狙いを絞るための声が重要になってきます

DF
DF
PV
BP
1
ポスト勝負するために声で誘導
2′
ポストへのマークを厳しくさせディスタンスシュートを打たせる
2
3′
3

【写真36】縦の2対2の位置取り

## 両方に対応できる位置取りを心がけよう

バックプレーヤーとポストによる縦の2対2に対してのポジショニングは、とても難しいものです【写真37、図18】。バックプレーヤーのミドルシュートに合わせるべきなのか、それともポストシュートに位置を合わせるべきなのか。一瞬の迷い、位置取りのミスが失点につながります。

得点を決めることができるのはボールを持った選手ですので、こうした状況でGKがまず位置を合わせるのはバックプレーヤーです。バックプレーヤーが内側へ動いてミドルシュートを狙っていたなら、それに合わせて位置取りをしましょう。

この時、バックプレーヤーの動きばかりを追うのではなく、ポストの状況も頭に入れておきます。どのあたりにポジショニングしていて、どちらを向いているのかなど、バックプレーヤーのシュートを警戒しつつ、確認しておきます。

バックプレーヤーがポストへパスを出したら、すぐに位置取りを修正

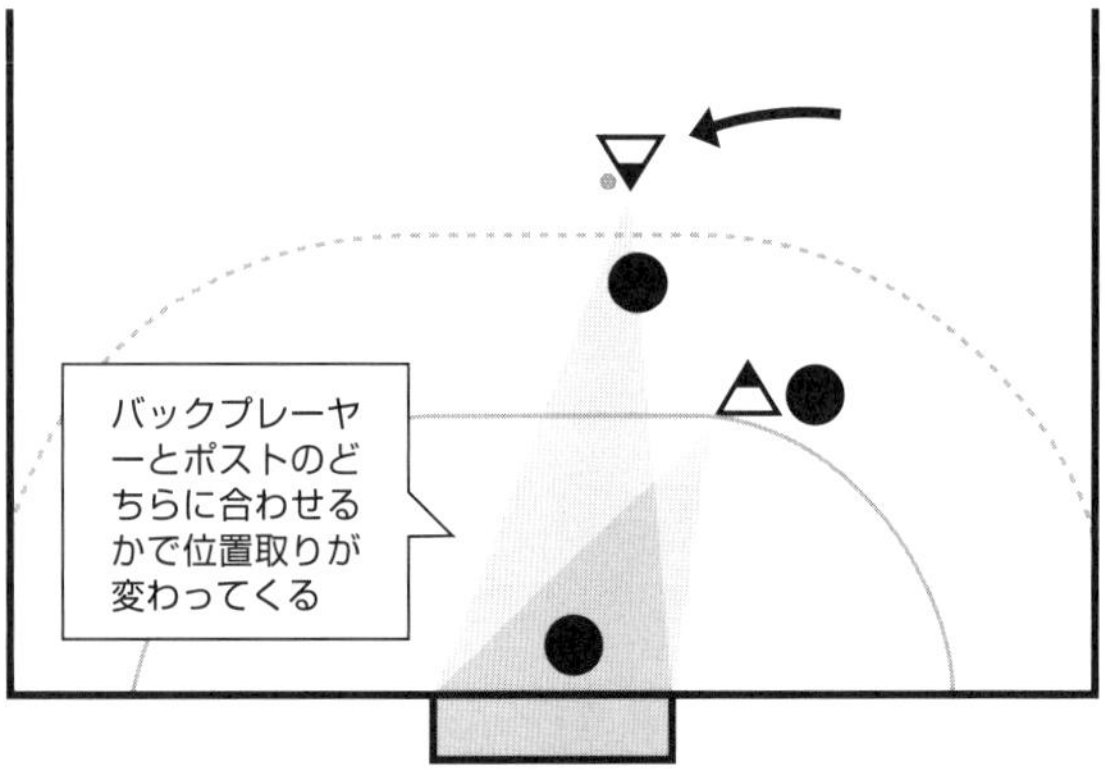
バックプレーヤーとポストのどちらに合わせるかで位置取りが変わってくる

【図18】縦の2対2

DF
DF

【写真37】縦の2対2

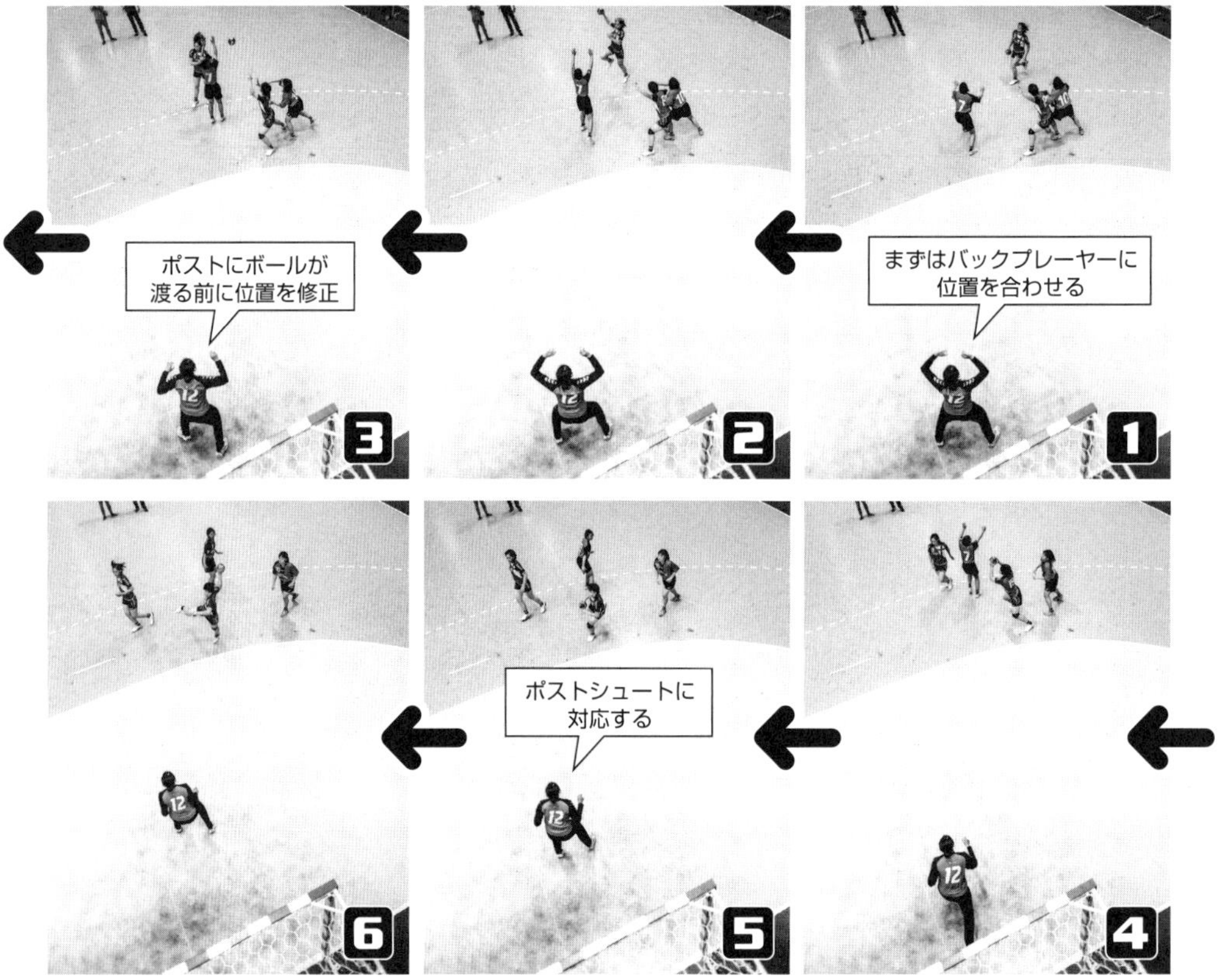
まずはバックプレーヤーに位置を合わせる
ポストにボールが渡る前に位置を修正
ポストシュートに対応する
1
2
3
4
5
6

【写真38】縦の2対2での位置取り

して、ポストシュートに備えます【写真38】。

ここで予測、判断が遅れてしまうと、ポストシュートを簡単に決められてしまいます。【写真39】ではバックプレーヤーがパスを出したとほぼ同時に位置取りを直し、ポストシュートを防ぐために前へ詰めています。対して、【写真40】ではポストにボールが入ったのを確認してから動いています。これでは後手に回ってしまい、準備している間に打たれてしまいます。

前に詰める時のポイントは、重心の高さを崩さず、できるだけ構えをキープしたまま動くことです【写真41】。こうすることで素早くセービングに移れます。

ここでもし前傾になったり、大きく沈んでから前に詰めてしまうと、素早く動けずタイムロスが生まれますし、もう一度面も作らなければなりません。バックプレーヤーからポストへボールが渡る時間はほんのわずかです。その一瞬で正しい位置取りをするためにも、余計な動きはなくしていく必要があります。

1
2
3
ポストがキャッチする前にいい位置を取る
4
5
ポストに対しての位置取りは完了している
6
【写真39】ポストに対しての動き方

1
2
3
ポストにボールが入ってから準備しても遅い
【写真40】ポストに対しての動き方（悪い例）

面を作ったまま前へ詰める
タイミングを合わせてセービング

【写真41】ポストに対しての動き方（正面）

前傾になったり、沈むように前に詰めると面をもう一度作ることになる

【写真42】前への詰め方（悪い例）

# 第5章
# 『ワンランク上のGKをめざそう』

## 現代のGKに求められるスキルとは

シュートを止める以外にも多くのことが求められるのが現代のGKだ。ここからはそうしたスキルのうち、スローと7人攻撃時の役割について解説する。

# 1 GKスロー

**GKが正確なスローができると、DFからOFへスムーズに移れます。そんなスローができるようになるためのポイントを解説します。**

GKの一番の仕事は、相手のシュートを止めて失点を防ぐことですが、セーブ以外にもさまざまな働きが求められています。

その1つが「スロー」です。シュートを止めたあと、またはマイボールになったあと、GKが素早く、そして正確なスローをすることで、チームの1点につながります。つまり、GKは守備の要であり、攻撃の起点になるのです。

強いチームはGKが止めたあと、1つのパスで速攻につなげるシーンが多く見られます。いわゆるワンマン速攻ですね。こうしたシーンが続くと、必然的に点差がついていきます。いいDFから得点につなげることで、チーム全体にリズムが生まれます。

このように、GKのスローは、個人にとってもチームにとっても重要なスキルと言えるでしょう。

ここからは、おもにゴールエリア内（6mラインの内側）でのスローを解説していきます。

**【写真1】**GKスロー

ゴールエリア内にボールがある場合、GKだけがボールを触ることができます。例えば、相手がポストパスをとおそうとして、ミスをしてゴールエリアに転がってきた場合、GKしかスローできません。そしてこの際、スローはエリア内で行なう必要があります。逆に言えば、エリア内であれば、どこからでもスローできるということです。

相手のシュートがアウターゴールラインを越えた場合、GKスローになりますが、この時、わざわざエリア内の前方に行く必要はありません。エリア内ならどこからでも投げられます。トップレベルのGKは、相手のシュートが外れてGKスローになった時、ゴールエリア後方からボールを投げています。これも素早くゲームを再開するテクニックです。

ですので、なにがマイボールなのか、なにが相手ボールなのかをしっかりと判断するためにも、ルールを理解、把握しておく必要があります。ターンオーバーになった時も素早くポイントに立ってスローできると、得点のチャンスが増えます。

先ほどもお伝えしたように、GK

【写真2】ＧＫスローの投げ方

スローは素早く、そして正確に投げることが点数に直結します。テンポが悪い、または味方に渡らないようなパスをしてしまうと、得点どころか、失点につながる可能性があります。その点は気をつけてください。

基本的なスローは【写真2】のようになります。マイボールになり、ボールをキャッチしたあと、顔を上げて味方の状況を確認します。転がってくるボールの勢いがなかったら、キャッチする前に一度状況を確認しておくといいでしょう。そして空いている味方にパスを出します。ここで大きく振りかぶるとパスを出すまでに時間がかかってしまうので、コンパクトな振りを意識しましょう。また、ステップも少ない方がいいです。オーバーステップにならないとはいえ、何歩も使っていると速攻のタイミングを逃してしまいます。

投げる時は、５ｍなどのとくに短い距離の場合は、ヒジを支点にして投げるとスローが安定します。

長い距離のパス、短い距離のパスなど多少の違いはありますが、これが基本のスローになります。

# 2 GKスローのポイント

**GKスローの特性、ポイントを理解して、いいスローができるようにしましょう。**

いいスローをするためにも、まずはGKスローの特性を理解しておきましょう。

GKスローは、CP同士のパスとは大きな違いがあります。それは、つねにキャッチする側が自分から離れていくことです。

CP同士のパスは、速攻の局面以外は、大きく距離が変わることはほとんどありません。

ですが、GKは違います。味方の選手はマイボールになると相手陣に攻め込みます。スローをするGKから見ると、全員が前を向いて走っている状態で、自分から離れていくことになります。

スローの際、GKはゴールエリアから出ることができません。前に行く味方に対して、出られるのは6mラインまで。時間が経つにつれて、味方との距離が離れていくのです。

速攻を展開しない時は味方が止まっているかもしれませんが、ワンマン速攻にあたる1次速攻や2次速攻のシーンでは、必ずと言っていいほど味方選手は前に動いています。

前に走っているということは、投げる瞬間の位置にパスを出してしまうと、ボールが届く時にはもうその位置に選手はおらず、パスミスになります。ですので、味方選手は前に動いているということをつねに頭に入れながらプレーしてください。そしてその選手がいる位置よりも前に投げることが大切です【図1】。

徐々にでいいので、どのくらい前に出せばいいのかの感覚を練習の中でつかんでいきましょう。

**【写真3】**はいいパスの例です。走っている選手が勢いを殺さずにパスを受けています。前を向きながらキャッチできるので、そのままフェイントなどに入りやすく、得点につながるプレーになります。

**【写真4】**は悪い例です。パスがうしろにずれているので、走るのをやめてボールをキャッチしています。このわずかなズレが速攻のチャンスを潰してしまいます。最悪の場合、相手にボールが渡ってしまい、失点につながることがあります。正確に味方にパスを出すことが、チームの得点アップにつながるはずです。

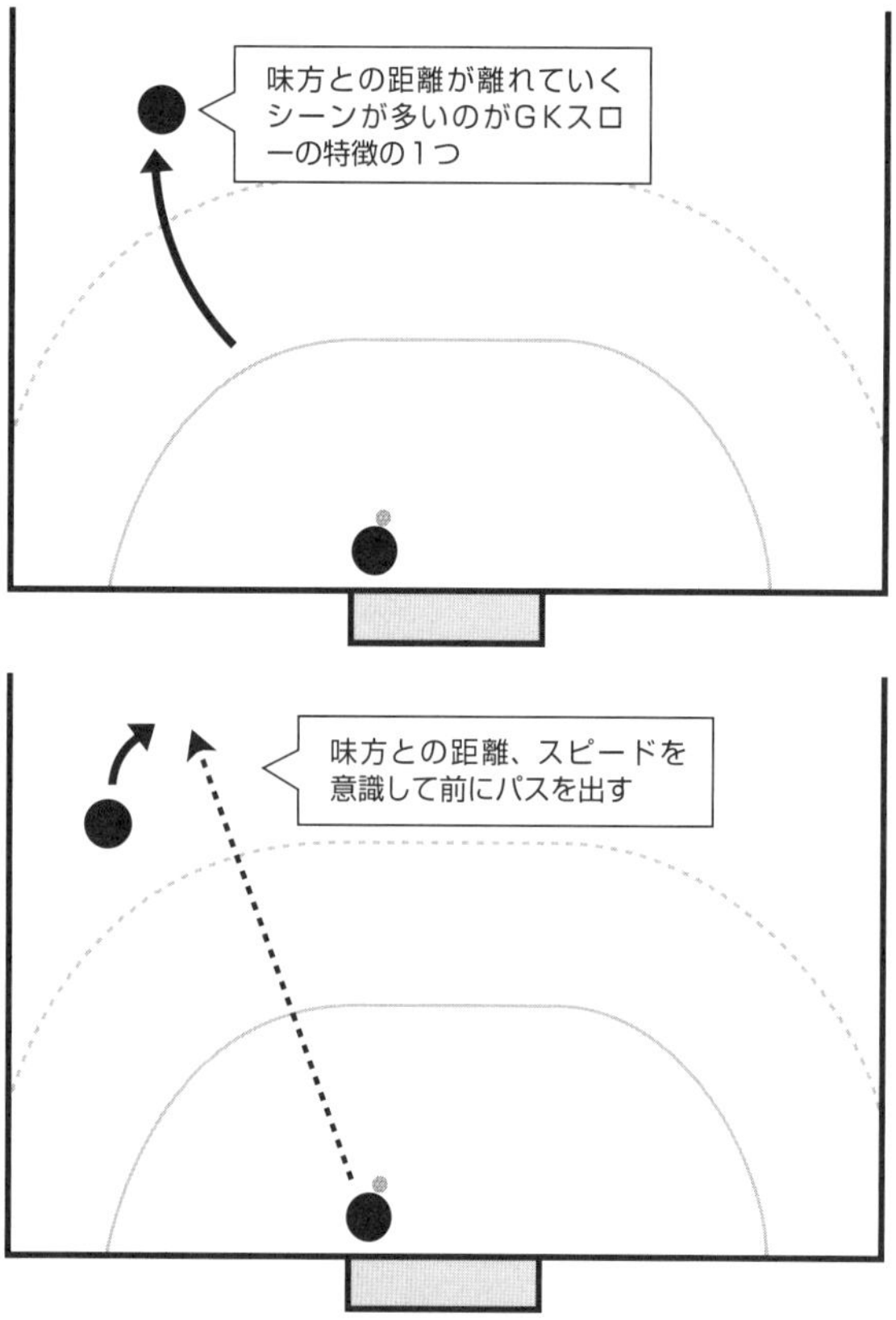
味方との距離が離れていくシーンが多いのがGKスローの特徴の1つ
味方との距離、スピードを意識して前にパスを出す

**【図1】**GKスローの特性とポイント

【写真3】いいパスの場合

【写真4】悪いパスの場合

# 3 GKスローのトレーニング

**さまざまな状況でのGKスローのトレーニングを紹介します。**
**短い距離、長い距離のトレーニングのコツを知って、練習に励みましょう。**

ここからは、GKスローの精度を向上させるためのトレーニングを紹介していきます。

106、107ページでもお伝えしたように、GKが正確なスローができれば、チームの得点チャンスは増えていきます。短い距離でも長い距離でも正確なスローができることをめざしましょう。

まずはGKスローをする前の動作の練習から始めます。

ゴールスローは、エリア内にボールが転がった時や相手シュートを止めた時にできます。相手のシュートがアウターゴールラインを越えた時や相手がラインクロスなどのファールをした時も同様に、ゴールエリア内からのスローで競技を再開します。

スローはゴールエリア内ならどこからでもできるので、覚えておいてください【写真5】。

トレーニングは【写真6、7】のようにボールを取ってから投げるまでの動作をします。【写真6】はゴールエリア外からボールを転がしています。コート中央から、左右のバックの位置からと、いろいろなポジションから投げてください。投げる方もわざとゆっくりと出したり、バウンドさせたりと、変化を加えてください。

GKは転がってくるボールを待つのではなく、自分から拾いにいってください【写真6-1】。拾いにいくとその分、素早く攻撃に移れます。確実に、そして素早くボールを拾ったら、そのまま投げる動作に移ります。その際、顔を上げて周囲をよく見られるようにしましょう【写真6-3】。

周囲の状況確認を、キャッチする動作といっしょにすることで、そのあと素早くボールを投げることができます。ボールを取る→周りを確認→ボールを投げる、という流れを少しでも省略して味方のチャンスを逃さないようにしましょう。ここで時間がかかると、相手も帰陣してしまうので、得点のチャンスが減ってしまいます。キャッチからスローの一連の動作を素早くできるようにしましょう。

【写真7】では、セーブからの流れを重視したトレーニングです。パサーはゴールに向かってボールを投げます。投げる速さはGKが止めやすいようにゆっくりで大丈夫です。GKはボールを止めますが、キャッチするのではなく、手前にバウンドさせるように弾きます。【写真6】と同じようにボールを拾うまでに周囲の状況を確認【写真7-3】、そしてバウンドしているボールをキャッチしてスローへ。

どちらもボールをキャッチしてからスローする流れをスムーズにできることを意識してください。

ゴールエリア内なら
どこからでもスローできる
【写真5】正確なスローを身につけよう

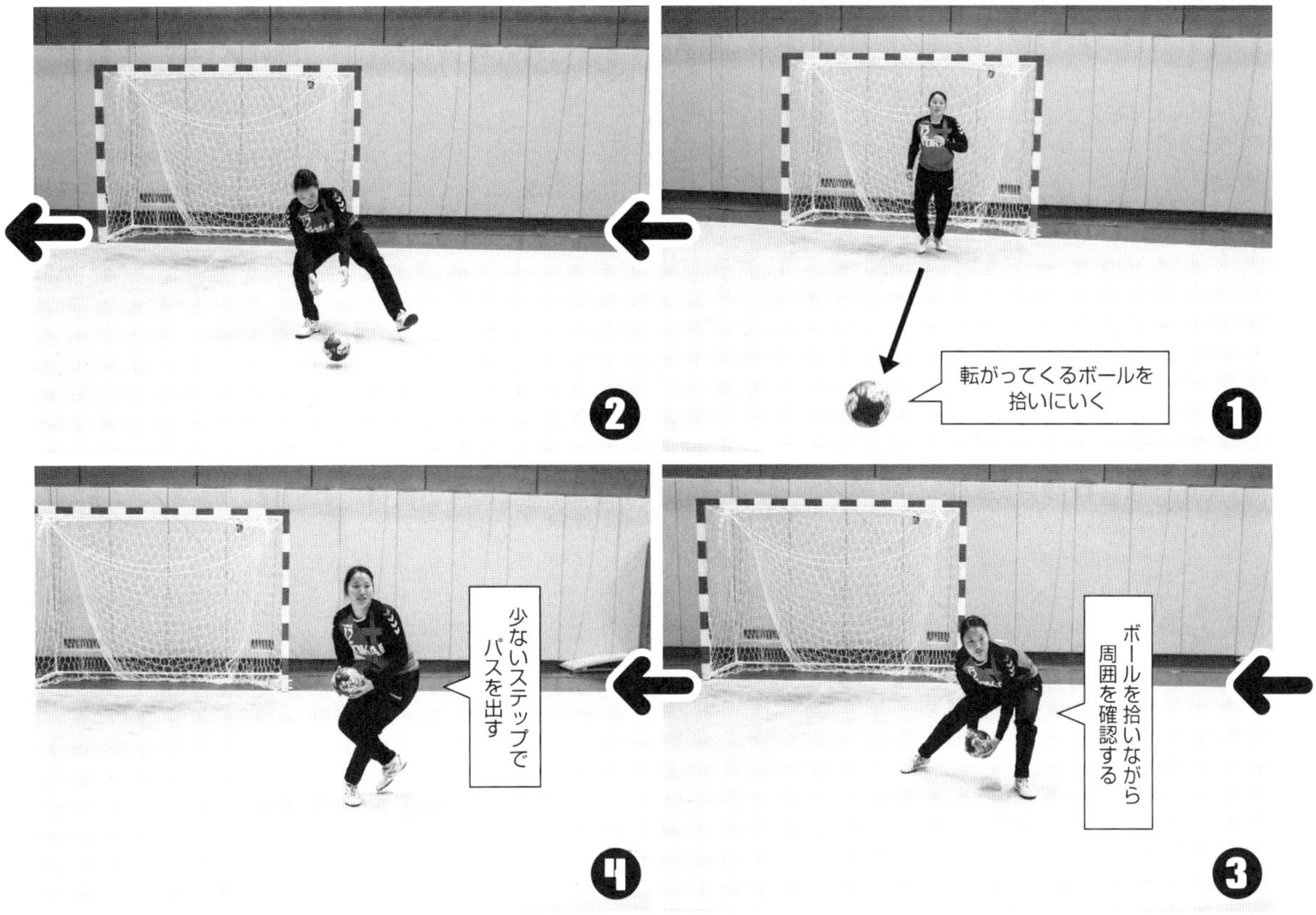


【写真６】ＧＫスローのトレーニング１

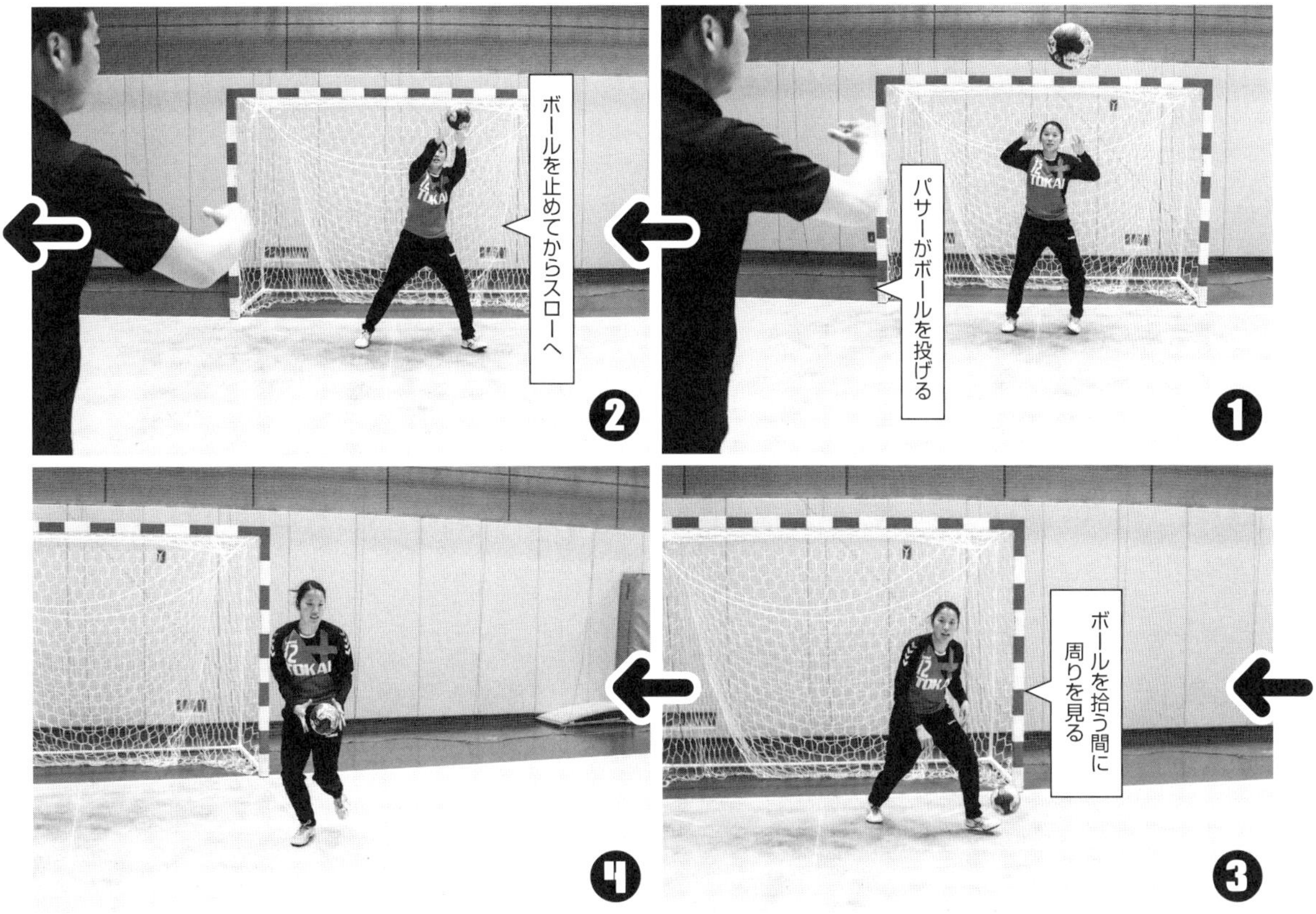


【写真７】ＧＫスローのトレーニング２

## DFをつけて状況判断をプラス

止めて投げるまでの動作ができたなら、次のトレーニングに移ります。【図2】、【写真8】のように、パスを受ける選手を2人、DFを1人入れて行ないます。パスを受ける選手は、ハーフラインの手前で立ってください。DFはその間に立ちます。

パサーがボールを投げて、パスを受ける選手がボールを取るまでは、先ほど紹介したトレーニングと同じ。その時、DFの選手はパスを受ける選手のどちらかをマークします【写真8－2】。DFが1人しかいないので、必ずどちらかがフリーになります。GKはボールを拾っている間に、どちらの選手が空いているのかを判断して、素早くボールを投げます。この時もテンポよく、時間をかけすぎないようにスローしましょう。

これを発展させたのが、【図3】と【写真9】です。パサーがボールを投げて、DFがどちらかにマークをするのは同じですが、パスを受ける選手はその場に立つのではなく、

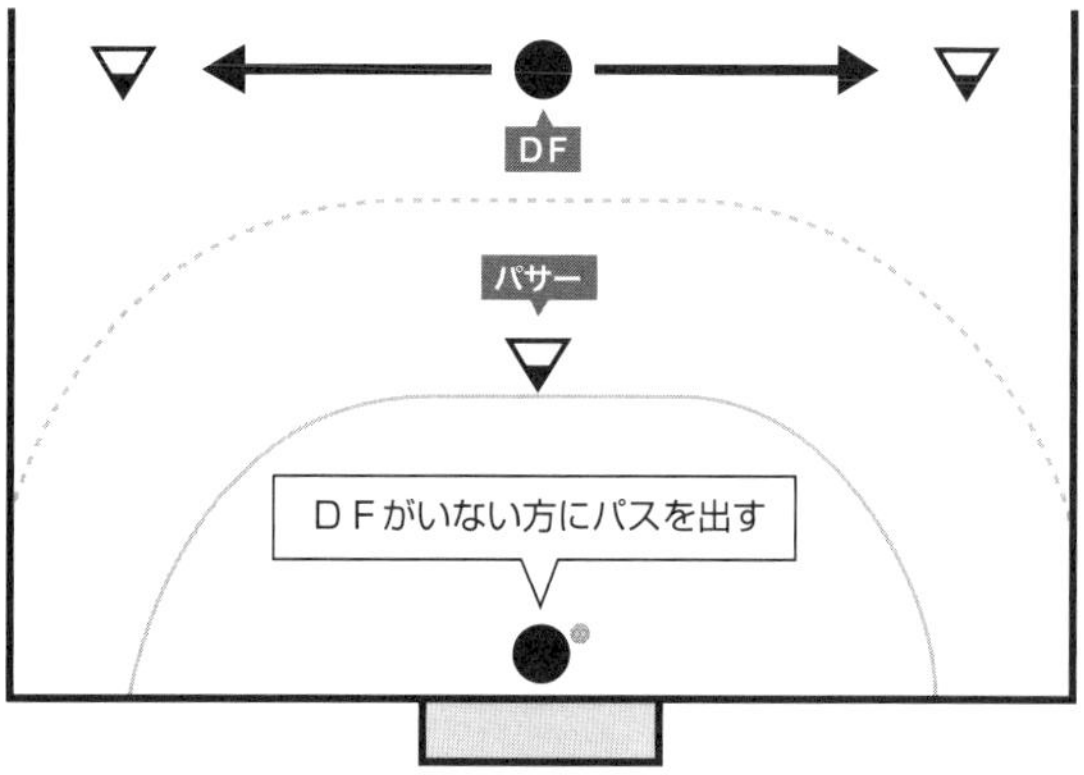
DF
パサー
DFがいない方にパスを出す
**【図2】**GKスローのトレーニング3

DF
パサーがボールを出す
1
DFはどちらかにマークへ
2
3
空いている方を素早く確認してボールを投げる
4
5
**【写真8】**GKスローのトレーニング3

前に走ります【写真9-1】。実際の速攻の場面と同じ状況です。

【写真8】では止まっている選手に投げていましたが、ここでは動いている選手にパスを出すので、少し前に出しましょう。緩いパスや、走っている選手のうしろに出さないように、前のスペースに出すイメージで投げてください。

106、107ページでもお伝えしているように、走っている選手の勢いを殺さないようなパスができれば、チームのチャンスが広がります。

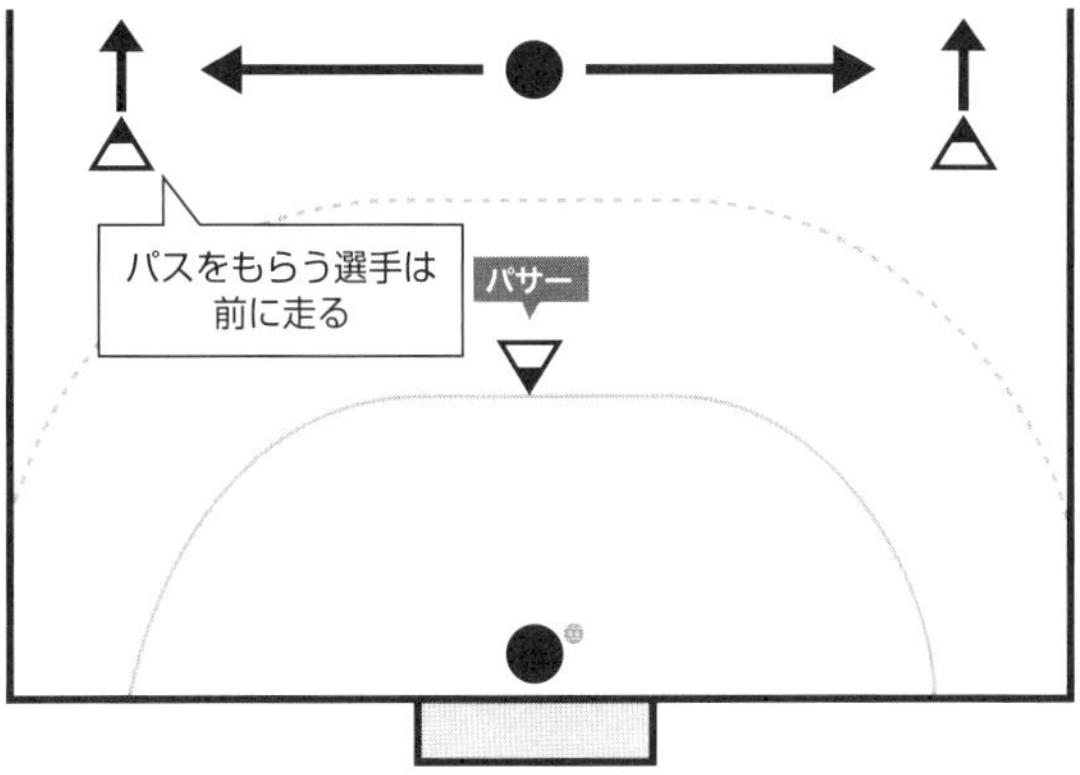


【図3】GKスローのトレーニング4

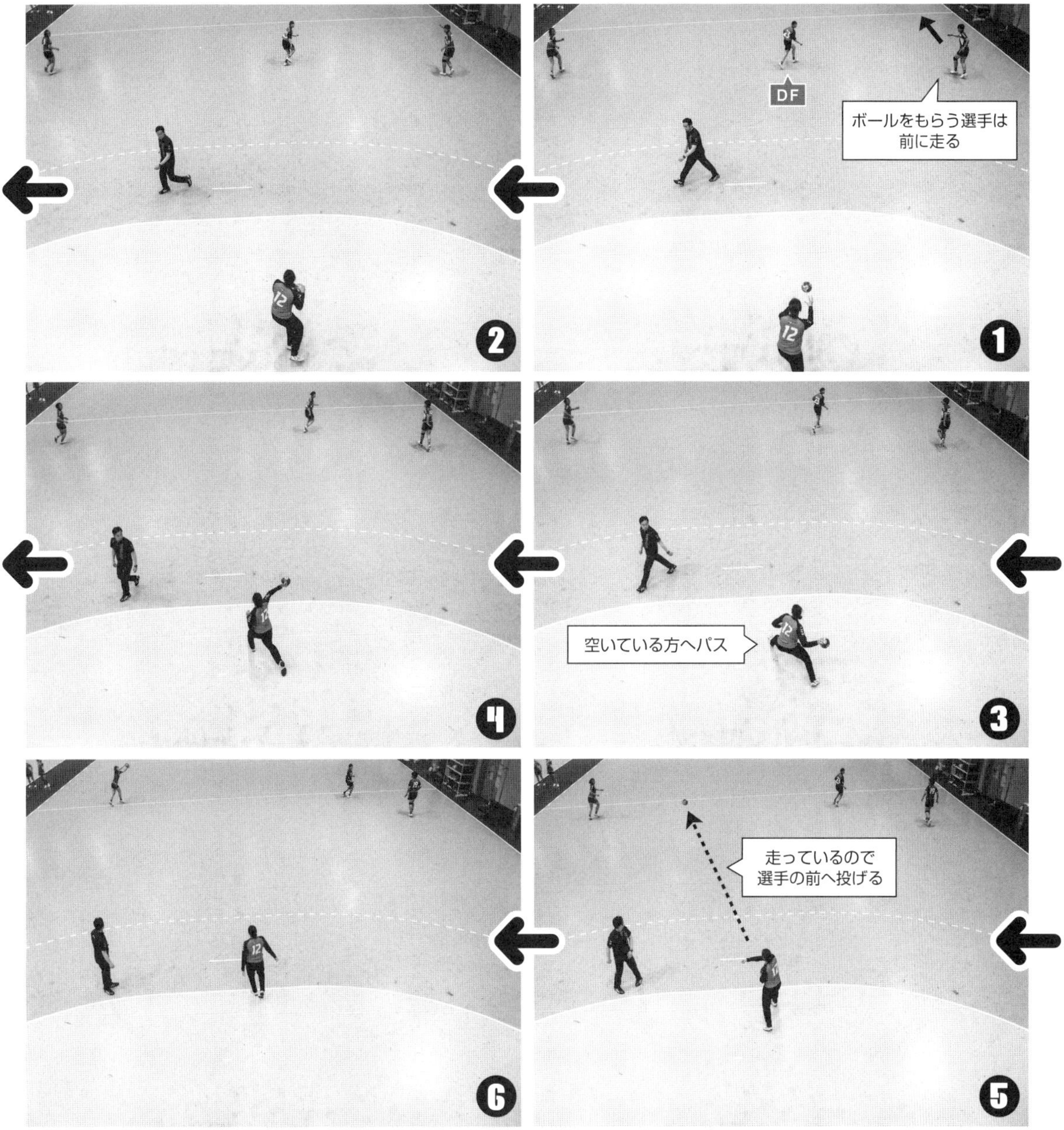


【写真9】GKスローのトレーニング4

## DFとの状況を判断して投げ方を変える

次は長い距離のパスのトレーニングです。長い距離のパスは実際の試合でも使われるシーンが多く、一次速攻など、直接得点につながることが多いです。得点力アップのためにも、ロングパスを正確に投げられるようにしましょう。

【図4】のように、OFとDFを競わせて走らせます。ワンマン速攻のような形です。

GKはパサーからボールをもらったら、味方にボールを投げてください。この時、OFとDFがどのような位置関係にあるのかを考えることが大事です。DFが味方をマークしているのか、それともOFがいいスタートを切り、DFよりも前を走っているのかを判断してください。

DFが味方をマークしているが、前にスペースがある場合は、そのスペースを活かすように山なりのパスを出します【写真10】。DFを越えるようなイメージ、またはスペースに落とすようなイメージで投げるの

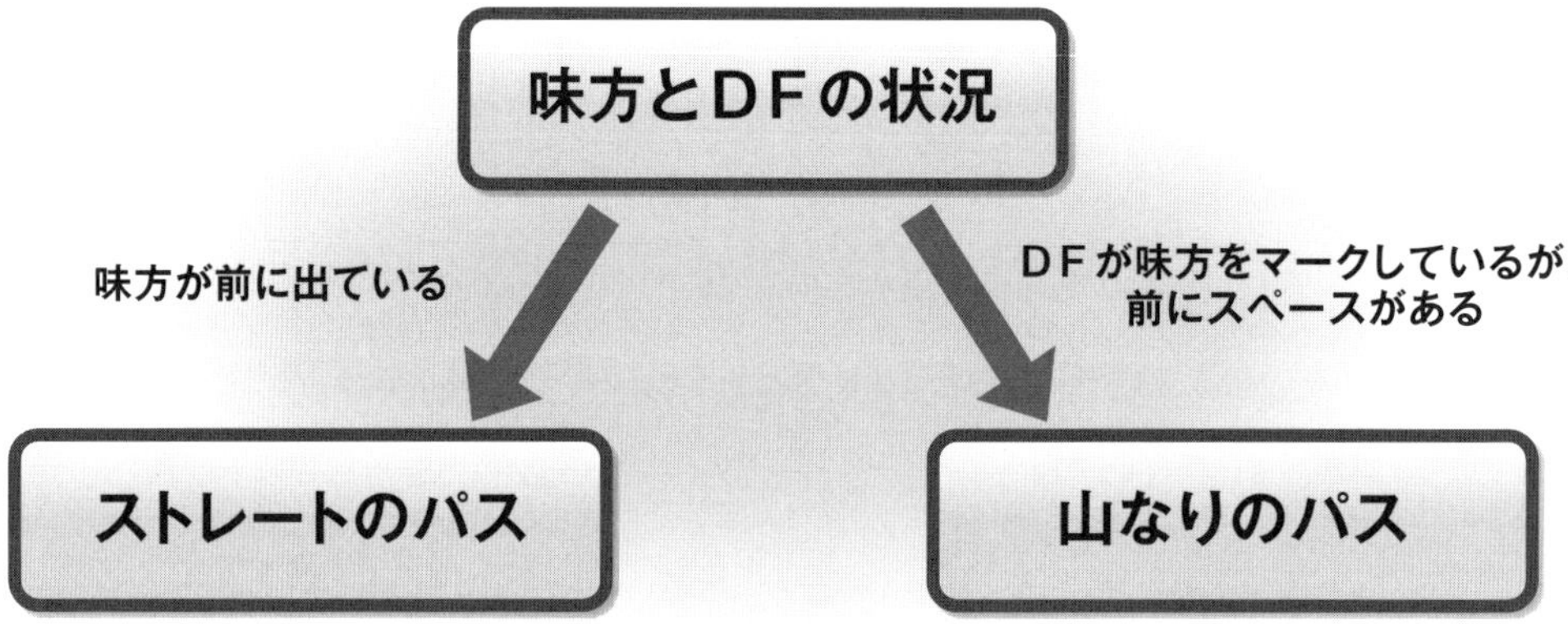
味方とDFの状況
味方が前に出ている
DFが味方をマークしているが、前にスペースがある
ストレートのパス
山なりのパス

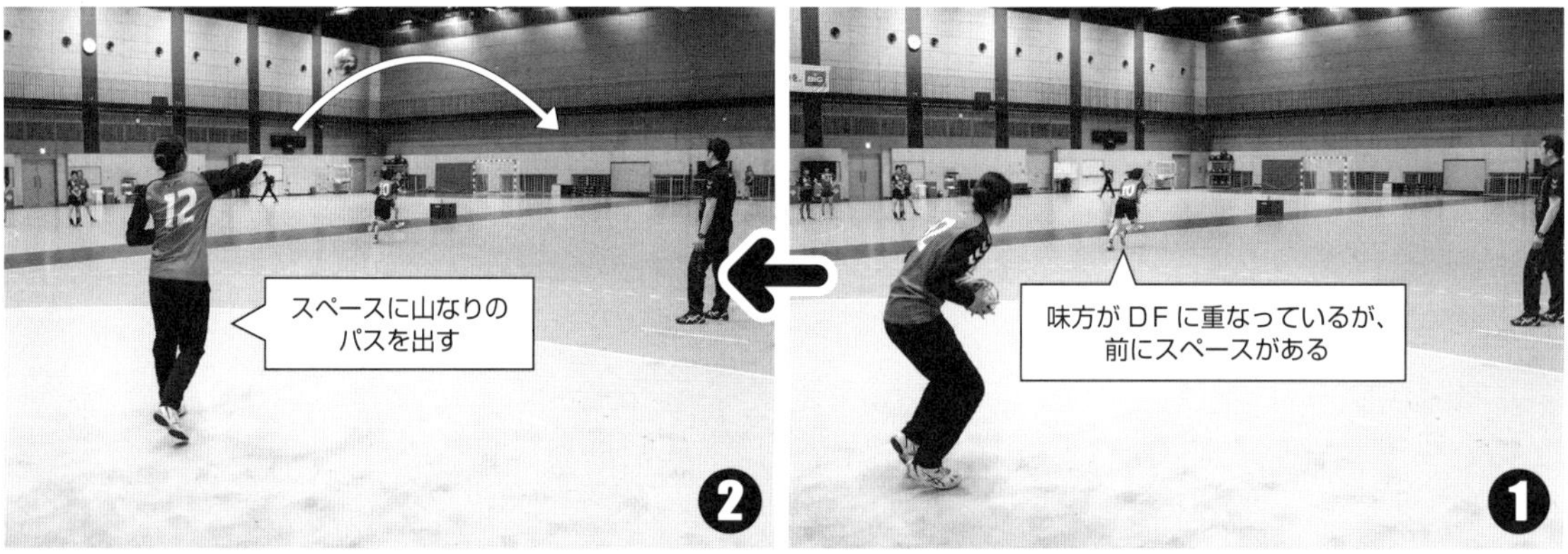
味方がDFに重なっているが、前にスペースがある
スペースに山なりのパスを出す
【写真10】山なりのロングパス

味方がDFより前に出ている
ストレート気味のパスを出す
【写真11】ストレートのロングパス

がいいでしょう。

逆に味方がDFよりも前に出ていた場合、ストレート気味のパスを投げるほうがいいでしょう【写真11】。真っ直ぐ味方に飛んでいくようなパスです。肩の力が必要ですので、日ごろから強く、真っ直ぐ投げる練習をしておきましょう。これまでお伝えしてきたように、選手は走っているので、投げる瞬間の位置に出すのではなく、少し前に出して、味方の走っている勢いを止めないようにしてください。

【写真10ー1】と【写真11ー1】を見比べてみると、OFとDFの位置関係がどう違うのかがよくわかると思います。

【写真10】のような山なりのパスはGK目線で見ると、マークされていてチャンスがないように感じてしまいますが、【写真12】のように上から見ると、OFの前には広大なスペースがあります。そこを使うことを意識してください。

このように山なりのパスとストレートのパスを使い分けることができたら、速攻のチャンスが増えます。OFとDFの状況を判断して、そこで正しいパスを選択して、正確に出せるようにしましょう。

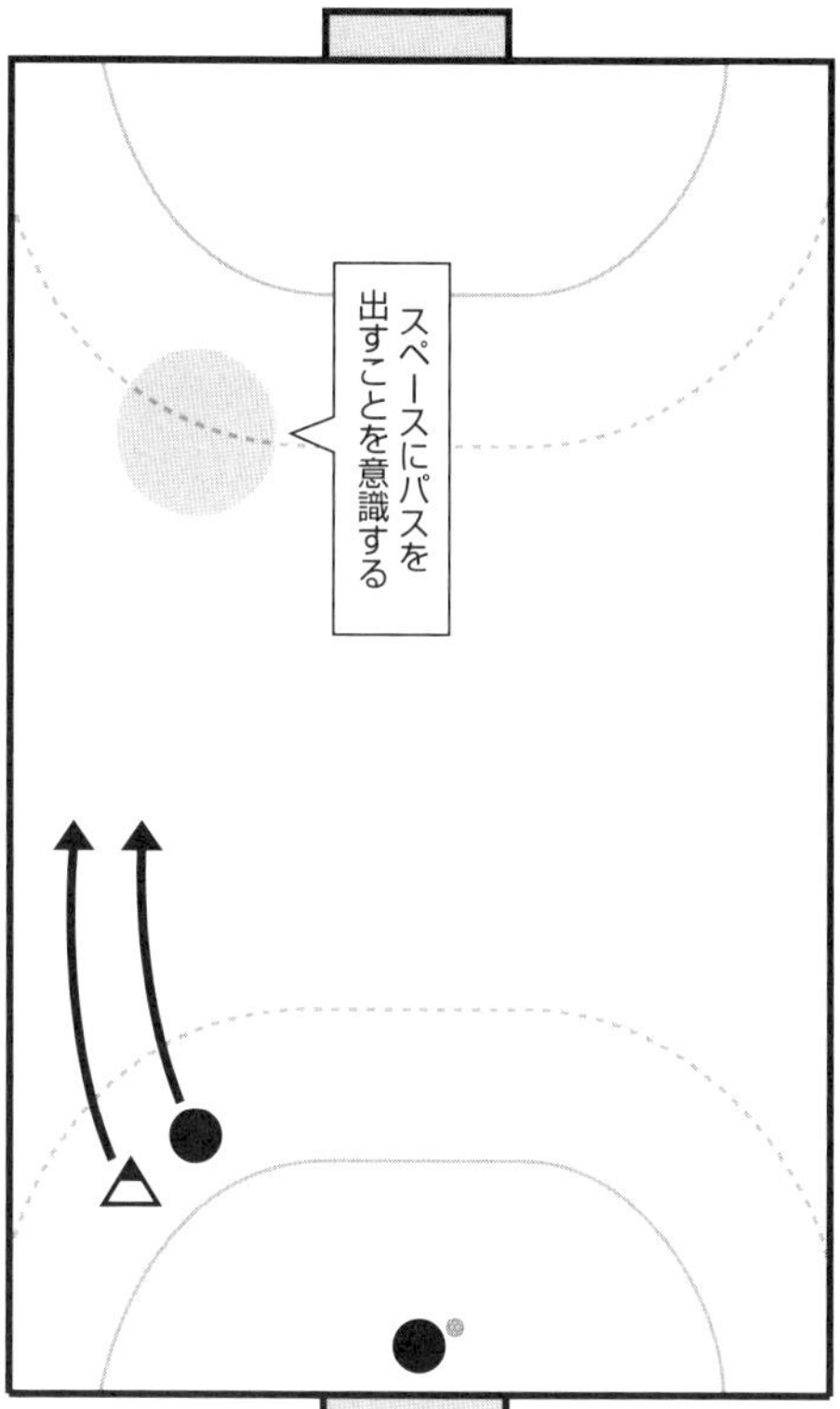
スペースにパスを出すことを意識する
【図4】GKスローのトレーニング5

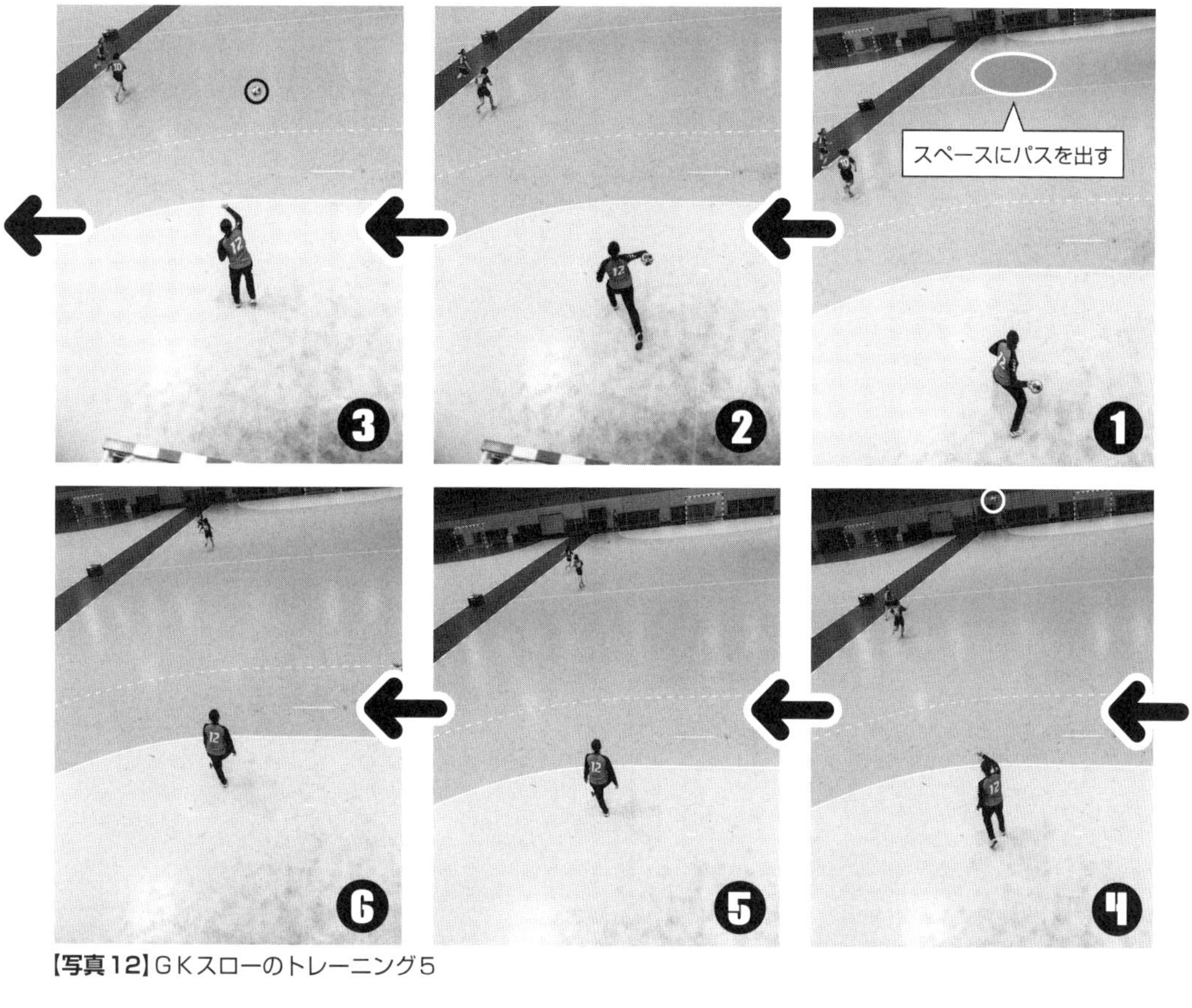
スペースにパスを出す
1
2
3
4
5
6
【写真12】GKスローのトレーニング5

## 中、長距離のパスを判断して投げる

110、111ページのトレーニングを発展させたものを紹介します。

半面だったコートを全面に広げます。パスを受ける人を2人から4人、DFも1人から2人に増やします。パスを受ける人は【図5】のように、2人が自陣のゴールから12mくらい、ほかの2人が敵陣のゴールから12mくらいの場所に立ちます。DFは4人の間にポジショニングします。さらに相手のGKも入れてください。

パサーがGKにボールを投げるのがスタートの合図。2人のDFは、4人のうち、2人をマークしにいきます。かならずどこへ行くなどの指定はなく、パスを出させないようにDFをしてください。パスを受ける人は横やクロスの動きなどはせず、前に向かって走ります。

GKは、投げるポイントが4つありますが、2人のDFがいるので、空いている2人をしっかりと判断し、ボールを投げましょう。

【図6】、【写真13】ではDFの1人が手前の右側へ、もう1人が奥の左側（いずれもGKから見て）へマークにいっています。

つまり、手前の左側の選手と、奥の右側の選手が空いています【写真13－3】。ここでは、奥の右側の選手にロングパスを出しています。味方に正確なパスを出せれば、得点のチャンスが増えます。

この時、奥（自分から遠い選手）、手前（自分に近い選手）の順で見ていくのがいいでしょう。相手ゴールに近く、そしてフリーの選手につなぐことができれば、高確率で得点することができるからです。

もちろん、近くにいるフリーの選手にパスを出すのでもOKです。いずれもボールを取ってからスローするまでの時間を短くすることを意識してください。パスを受ける選手が走っているので、前に出すことを忘れずに。

なかなかうまくいかない時は、パスを受ける4人が止まっていてもいいでしょう。そこからパスを受ける人が走るなど、徐々にトレーニングのレベルを上げていきます。

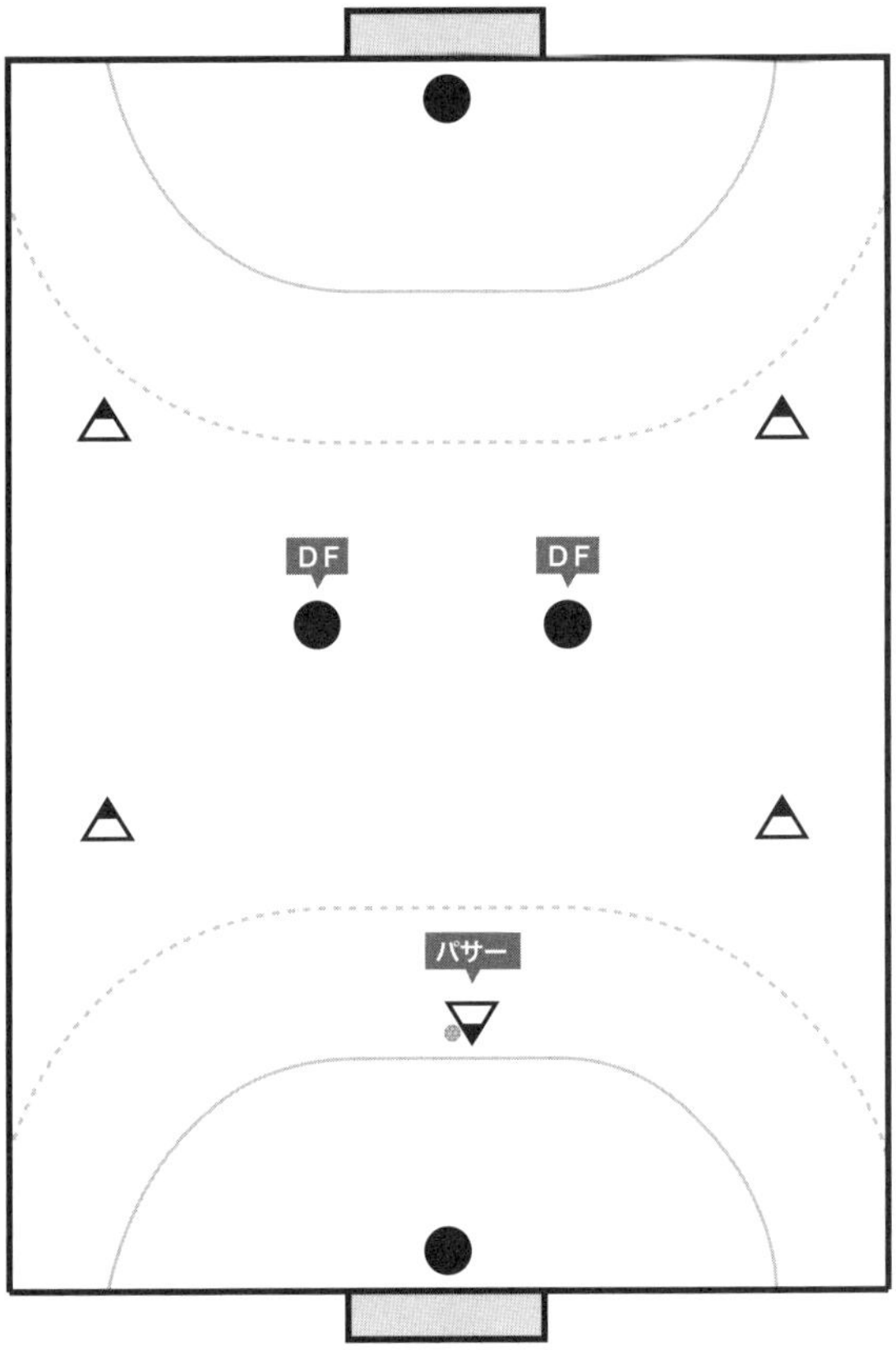
DF
DF
パサー
【図5】GKスローのトレーニング6－1

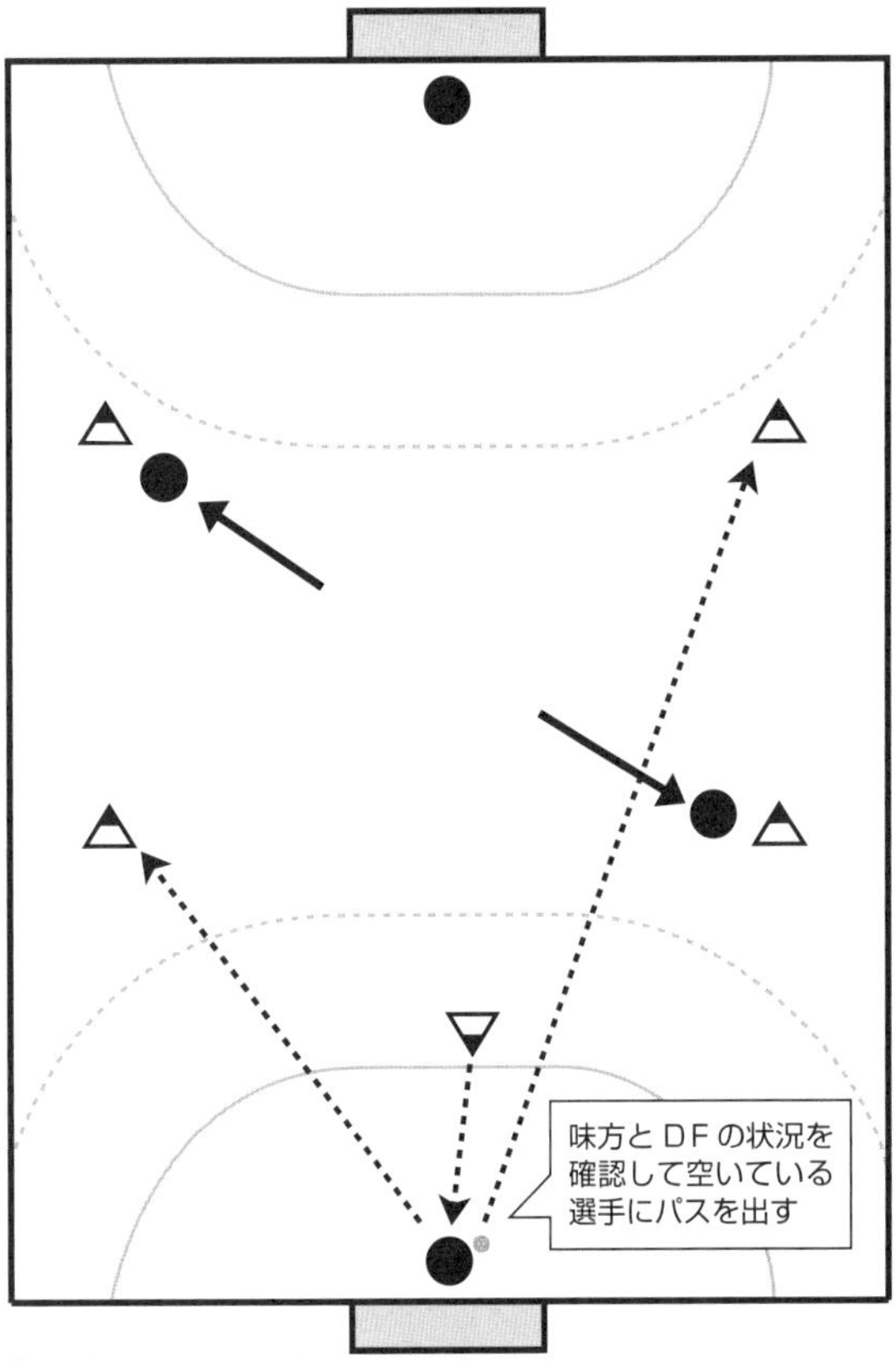
味方とDFの状況を確認して空いている選手にパスを出す
【図6】GKスローのトレーニング6－2

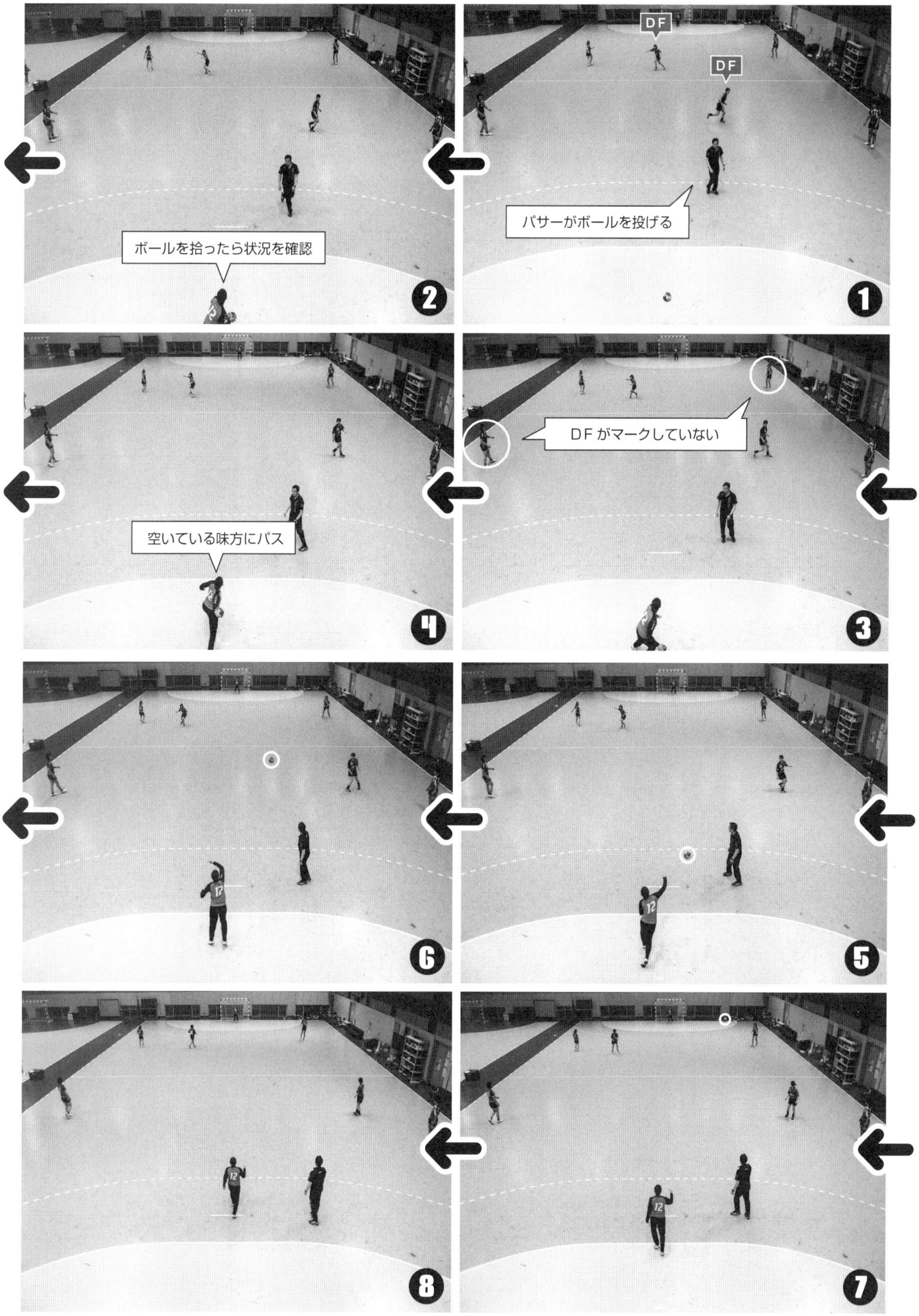


【写真13】GKスローのトレーニング6

実際の試合と同じように、相手ゴールに近く、DFがマークしていない選手にパスをとおした方が、フリーのチャンスが増え、得点できる確率が上がります。もちろん、DFもそれは承知済み。フリーになっている相手選手にパスをとおさせないように、厳しくマークしてくることでしょう。

そこを逆手に取ったのが、【図7】、【写真14】です。

まず、相手ゴールに近い選手を見て、パスを投げるふりをします。DFがその動きにつられて、奥の2人（相手ゴールに近い選手）をマークしてきたら、手前にいる近くの選手につなげます。

ロングパスをとおすことができれば得点のチャンスが増えますが、スローをカットされると1点を失う可能性があります。

相手DFにカットされないように、安全に味方にパスをつなげるのもGKの仕事の1つ。得点を狙いつつ、相手にカットされないようなパスを出すことを意識してください。

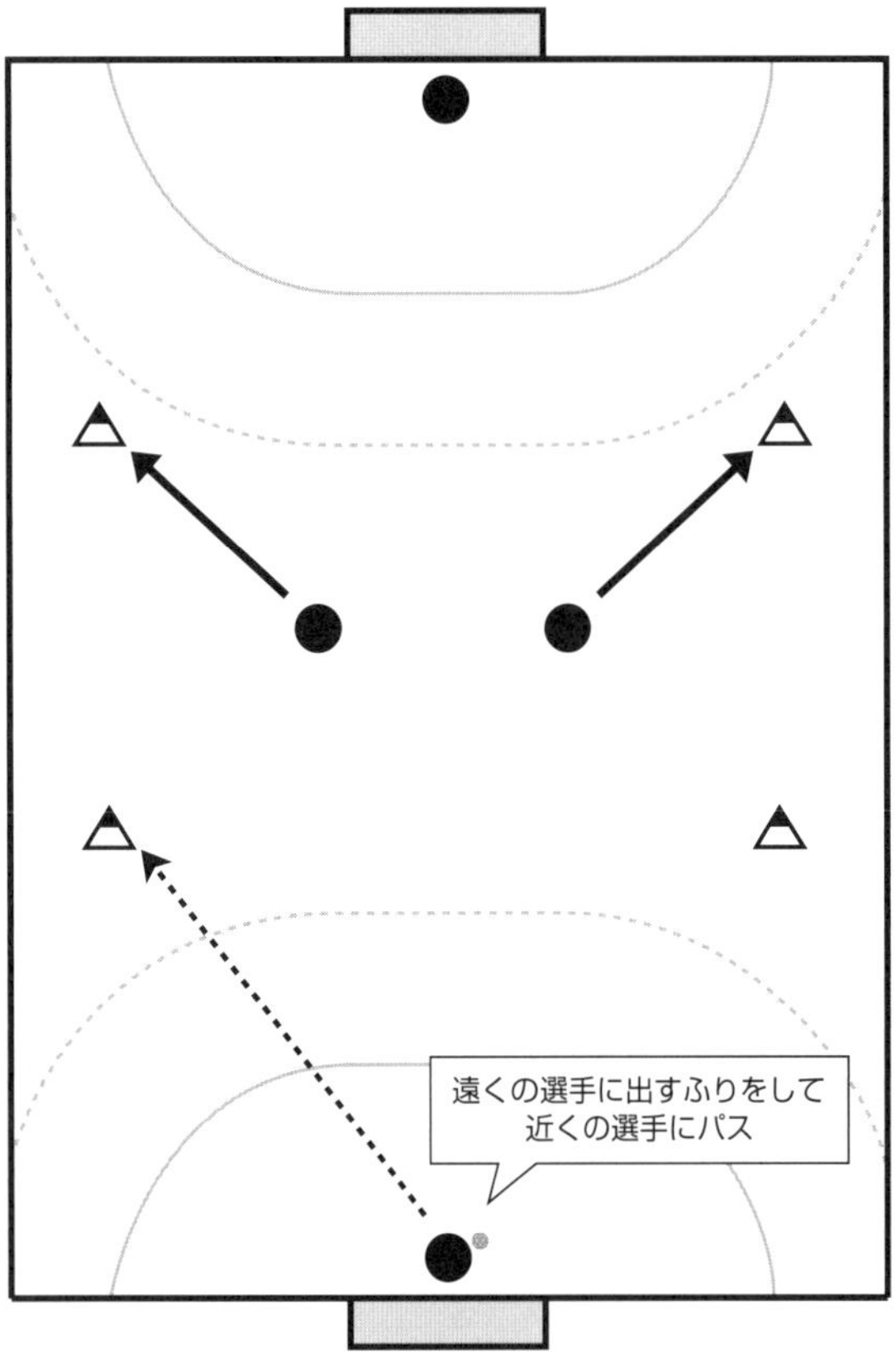
遠くの選手に出すふりをして
近くの選手にパス

【図7】GKスローのトレーニング7

遠くの選手へ
パスを出すふりをして
近い選手にパス

【写真14】GKスローのトレーニング7

ここまでDFの動きに注目してきましたが、実際の試合では相手GKがゴールエリアの外に出てきてパスをカットするシーンもあります。

奥側の選手が空いているからといって安易にパスを出して、相手GKにカットされてしまっては、せっかくのチャンスをふいにしてしまいます。

ですので、このトレーニングではDFとともに、GKの動きにも注目してください。GKがカットに出てきた場合、相手ゴールは無人。直接ゴールを狙いましょう**【図8、写真15】**。

約40ｍと長い距離のスローになりますが、積極的に狙いましょう。スローを狙うことで、相手GKのカットを抑止することもできます。

長い距離のスローが苦手という人は、ゴールの手前でバウンドさせるように投げたり、近くの味方にパスを出して、その選手に投げてもらうのもいいでしょう。

DFとともに相手GKの位置を判断することが大事なポイントです。

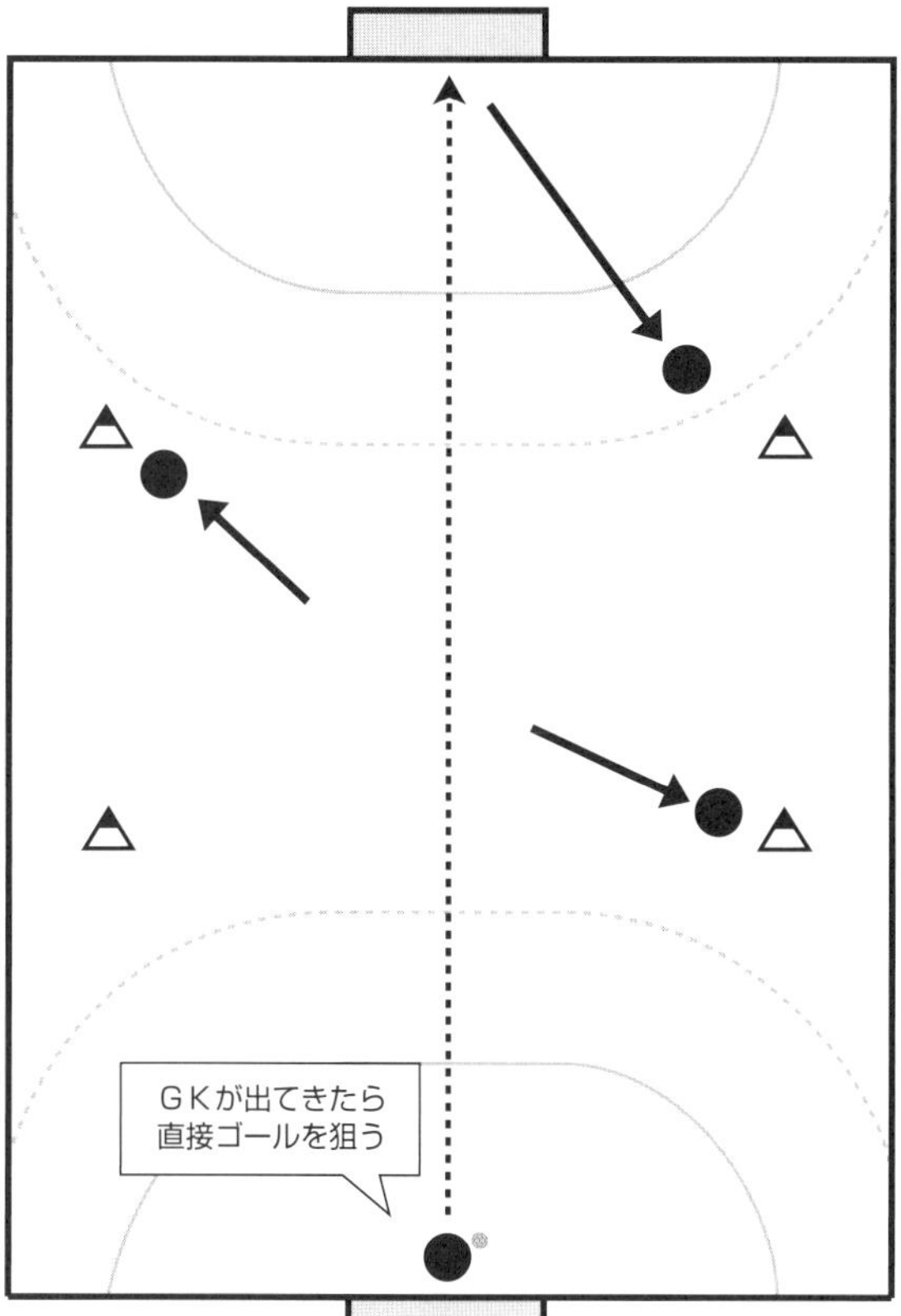
GKが出てきたら
直接ゴールを狙う

**【図8】**GKスローのトレーニング8

無人のゴールを狙う
相手GKの位置を確認

**【写真15】**GKスローのトレーニング8

# 4 クイックスタートのスロー

**クイックスタートは、GKからのスローが素早く始めるポイントです。スローのポイント、トレーニング方法を紹介します。**

いまや数多くのチームが取り入れているクイックスタート。失点後、素早くスローオフを再開して、相手が帰陣してDFを整える前に攻める戦術です。擬似的に数的有利の状況を作ったり、マークチェンジを誘発させるなどで、すぐに1点を返せる可能性があります。非常に有効な戦術として、各チームが取り入れています。

クイックスタートは、失点後、センターラインに立つ選手がボールを持った状態でセンターラインを踏み、プレーを再開します【図9、写真16】。

つまり、ボールをいかに早くセンターラインに持っていけるかがポイントになります。相手より1人でも多くの選手がいいポジションを取れれば、それだけチャンスが増えます。

クイックスタートにおけるGKの役割は、失点後にボールをセンターラインに投げることです。このパスが正確、早いほど、スムーズに攻撃に移れます。

ここから、クイックスタートのスローを解説してきます。

【写真17】はボールを投げてプレーを再開するまでの一連の流れです。GKは失点したあと、ボールを拾ってセンターラインの中央に向かっている選手に向かってボールを投げています。【写真17-1】では、ボールを受ける選手が左側から右側に動きながらセンターラインに向かっています。選手の走る勢いを殺さずに攻撃に移れるようなパスを出してください。早くプレーを再開したいので、山なりではなく、ストレートの鋭いパスを出しましょう。

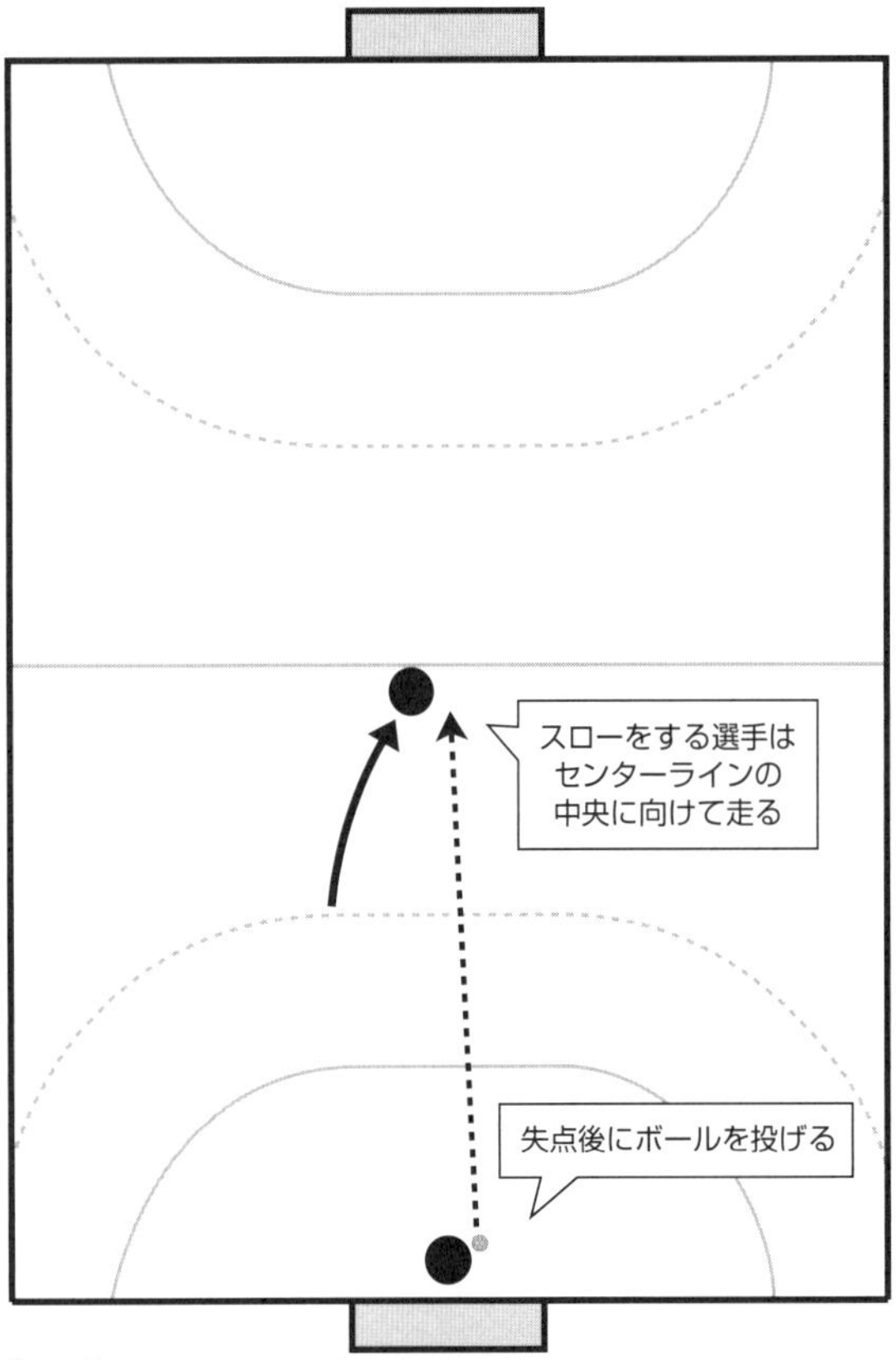

スローをする選手はセンターラインの中央に向けて走る
失点後にボールを投げる

【図9】クイックスタート

【写真16】クイックスタート再開時

センターラインに立つ選手を固定しているチームが多いように感じます。その選手と息を合わせることで、素早くプレーを再開できます。

また、スローのポイントとしては、センターラインの中央に走る選手へパスを出す、というより、センターサークルに向かってパスを出すようなイメージの方がいいかもしれません。

ここで緩いパスを出して味方とのタイミングが合わなかったり、味方がキャッチできない方向に投げてしまうと、クイックスタートに移れません。わずか50㎝でもうしろや下にずれてしまっても、OFはストレスを感じてしまいます。

そのストレスが何回か続くと、いいクイックスタートにつなげることができません。GKの「このタイミングで走ってくれている」、パスを受ける選手は「このタイミングでGKがパスを出してくれる」という信頼関係があってこそ、クイックスタートができ、素早く攻めることができるのです。

120ページの【写真18】を見てください。早くパスを出そうと焦るあまり、GKからのスローが大きくずれてしまっています。ずれたパスを味方がキャッチできれば、少し遅れてスローオフできますが、最悪の場合、相手陣にボールが流れてしまい、クイックスタートができず、相手DFも整った状態になります。失点後でも、落ち着いて、正確なスローを味方に出しましょう。

スローに自信がない選手も多いと思います。なかなか正確に速いストレートのパスが出せない選手は、センターラインの手前でバウンドするように投げてみてください【写真19】。

ストレートのパスに比べるとやや時間がかかりますが、バウンドすることで大きくそれることはなくなります。まずはバウンドで味方にパスを出すなど、工夫しながらトレーニングに取り組んでください。

クイックスタートの場面は、60分の中でチームによっては20～30回ほどあります。スローのミスを減らして、味方の攻撃チャンスを増やしていきましょう。

1
失点後、素早く味方にパスを出す。センターサークルに投げるイメージ
2
3
パスを受けたらクイックスタートへ
4

【写真17】クイックスタートのスロー

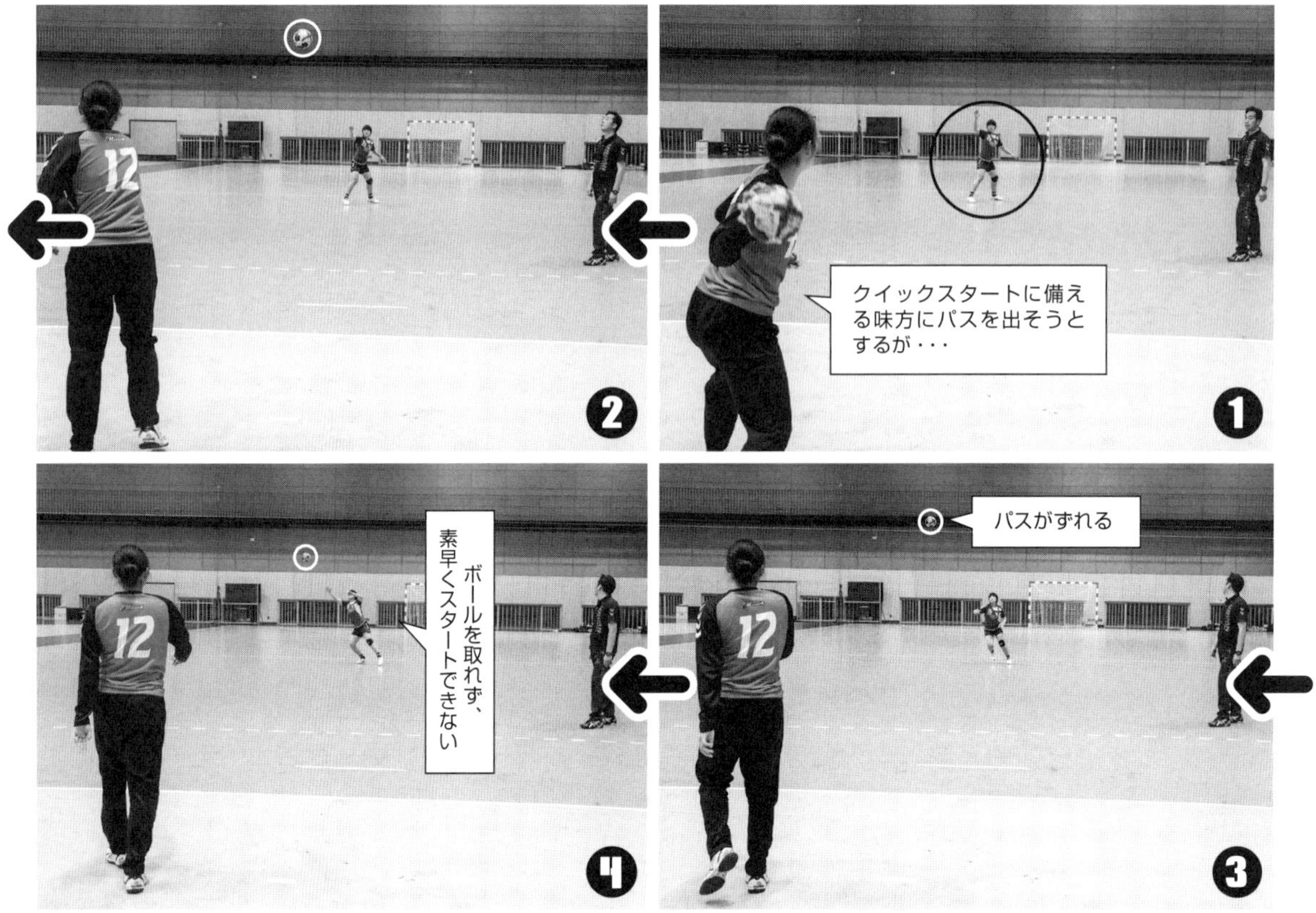


**【写真18】** クイックスタートのスロー（悪い例）

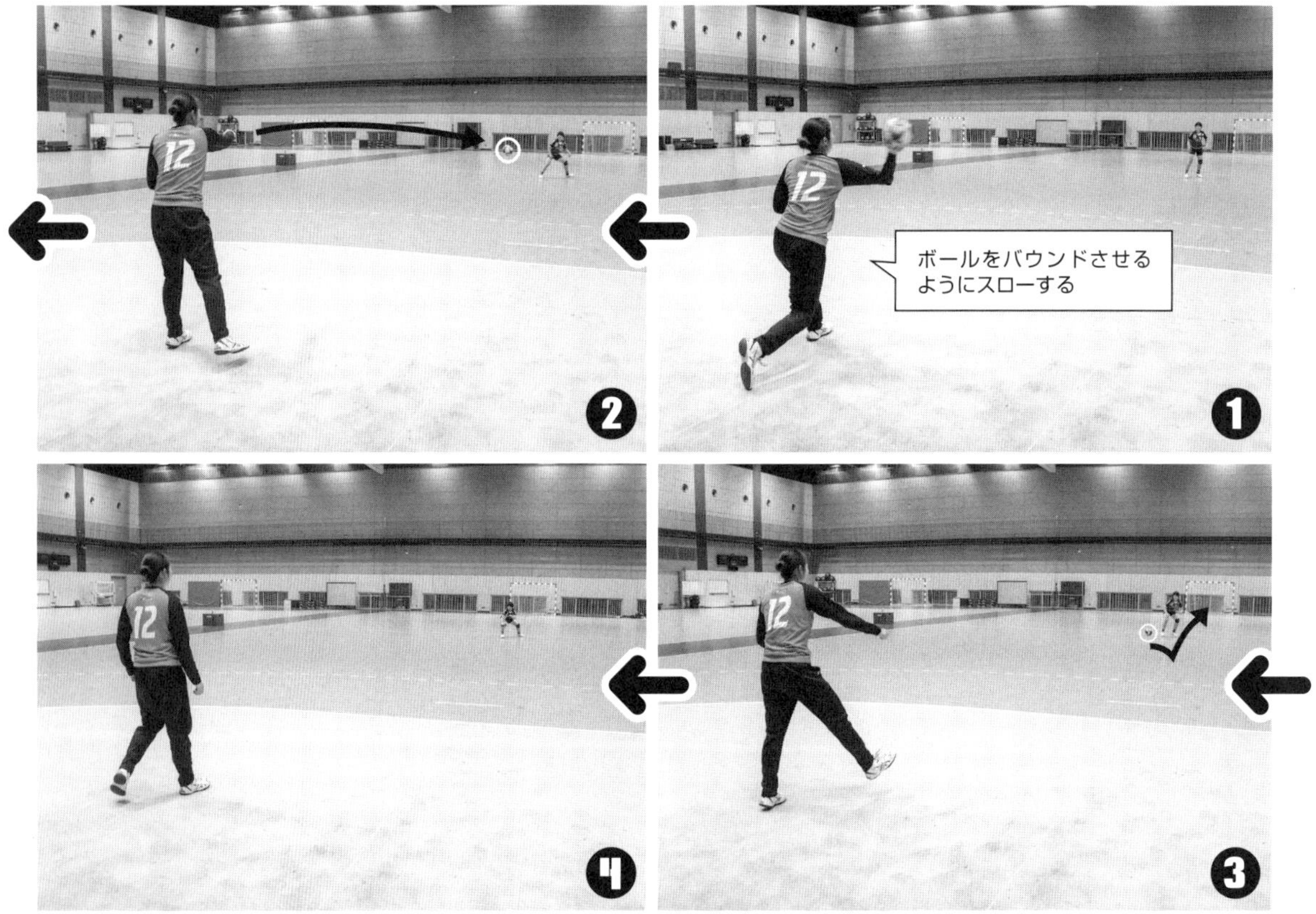


**【写真19】** バウンドのクイックスタートのスロー

## スローを投げる前の動作にも取り組もう

クイックスタートのスローは、かならず失点後に行なわれます。失点後ということは、ゴールの中にボールが入っています。そのボールを速く拾うことも、素早くスローするためのテクニックです。ここでは速くボールを投げるためのトレーニングを紹介します。

**【写真20－1】**のように、GKは構えて、パサーはエリア内に立ちます。そこからパサーがシュート。GKはこの時、止めにいかず、わざとシュートを入れられます。

ゴールが入ったらGKはすぐにうしろに振り返り、ボールを拾います**【写真20－2、3】**。ボールを拾ったら、少ない歩数で素早くパスを投げます。

ゴールに入れられる、振り返ってボールを拾う、素早くスローするという一連の流れをテンポよくできるようにしましょう。ボールがネットに絡まることもありますが、焦らずに対処してください。

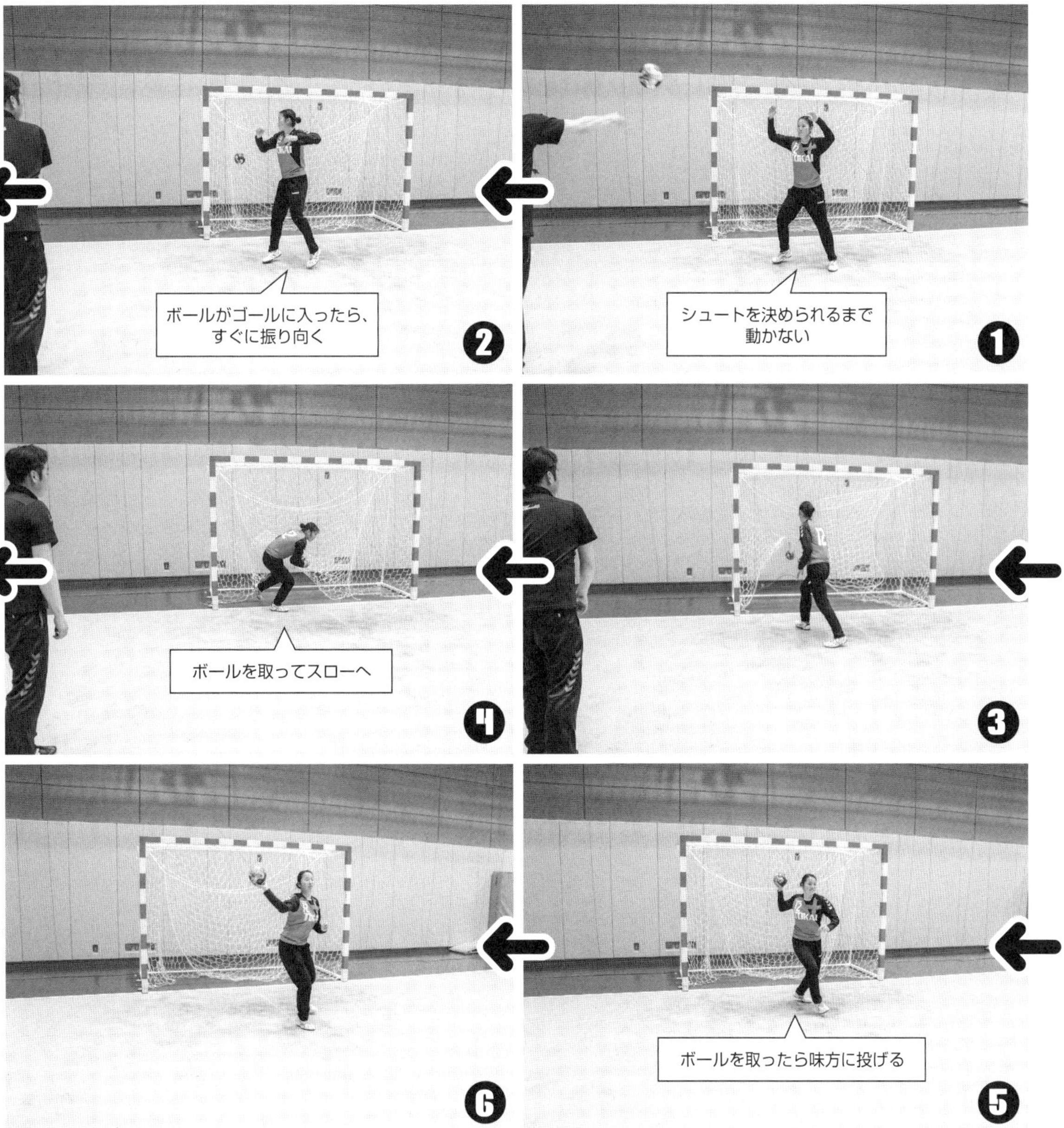
シュートを決められるまで動かない
1
ボールがゴールに入ったら、すぐに振り向く
2
3
ボールを取ってスローへ
4
ボールを取ったら味方に投げる
5
6

**【写真20】**クイックスタートのスローのトレーニング

# 5　7人攻撃時の役割

**ルール改正により、今やスタンダードな戦術になった7人攻撃。**
**この戦術を有効に使うために、GKに新たな考え方、スキルが必要になります。**

2016年にルール改正が行なわれ、その新しいルールが競技シーンに大きな影響を与えました。それは、コートプレーヤー（CP）とGKの交代が自由になったことです。これにより、CP7人で攻撃する、つまり7人攻撃を使用するチームが急増しました。

7人攻撃自体は昔から使われていた戦術です。ルール改正前はコート上に出られるGKは1人、CPは6人と人数が決まっていました。

それまでの7人攻撃は、GKのユニフォームと同色のビブスを着用した選手をGKと交代してコートに入れていました。ビブスを着た選手を一時的にGKとして扱い、ほかの選手がベンチに戻ってきても、GKはコートに入れませんでした。もちろん、ビブスを着た選手がゴールエリアに入ることは可能で、実際に交代できずにそのままゴールを守るシーンも多く見られました。

昔から北欧のチームは7人攻撃を使うことが珍しくはありませんでしたが、このような厳しい条件があり、使われるのはどうしても1点ほしいラストプレーなど限定的なシーンがほとんどで、多用するチームは少なかったと記憶しています。

ですが、前述のようにルール改正があり、CPとGKの交代が自由になりました。これによりGKのユニフォームと同じ色のビブスを着なくても、CPとGKが交代できるようになりました【図10】。もちろん、改正前と同じようにビブスを着た選手と交代するのも可能ですが、新しいルールにより7人攻撃のハードルが下がり、多くのチームが新しい戦術として取り入れようとしました。

そんな中、ルールを活用し、新しい7人攻撃をいち早く取り入れたのがデンマーク男子代表でした。ルール改正直後に開かれたリオデジャネイロ・オリンピック（16年）では積極的に7人攻撃を仕掛けます。多彩で精度の高い7人攻撃で次々に得点を奪い決勝まで勝ち進むと、3連覇を狙うフランスを破り、見事に初の金メダルを獲得しました。

デンマーク男子代表のセンセーショナルな活躍も相まって、7人攻撃は一気に世界中へと広がり、もはやスタンダードな戦術と言えるほど浸透しました。デンマーク出身のウルリク・キルケリー監督が率いる日本女子代表も7人攻撃を取り入れて世界と互角に戦っていますね。

こうしたルール改正の影響もあり、GKに求められる役割が変わってきました。ただひたすらシュートを止めるのではなく、CPとの交代

**交代時のルール**

- コートに立てるのは1チーム最大で7人。交代する際は交代エリア（センターラインから3.5mまで）に入ったら、新しい選手がコートに出られる。
- GKとCPが交代してCPが7人という状況にできる。ただし、GKのユニフォームと同じ色のビブスを着ていないとゴールエリア（6mライン内）に入ることができない。
- 味方が退場中の間もGKとCPが交代することは可能。

が頻繁に行なわれるようになったのです。交代エリア（センターラインから3・5ｍの間）まで走り、戻る時は同じ距離をまた走る。ダッシュする距離、回数が大幅に増えたとともに、相手の攻撃への準備時間が短くなりました。

７人攻撃を仕掛けるだけではなく、このルールは味方が退場中の時間帯にも非常に有効で、ＧＫとＣＰを交代することで一時的に数的不利を解消する戦術や、ＤＦ専門、ＯＦ専門の選手交代をよりスムーズにできるように、ＧＫが先に交代するシーンが増えていきました【図11】。こうなるとますますＣＰとの交代回数が増えていき、これまであまりＧＫに必要とされなかった体力、とくに走力が要求されるようになります。

また、７人攻撃を仕掛けられることが増えたとも言えます。相手がつねに1人多いということは、フリーの状況を作られやすいということ。どうのように対処すべきかを現代のＧＫは考える必要があります。

## 7人攻撃は切り替えが大切 相手のデメリットも考えよう

まずは相手が7人攻撃を仕掛けてきた時の対処方から考えます。

攻撃側のチームは、7人目の選手をポストに置き、ダブルポストのような形で攻めるパターンが大半です。この形では、2対1の数的優位の状況を簡単に作られてしまいます。ＯＦ側は数的有利の局面をきっかけに攻め、ＤＦのスキをついたカットイン、またはずらして確率の高いサイド、ポストシュートなどで得点を重ねるのが定石。ポストとの連携からバックプレーヤーがミドルシュートを打つのも狙いの1つです。

こうした相手の攻撃の意図をＧＫはよく頭に入れておきましょう。とくにシュート確率の高いポストは、つねに2人いるような状態です。6人で攻めてくる時とは違う視点、考

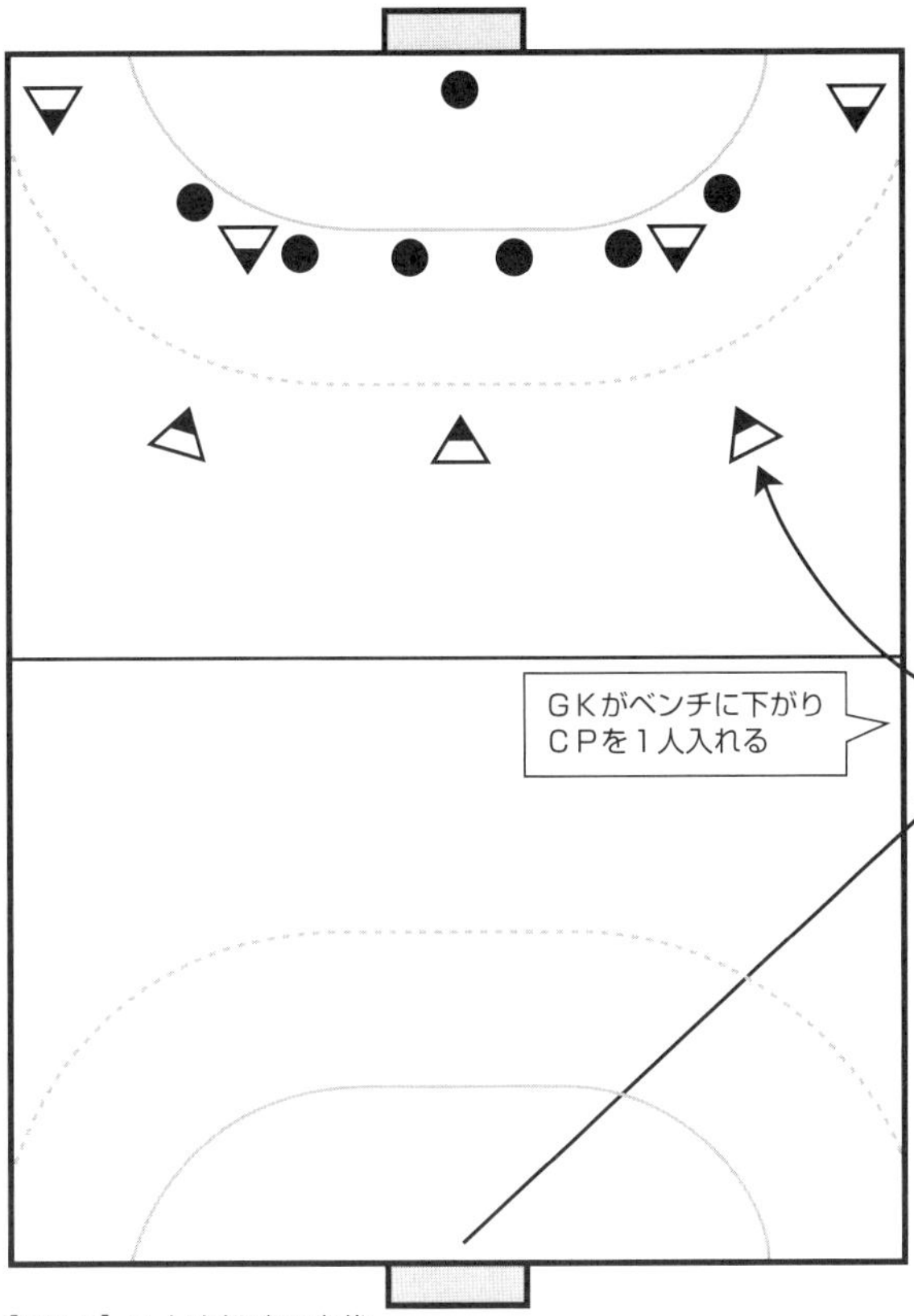
ＧＫがベンチに下がり
ＣＰを１人入れる
【図10】７人攻撃時の交代

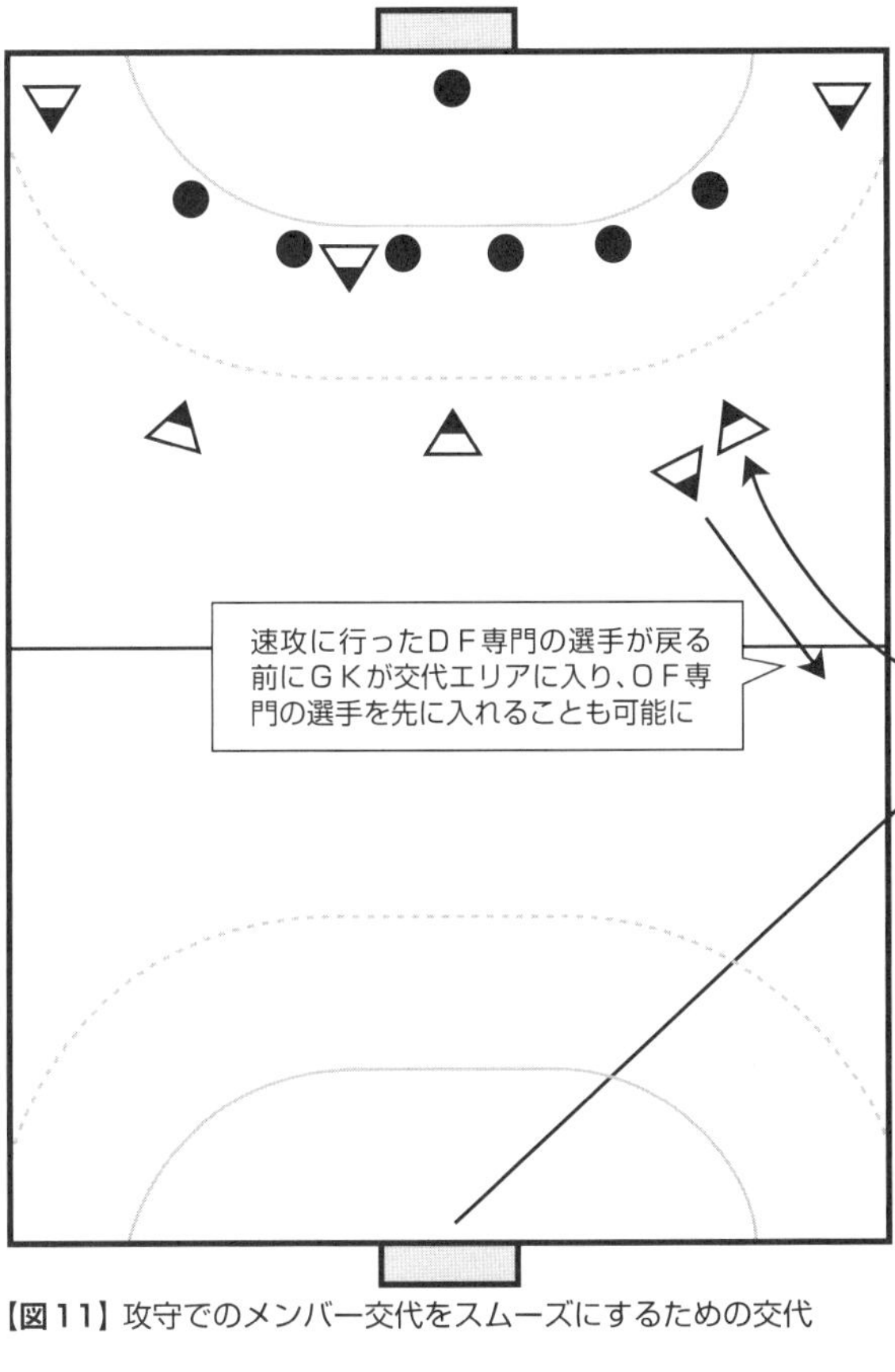
速攻に行ったＤＦ専門の選手が戻る
前にＧＫが交代エリアに入り、ＯＦ専
門の選手を先に入れることも可能に
【図11】攻守でのメンバー交代をスムーズにするための交代

え方を持ってください。

【写真21、図12】を見てください。

ポストがもう1人増えるだけでどこに意識を置けばいいのかとても難しくなり、DFも自然と間が広くなってしまいます。ポストばかり見てしまうとミドルシュートへの注意が散漫になったり、カットインに対する準備が遅れますし、バックプレーヤーのシュートばかり気にしてしまうと、今度はポストへの位置取りが甘くなります。7人攻撃を守るためにはどこで勝負をするのか、DF陣との連携も重要です。チームでどこを守るのか徹底して、それに対してしっかりと準備しましょう。

また、7人攻撃でシュートを決められても落ち込みすぎない方がいいです。すぐに気持ちを切り替えられるように心がけてください。

ここまで7人攻撃を使われている側のデメリットをお話ししてきましたが、メリットにも目を向けてみましょう。

CPが7人になるということは、相手のゴールは無人。シュートを止めて、CPとGKの交代が遅れた場合は得点のチャンスです。積極的に無人のゴールを狙いましょう。ノーマークのシュートを止めて、それをすぐに相手ゴールに投げ込んで1点を取れたら、これほど効率のいい得点はありません。

シュートを止めた、または相手のミスでボールを奪ってマイボールにした時は、相手ゴールの状態をチェックしてください。相手のCPとGKがまだ交代途中だったら、得点のチャンスです。

直接ゴールを狙う時のポイントは、とにかく素早くシュートを放つこと。そしてゴールの手前に落とすイメージで投げるのがいいでしょう。

この時のシュートは、とにかくゴールの中にボールを入れればいいので、ストレートのノーバウンドでゴールに入れる必要はまったくありません。むしろゴールの手前に落とすように投げる方が正確にゴールに投げ込めます。これなら40mを投げられない選手でもできるはずです。積極的にチャレンジしてみてください。

トッププレーヤーでも、約40m離れた高さ2m、幅3mのゴールに直接入れることは容易ではありません。冷静に投げ込めるように、どのように投げるのが自分のベストなのかを知っておき、いざこの場面になった時にしっかりと得点につなげられるようにしましょう。

GKがシュートを決めると相手への精神的なダメージは大きく、自分たちのチームを勢いづけることができます。

これまであまり求められていなかった技術、要素ですが、今後は必須になるでしょう。

【写真21】7人攻撃時はどこに意識を置くのかが難しい

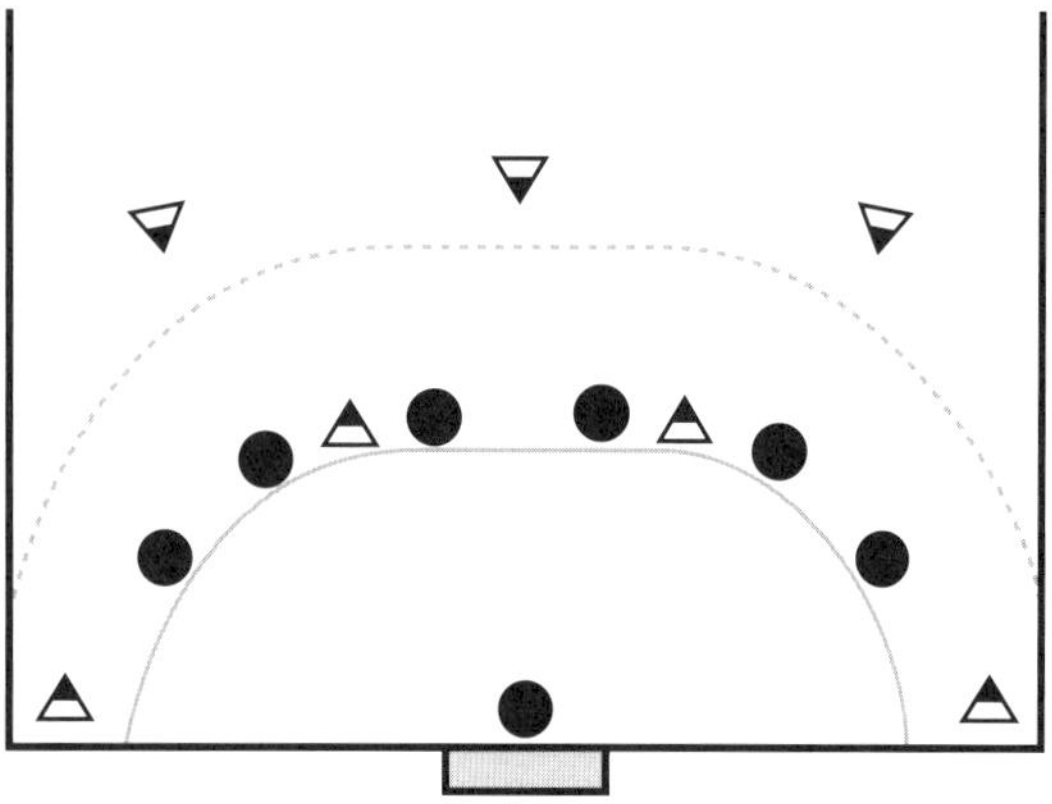
【図12】7人攻撃

# 第6章

# 『優れたGKになるためのスペシャルトレーニング』

## 多彩なトレーニングに取り組もう

ＧＫはＣＰとは別のトレーニングが必要になる。ここからはセーブ率を上げるためのものから、急な出番に対応するためのものまで、ＧＫに特化したスペシャルトレーニングをお届けする。

# 01 さまざまな要素を鍛えるトレーニング

**GK専用のメニューはありますが、それを知らない指導者、選手は数多くいるでしょう。日ごろから取り組めるさまざまなトレーニングを紹介していきます。**

ハンドボールにおいて、GKは特殊なポジションです。コートに立てる7人のうち、1人だけゴールエリア内（6mライン内）に入ることが許されており、その中では足を使えます。シュートを放つこともほとんどありません。走る距離、ターンの回数もCPとは大きく違います。つまり、試合の中でGKはCPとは違った技術、筋力が求められるということです。

そのため、日々のトレーニングでCPと同じような内容に取り組んでいてもあまり効果的とは言えません。GKにはGK専用トレーニングが必要です。

ヨーロッパではGKだけの専用コーチがいることは珍しくありません。ですが、国内の状況を見てみると、そうしたチームはごくわずか。GKの理論、トレーニングはまだまだ日本国内には充分に浸透していないと感じています。

その一方、ここ数年で日本代表にもGKコーチがつくなど、変わりつつはありますが、おそらく、多くのチーム、指導者がどのようにGKを指導（育成）したらいいのかと困っているのではないでしょうか。

ここまで、多くのトレーニング、考え方を紹介してきましたが、ここからはよりGKに特化したトレーニングを紹介していきます。内容は基本的な構え、動きを作るためのトレーニングなど多岐にわたります。

また、GKは試合の中で急に出番が回ってくることがあります。とくに多いのが7mTでしょう。相手シューターに対して別のタイプのGKを出して、少しでも失点を防ぐ確率を高くします。そうした時にベンチに座ったままでは、身体が動かず、なにもできないまま終わってしまいます。そうしたことがないようにするためにも、短時間で効率よく身体をほぐして動ける状態にすることが大事です。

わずかな時間で心拍数を上げることができる動きを、ここで覚えてください。あなたにいつ出番が回ってくるかわかりません。いつでも出られる準備を心がけて、チームに貢献できるGKをめざしましょう。

アンドレアス・ヴォルフ（ドイツ代表）

## #1 ラダートレーニング1

まずはラダーを使ったトレーニングを紹介します。

ラダーをゴール前に半円状にして置いてください。GKはラダーにそってサイドステップで動いていきます【写真1】。ラダーの幅に合わせて細かく、そして素早く動くことが大事です。足を上げすぎず、細かなステップで動きます。最初はゆっくりでも構いません。

試合中と同じように、構えをキープしたままサイドステップしてください。ボールをつねに見ているイメージで動くといいでしょう。ステップばかり意識して身体が前傾しすぎたりと、体勢が崩れないように注意してください。

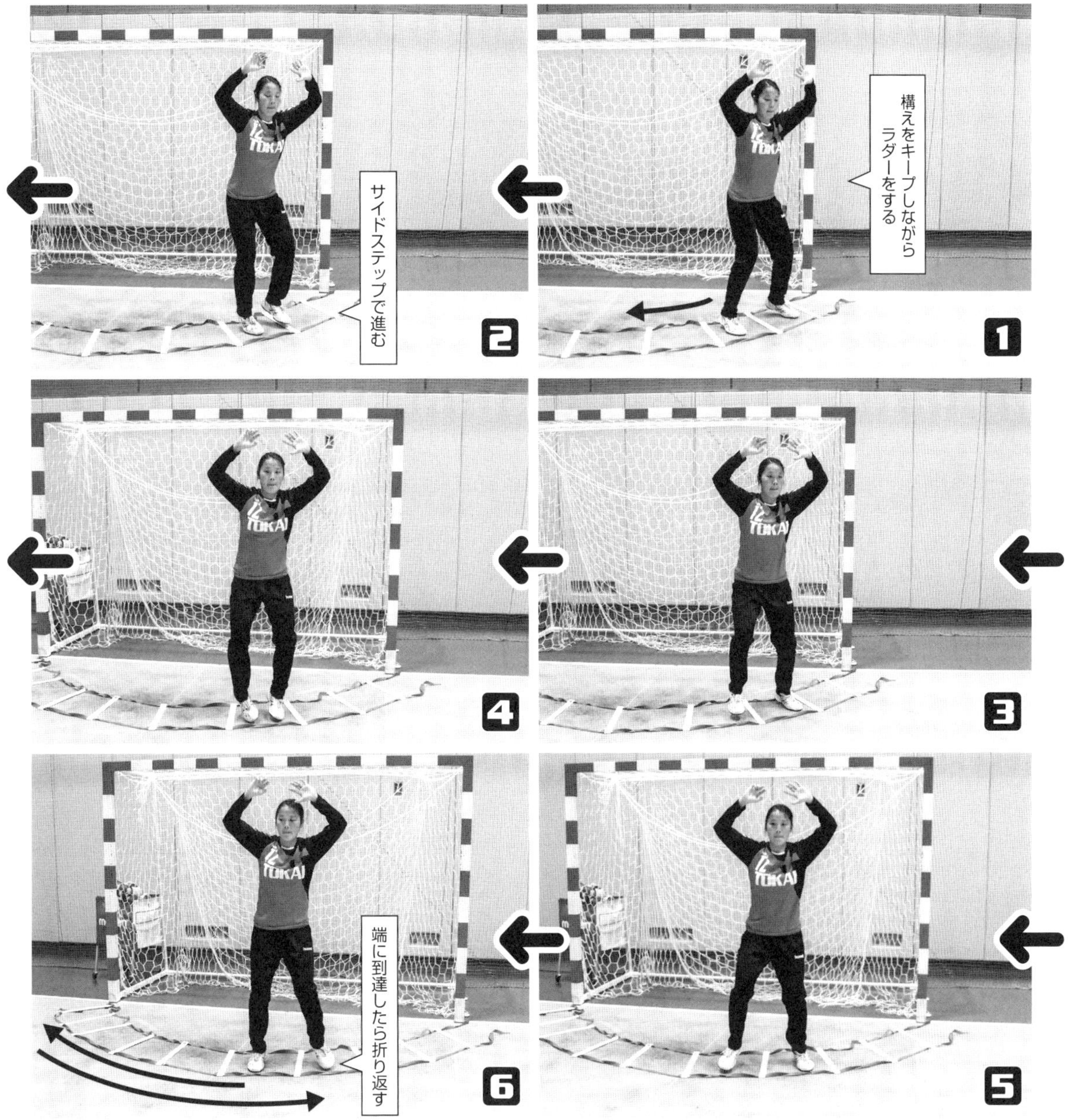
1
構えをキープしながらラダーをする
2
サイドステップで進む
3
4
5
6
端に到達したら折り返す

【写真1】ラダートレーニング1

## #2 ラダートレーニング2

次は足のステップ方法を変えたトレーニングです。

127ページはサイドステップを使った横への動きでしたが、ここでは前後の動きがメインです。ラダーの枠に両足を入れた状態から、進行方向側の足をラダーの外側（斜め前）に出します**【写真2−1】**。もう片方の足も前に出したら、今度はうしろに片足ずつ下がります。

これを繰り返して、端まで行ったら折り返します。このトレーニングも実際の試合の構えでステップしましょう。ドタドタと大きな音をさせるのではなく、つま先で軽快にステップすること、そして構えを崩さないことを意識してください。

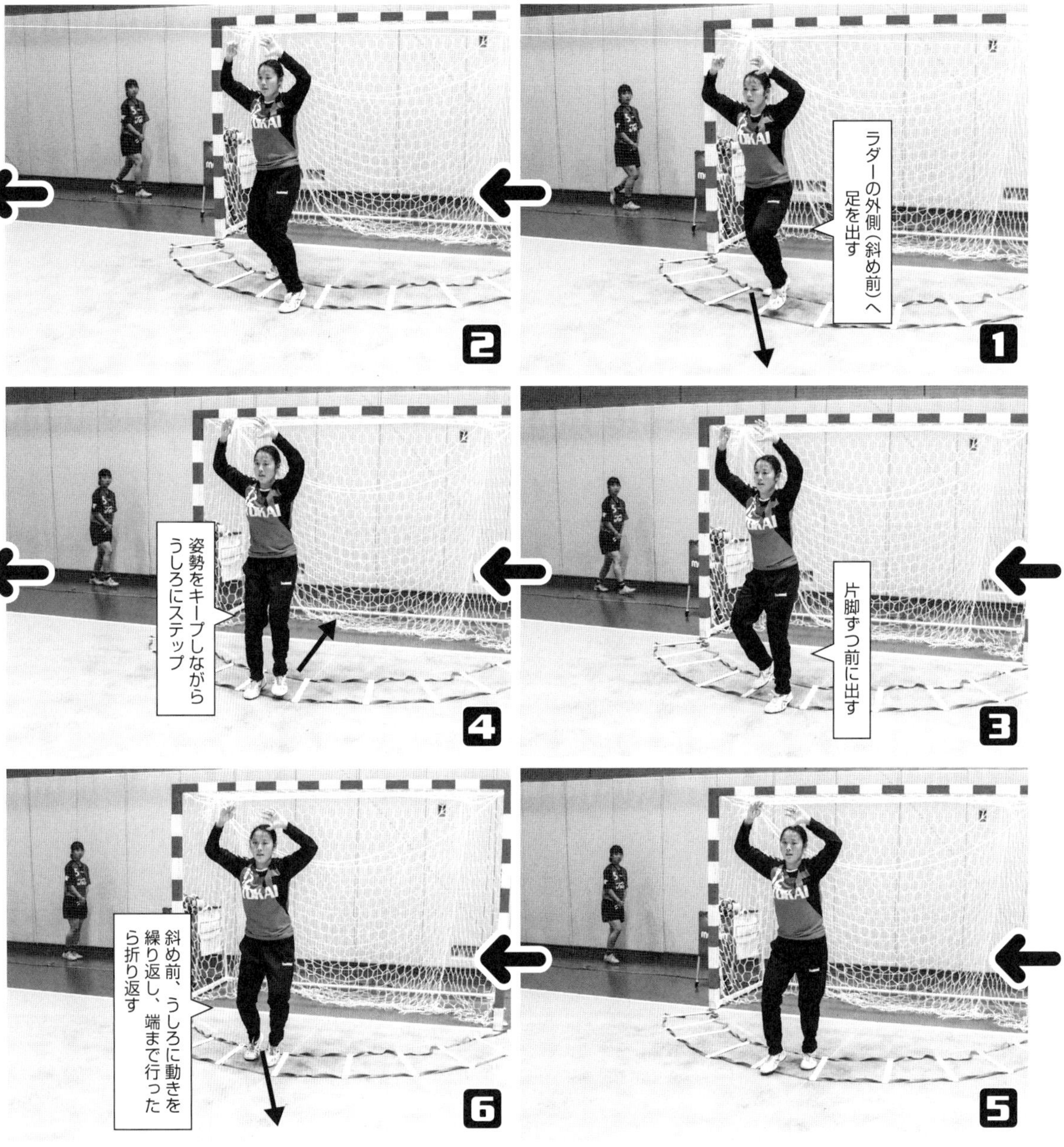
1
ラダーの外側（斜め前）へ足を出す
2
3
片脚ずつ前に出す
4
姿勢をキープしながらうしろにステップ
5
6
斜め前、うしろに動きを繰り返し、端まで行ったら折り返す

**【写真2】** ラダートレーニング2

## #3 ラダーとメディシンボールを使ったトレーニング1

続いては、ラダーとメディシンボールを使ったトレーニングを紹介します。

方法は127ページのものと同じで、半円状に置いたラダーを横にステップしていきますが、この時にメディシンボールを頭の上に持ってください【写真3】。

頭の上に重りを持つことによって、不安定な状態になります。この時も身体が前やうしろに崩れないようにしてください。体勢をキープしながらステップして、端まで行ったら同じように戻ってきます。

ヒジが下がってしまうようであれば、軽いメディシンボールを使ってください。

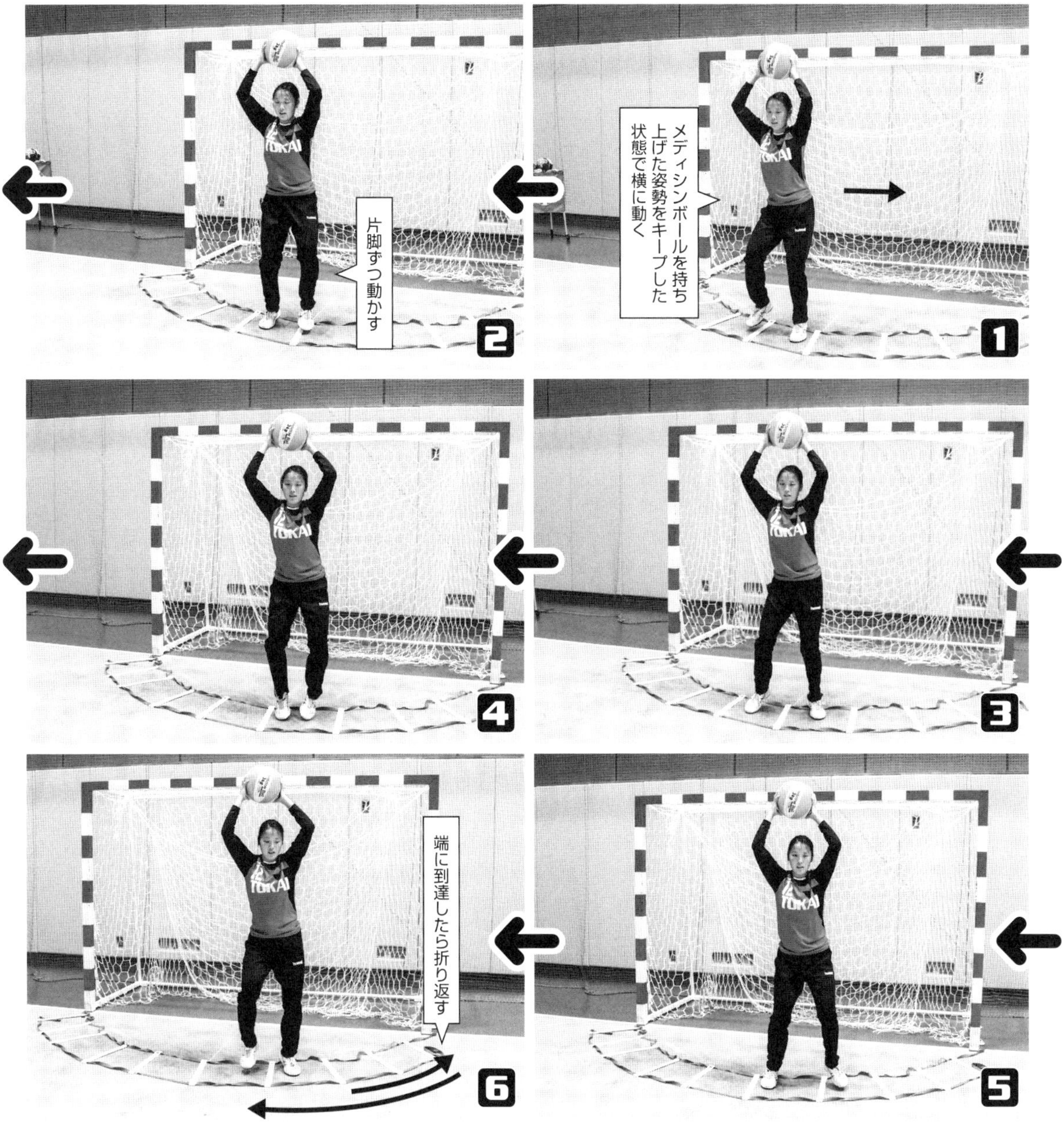
1
メディシンボールを持ち上げた姿勢をキープした状態で横に動く
2
片脚ずつ動かす
3
4
5
6
端に到達したら折り返す

【写真3】ラダーとメディシンボールトレーニング1

## #4 ラダーとメディシンボールを使ったトレーニング2

129ページのようにメディシンボールを持ちながらサイドステップしていきますが、今度は前に持ち、パサーとメディシンボールを投げ合うトレーニングです**【写真4】**。

メディシンボールを投げたあとも横移動は続け、構えも崩さないようにしましょう。

メディシンボールをキャッチする時は負荷がかかりますが、体勢をキープします。メディシンボールを身体で受け止めずに、しっかりと手でキャッチしてください。

パスキャッチばかりに気を取られ、ラダーのステップが遅くなったり、足をひっかけるなどのミスをしないように気をつけましょう。

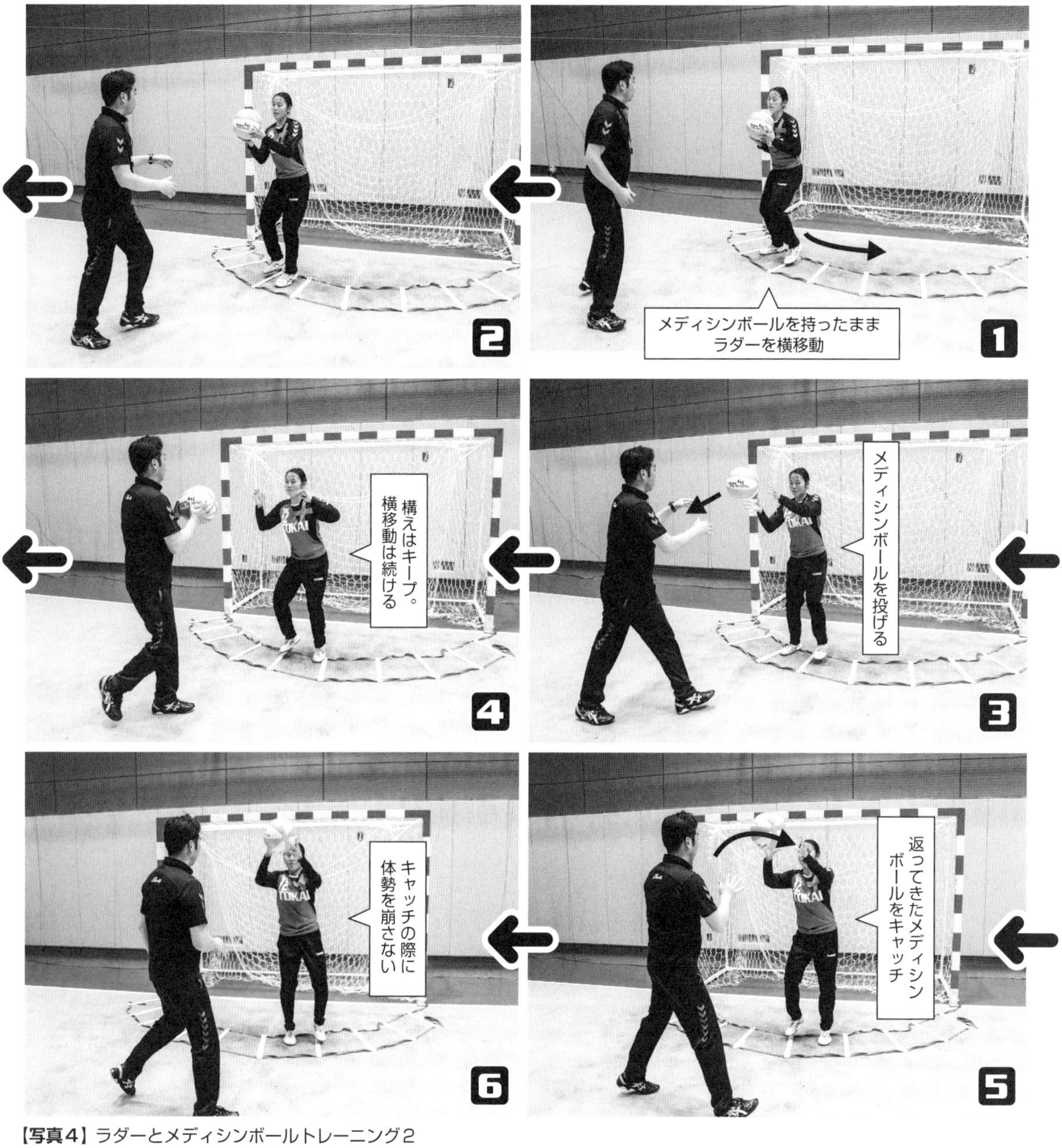
1
メディシンボールを持ったまま
ラダーを横移動
2
3
メディシンボールを投げる
4
構えはキープ。
横移動は続ける
5
返ってきたメディシンボールをキャッチ
6
キャッチの際に体勢を崩さない

**【写真4】** ラダーとメディシンボールトレーニング2

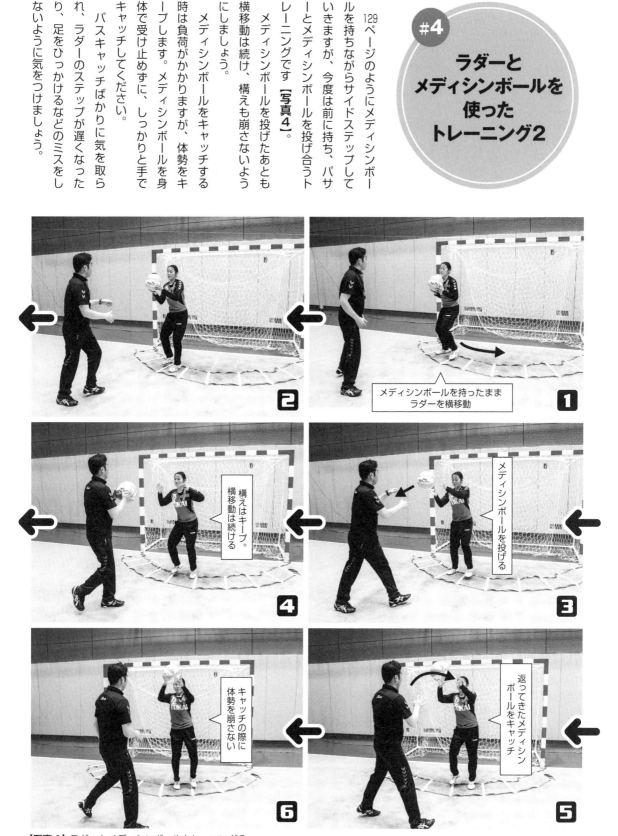

## #5 ラダーとメディシンボールを使ったトレーニング3

このトレーニングもメディシンボールを使いながらの横移動です。細かなステップでサイドステップしながら、メディシンボールを前に持ち、パサーからのボールをはね返してください【写真5】。体勢を保つこと、ステップでミスをしないことはこのトレーニングも同じです。

また、ボールをはね返した時、相手の手元に戻すように心がけましょう。そのためにもパサーが投げたボールをよく見ることが大切です。

どこで、どのくらいの力で当てて返すのがいいのかを、動きの中で考えながら取り組んでください。

パサーの人はボールを山なりで出すのがいいでしょう。

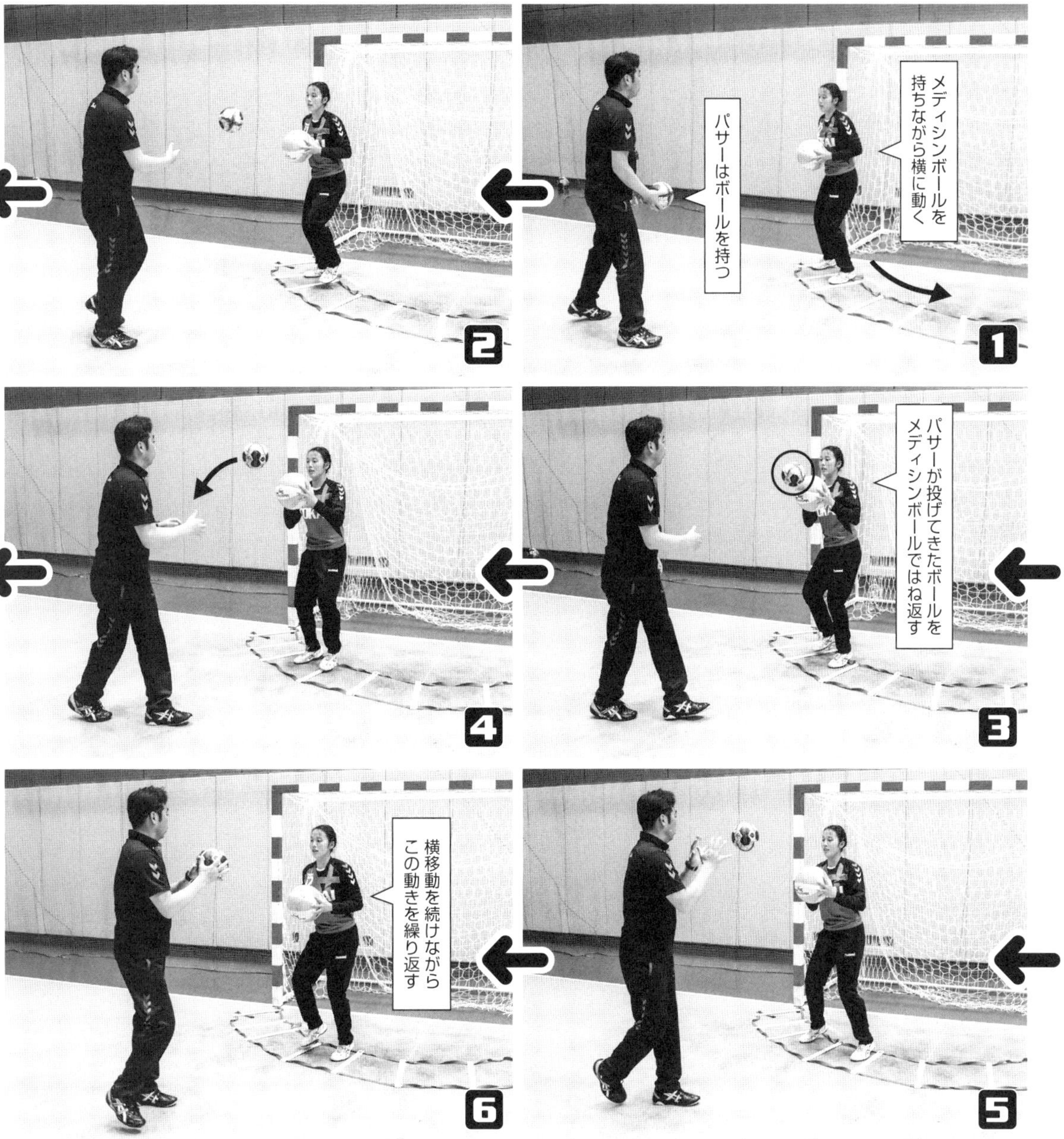


【写真5】ラダーとメディシンボールトレーニング3

# #6 メディシンボールを使ったトレーニング1

GKはボールを持った状態で立ち、パサーはメディシンボールを持った状態でGKの前に立ちます。

GKがボールを真上に上げている間に、パスされたメディシンボールをキャッチ。この時、パサーは中央ではなく左右どちらかに投げてください。GKは実際にセーブするような体勢でキャッチします【写真6－4】。この時、つま先の向きに注意してください。つま先を正面ではなく、外側に向けると、自然とキーピングの姿勢になります。

上に投げたボールが落ちる前にメディシンボールを投げ返します。素早くパスキャッチすることがポイントです。

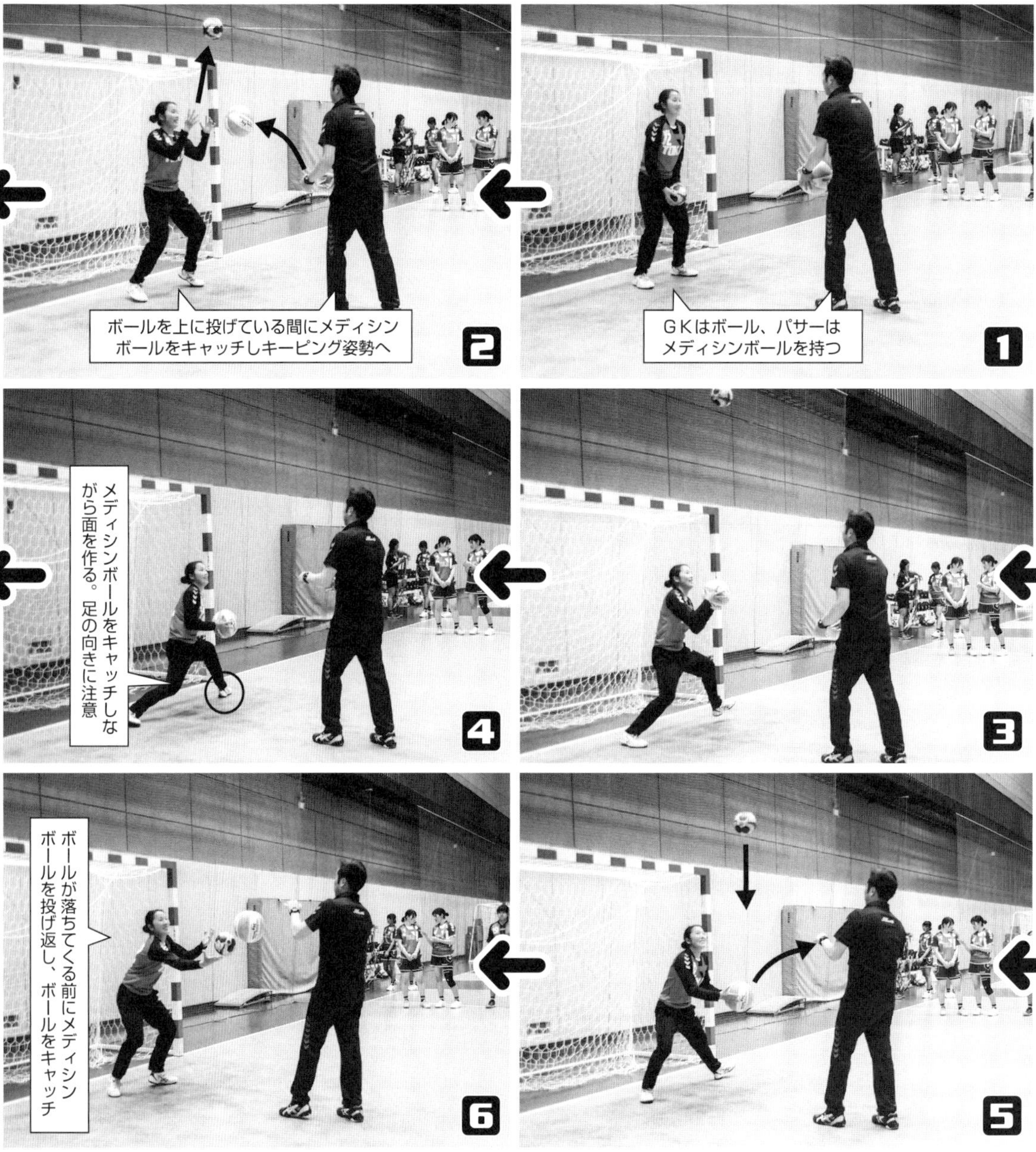
1
GKはボール、パサーはメディシンボールを持つ
2
ボールを上に投げている間にメディシンボールをキャッチしキーピング姿勢へ
3
4
メディシンボールをキャッチしながら面を作る。足の向きに注意
5
6
ボールが落ちてくる前にメディシンボールを投げ返し、ボールをキャッチ

【写真6】メディシンボールトレーニング1

## #7 メディシンボールを使ったトレーニング2

今度はGKがメディシンボールを持ってください。ゴール前に立ち、持ち上げた状態から、パサーが投げてくるボールをメディシンボールを使って弾き出します【写真7】。

GKはメディシンボールを下げることなく、コーナーに投げられたボールを取りにいきます。ゴールに入れられないように注意してください。これを左右ともに繰り返します。

ボールを弾くために、しっかりと軌道を見て、当てるポイントを考えましょう。

パサーはゴール上段の左右のコーナーを狙ってボールを投げます。アンダーハンドなどでゆっくり投げてください。

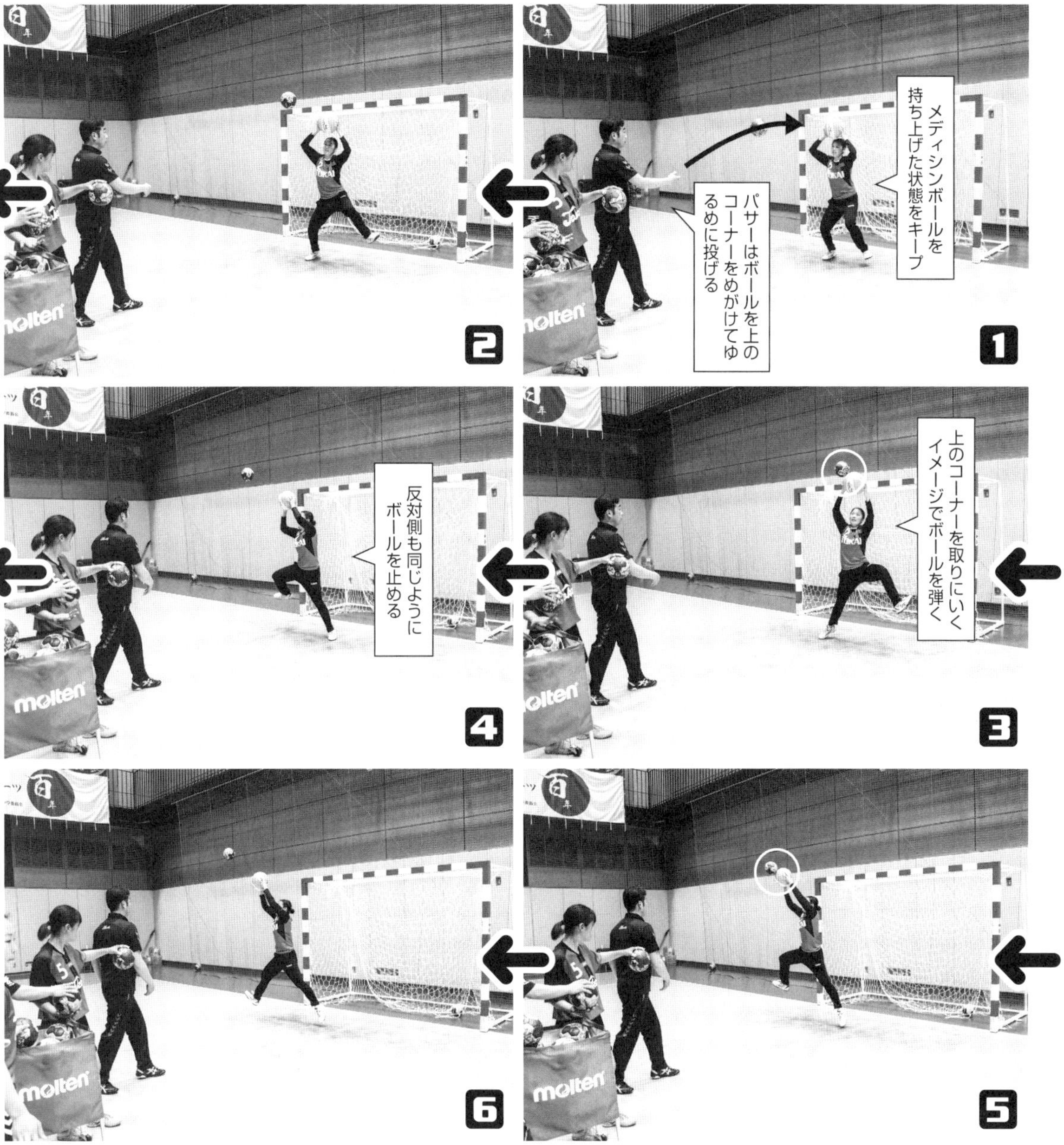
1
メディシンボールを持ち上げた状態をキープ
パサーはボールを上のコーナーをめがけてゆるめに投げる
2
3
上のコーナーを取りにいくイメージでボールを弾く
4
反対側も同じようにボールを止める
5
6

【写真7】メディシンボールトレーニング2

## #8 メディシンボールを使ったトレーニング3

次は下段のボールを弾き返します。

メディシンボールを頭の上に持ち、ゴール前に立ちます。GKの目の前に立ったパサーはボールをゴール中段あたりに投げます。GKは下のコーナーを取りにいくようにしながら、メディシンボールでボールを外に弾きます【写真8】。132ページと同じように、つま先を外側に向けるときちんと面を作れますので意識してください。

左右に動く時はメディシンボールを落とさないようにすること、大きく足を出すこと、そして足を出した時に身体がつぶれないように、正面に向けてください。正しい姿勢で繰り返すことが大事です。

1
メディシンボールを持ち上げ姿勢をキープ
2
3
下のコーナーを取りにいきながらボールを弾く
4
5
反対側も同じ動きでボールを取りにいく
6

【写真8】メディシンボールトレーニング3

## #9 バランスボードを使ったトレーニング

次はバランスボードを使ったトレーニングです。バランスボードに片足で立ち、倒れないように姿勢をキープします。

パサーはバランスボードに立ったGKにボールを軽く投げます。GKは倒れないようにしながらボールをキャッチして、そのままパサーにボールを投げ返しましょう。パサーはGKの左右両方にボールを投げてください【写真9】。GKはバランスを崩してボードから落ちないように、全身を使って体勢をキープするのがポイントです。

何回か繰り返してできるようになったら、反対側の脚でも取り組んでください。

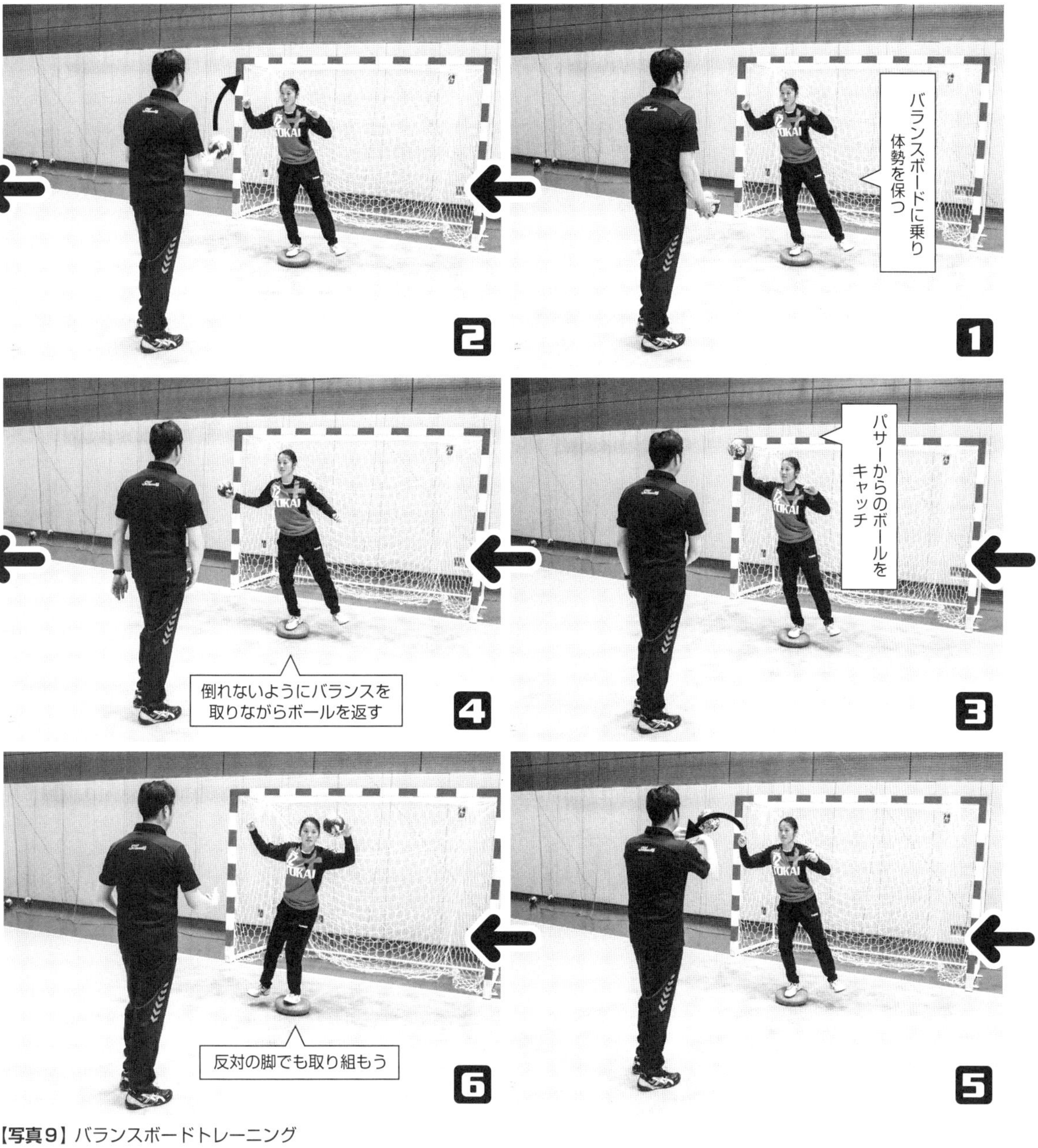
1
バランスボードに乗り体勢を保つ
2
3
パサーからのボールをキャッチ
4
倒れないようにバランスを取りながらボールを返す
5
6
反対の脚でも取り組もう

**【写真9】** バランスボードトレーニング

# 02 心拍数を上げるメニュー

**GKはいつ出番が回ってくるかわかりません。**
**声がかかった時に最大限のパフォーマンスを出せるように準備しましょう。**

GKはCPに比べて、突然出番が回ってくることが多いと思います。よくある場面が7mTでしょう。ベンチに座っていたら、急に声をかけられ、出場することになったことはありませんか。

急きょ出番が回ってきた時に「よし、いくぞ！」と気持ちの準備はできていても、いざコートに立ったら身体が固まってしまっていて、思ったように動けないことがあります。どんな選手でもずっとベンチに座っていては、すぐに思いどおりに動くことはできません。

こうしたことを避けるためにも定期的に身体を動かしてください。ルール上、ベンチの裏のスペースではボールを使わなければ、身体を動かすことが許されています。

肩を回したり、ストレッチをしたり、足を上げたりと動きはなんでも構いません。普段から行なっている動きで大丈夫です。自分でここを動かしておきたい、というポイントを動かしておくことが大事です。いろいろな動きをしてみてください。10～15分おきなど自分で時間を決めて定期的に動いて、身体をいつでも準備万端の状態にしておきましょう。

ほかには心拍数を一気に上げる方法があります。

次の137ページから心拍数を上げるメニューを6つ紹介します。いずれも短い時間で心拍数を上げることができますので、急な出番にも対応できるはずです。ここで紹介するメニューをすべて行なう必要はありませんが、自分にどれが合っているのか試してみて、取り入れてみてください。

つねに準備はおこたらないようにしたい

**テクニカルコラム**

## 7mTはリラックスして

～村上 凌太（大崎電気）～

7mTで出番が回ってくる時は、少ないチャンスを活かそうと思っていたことがいい方向につながり、第43回大会の日本リーグでは7mT阻止率賞を取れました。

基本的には「止められたらラッキー」くらいに思っています。日本リーグ1、2年目は止めようと必死になっていて、決められたら落ち込んでいました。

7mTは3m以上前に出てコースを制限させるほうがいいかな。気持ち的にも引かなくなります。出た時は身体の近いところで止めるイメージを持っています。

**メニュー1** バービージャンプ→138ページ

**メニュー2** ハーキーステップ→139ページ

**メニュー3** 両足ジャンプ→139ページ

**メニュー4** もも上げ→140ページ

**メニュー5** 足上げ→140ページ

**メニュー6** バンザイジャンプ→141ページ

メニュー1

## バービージャンプ

最初に紹介するのはバービージャンプです。

まずは立った状態からしゃがみ、足をうしろに出して、腕立て伏せの体勢になってください。そのまま1回、腕立て伏せをします【写真10－1～5】。

腕立て伏せをしたら、足を元の位置に戻して、その場で大きくジャンプ。軽く跳ねるだけでは意味がないので、全力でジャンプをしてください。その際、手を頭の上で拍手するようにすると大きく飛べます【写真10－6】。

これを何度か繰り返します。素早く動かないとあまり負荷がかからないので、全力で取り組んでください。

1
素早くしゃがむ
2
3
しゃがんだら足を伸ばして腕立て伏せの体勢へ
4
5
腕立て伏せを1回行ない、すぐに起き上がる
6
立ち上がったらジャンプして頭の上で拍手

【写真10】バービージャンプ

メニュー2

## ハーキーステップ

次はハーキーステップです。このトレーニングは少ないスペースでもできるので、狭いベンチ裏でもおすすめです。

足を肩幅くらいに広げて、構えの体勢を作り少し腰を落とします。その体勢のまま足を細かく動かします【写真11】。

この時、足を大きく動かしてバタバタと大きな音を立てないように気をつけ、細かく足踏みすることを意識してください。ゴールに入った時、左右に動くステップを思い浮かべるとイメージしやすいでしょう。

このトレーニングは5秒以下でかまいませんが、全力で何度か行なうと効果的です。

腰を落としてその場で細かなステップを踏む

【写真11】ハーキーステップ

メニュー3

## 両足ジャンプ

次は両足ジャンプのトレーニングを紹介します。

このトレーニングは非常にシンプルで、その場で大きく、ヒザを抱えるようにジャンプします【写真12】。ヒザを胸につけるようにしましょう。ヒザを引くイメージです。上半身は倒しすぎないように。これを何度か繰り返します。

ジャンプは全力で行なってください。力を抜いて小さくしていては、足が胸につきませんし、身体も温まりません。

このトレーニングも省スペースでできますし、簡単ですが、全身を使うので急に出番が回ってきた時におすすめです。

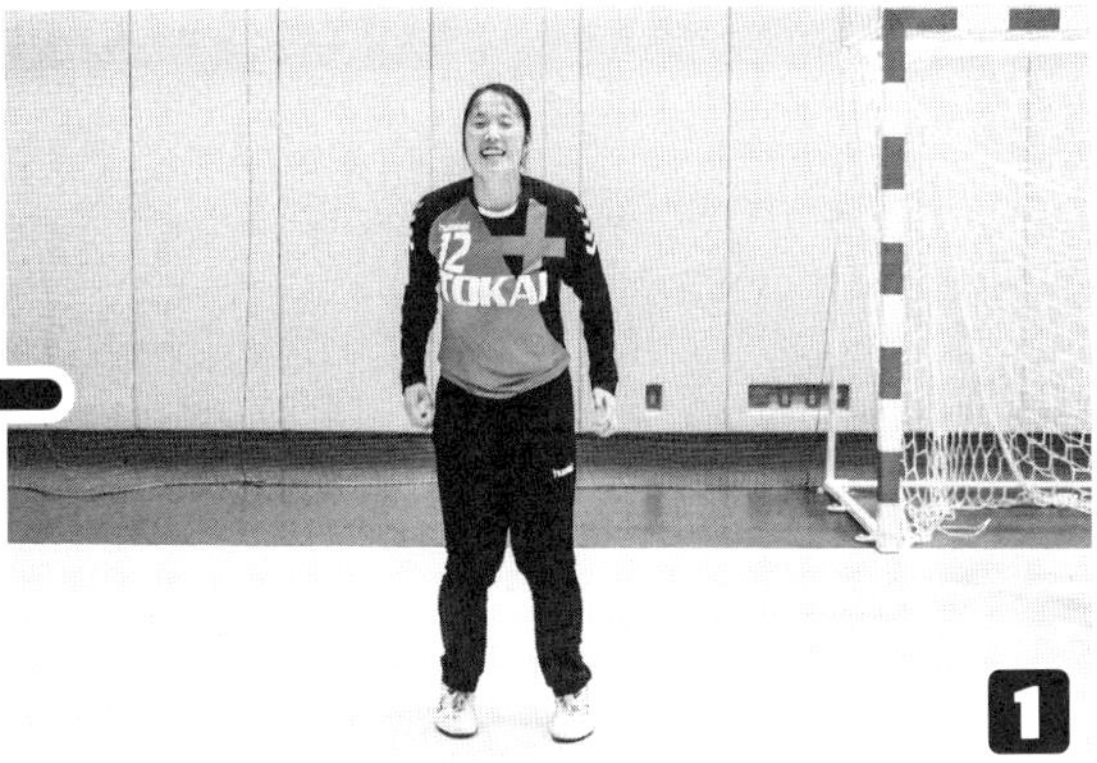
1

2
ヒザを抱え込むように大きくジャンプ

【写真12】両足ジャンプ

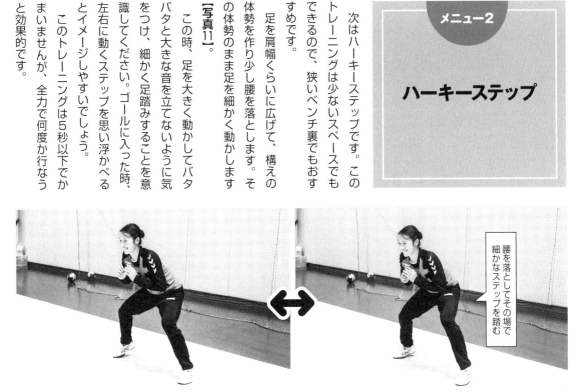

メニュー4

## もも上げ

もも上げのトレーニングは、一般的に知られているものと変わりはありません。立った状態から、足を交互に上げます【写真13】。時間で区切っても、回数で区切っても、どちらでも構いません。状況に合った方を選択してください。

気をつけることは、太ももを高く上げることと、素早く行なうことです。太ももを床と水平になる高さまで上げてください。高く太ももを上げることで大きく動かすことになり、より身体が温まります。

また、足を上げるスピードが遅くては、あまり効果がありません。ほかのトレーニング同様、速くすることが大事です。

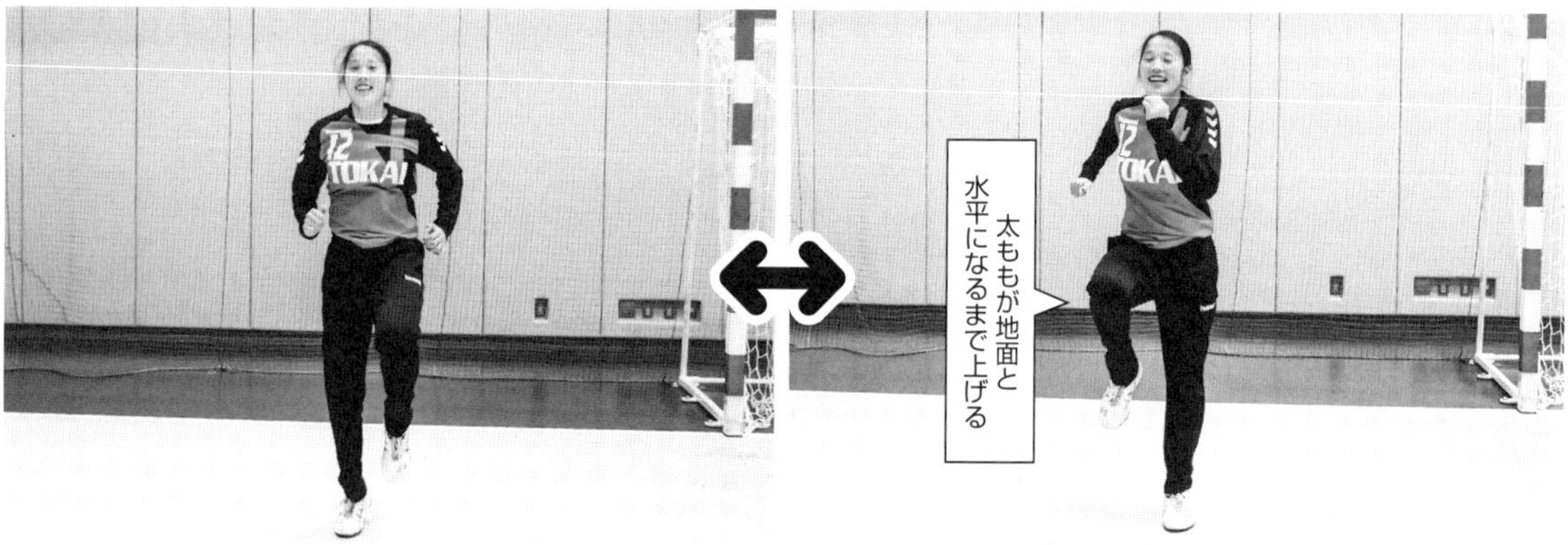
太ももが地面と
水平になるまで上げる
【写真13】もも上げ

メニュー5

## 足上げ

GKのセービングのように足を上げるトレーニングです。取り入れているトップ選手も多いです。

構えを作り、片足を大きく上げます。セーブする場面をイメージするとやりやすいでしょう【写真14】。【写真14-2】では、ヒザから下を曲げていますが、伸ばした状態（つま先が手に着くような体勢）でも取り組んでください。柔軟性が必要なので、行なう前にはストレッチを忘れずに。

足を大きく上げるキーピングが得意な選手にはとくに有効なトレーニングです。試合や普段の練習中のちょっとした時間に取り組んでみてください。

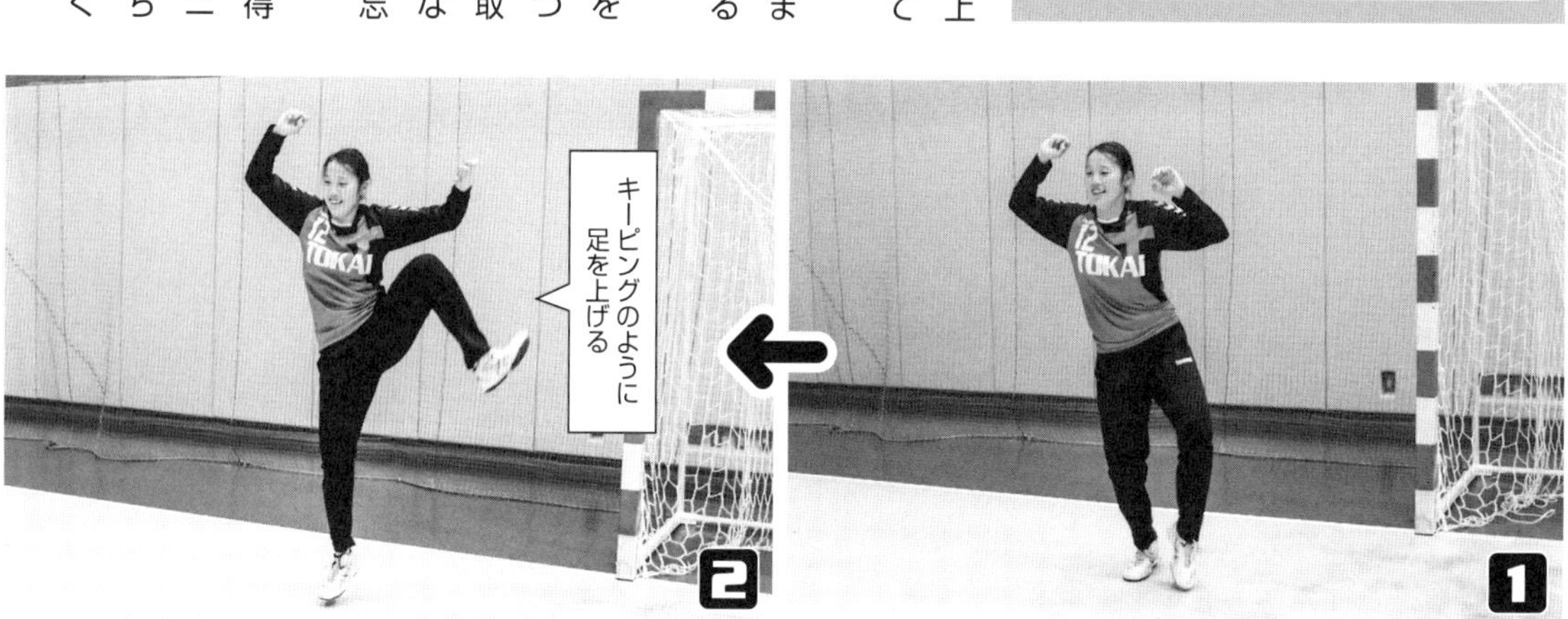
キーピングのように
足を上げる
2
1
【写真14】足上げ

メニュー6

## バンザイジャンプ

最後は全身を使ったバンザイのトレーニングです。

両手を床について、しゃがんだ状態から、対角線上に両手を持っていき、その勢いのまま身体も起こします【写真15-1、2】。全身を使って、大きくバンザイをするような動きです。

バンザイをしたらしゃがみ、反対側へ【写真15-3、4】。これを繰り返しましょう。

手を上へ下へと動かすことで、自然と大きな動きになり、全身がほぐれます。

このトレーニングもゆっくりではなく、素早くすることで効率的に身体を温めることができます。

1

しゃがんだ状態から
大きくバンザイ
2

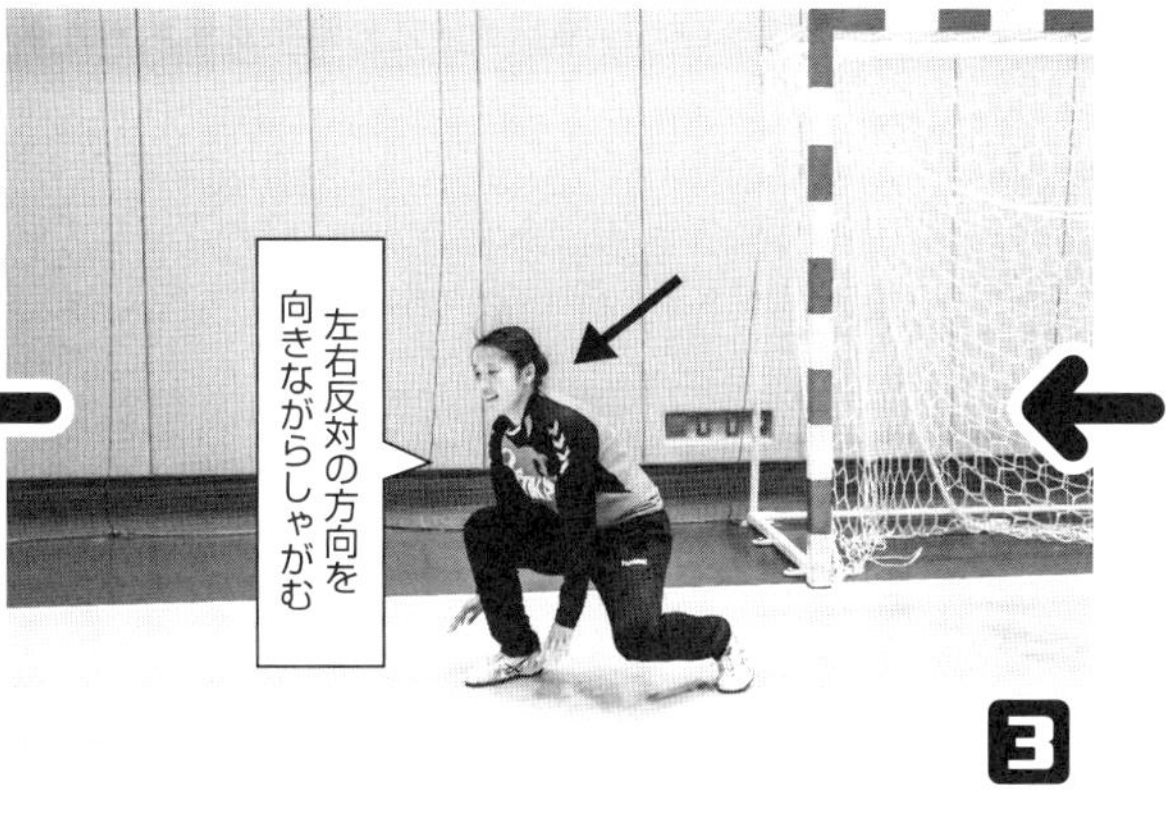
左右反対の方向を
向きながらしゃがむ
3

4

【写真15】バンザイジャンプ

テクニカルコラム

### 相手の状況を察知する
～東 佑三（元・大崎電気）～

「サイドシュートが少ない」、「上からのミドルシュートが多い」など、ベンチにいる時は相手がどこで勝負してきているのかを見ています。あとはいつでも出番が来ていいように、定期的に身体を動かすようにしています。

7mTなどで急きょコートに入る場合、走って入ると、気持ちが前に行きすぎることがあるので、ゆっくりと入るようにしています。ただ、相手が緊張しているようすだったら、逆にすぐに入るなど、その時の状況によっていろいろ入り方は変えていますね。

# あとがき

『ハンドボールスキルアップシリーズ　目からウロコのポジション別上達術〈GK編〉』はいかがだったでしょうか。

　この本は、「読む」「見る」だけではなく、それを日々のトレーニングに取り入れて、実際に「動いて」「やってみて」「試してみて」こそ意味があります。『ハンドボールスキルアップシリーズ』は、「もっと勝ちたい」「もっと強くなりたい」というみなさんの声にお応えするために生まれました。ですから、この本を読んだみなさんのレベルアップにつながれば、編集部一同、これほどうれしいことはありません。

　ここで取り上げてきたトレーニングの1つひとつは、先人のアイディアと経験から生まれてきたものばかりです。

　しかし、ハンドボールは時代とともに変化していきます。新しいDFシステムが生まれたら、それを破るOF戦術が考えられ、その戦術に合った選手が求められるなど、各ポジションで活躍するために必要な技術はつねに変わってきます。GKに必要とされる要素も変化を続けています。

　実際に近年のルール改正で、GKに求められる役割が大きく変わりました。CPとの交代が自由になったことで、直接ゴールを狙う回数が増えたり、何度も交代エリアまで走ったり、つねに数的不利な状況を守ったりと、あまり必要とされなかったスキルが求められるようになりました。

指導・解説
栗山雅倫　東海大学教授・同女子ハンドボール部監督

撮影協力
東海大学女子ハンドボール部

写真協力
久保弘毅

キーピングも同様です。CPはGKを崩して1点を決めようと、日々、新しいシュートを考えています。それに対応するキーピングを確立することが必要になってきます。

こうしたことから、いつ新しいGKの技術が生まれてもおかしくはありません。しかし、そのためには基礎・基本が必要なのです。基礎・基本があるからこそ、応用が利きます。

この本にはそうしたGKの土台になるような技術が詰まっています。新しいGK像を作るのは、この本を読んでいるあなたかもしれません。

書籍『ハンドボールスキルアップシリーズ』は、すでに「目からウロコのシュート術」、「目からウロコの個人技術」、「目からウロコのDF戦術」、「目からウロコのポジション別上達術〈CP編〉」の4冊が刊行されています。合わせてお読みいただくことをおすすめします。

また、トレーニングをまとめたDVD『栗山雅倫監督にみる　信頼されるゴールキーパーの極意』もあります。ぜひこの機会に手に取ってください。

今後もハンドボールに必要なスキルとテクニックを身につけるためのスキルブックを発刊していきます。ハンドボールが好きな選手全員のお役に立てれば幸いです。

〈スポーツイベント・ハンドボール編集部〉

ハンドボール
目からウロコのポジション別上達術〈ゴールキーパー編〉

2020年11月1日　初版第1刷発行

編著者　スポーツイベント・ハンドボール編集部
発行者　山本浩二
発行所　株式会社グローバル教育出版
〒101-0047 東京都千代田区内神田2-5-2 信交会ビル3階
TEL.03-3253-5944
FAX.03-3253-5945
http://www.g-ap.com/
印刷所　瞬報社写真印刷株式会社
デザイン　アオキケンデザイン事務所

ハンドボールスキルアップシリーズ

# 目からウロコの
# ポジション別上達術
〈ゴールキーパー編〉